シリーズ〈日本語探究法〉小池清治=編集 6

文体探究法

小池清治
鈴木啓子 [著]
松井貴子

朝倉書店

──── 編集のことば ────

　本書の眼目は，文体についての言語事実の記述にあるのではありません。15の事例研究を通して，文体探究の方法を体得してもらうことに眼目があります。そのために，次のような構成をとっています。

1. タイトル：日常の言語生活において疑問に感じる言語事象を，平易な疑問文の形で提示しました。
2. 【　　】：卒業論文作成の参考となるよう，共通点・標識等を提示しました。
3. キーワード：事例研究をするうえにおいて，重要な用語をキーワードとして提示しました。
4. 本　　文：レポート，論文の書き方の一例として，事例研究を提示しました。
5. 発展問題：演習やレポートの課題として利用されることを想定して，ヒントとなる類似の事例をいくつか例示しました。
6. 参考文献：課題をこなす上で基本となる文献を列挙しました。これらの文献を参照し，これらを端緒としてさらに拡大し，掘り下げることを期待します。

小　池　清　治

はじめに
―文体の定義など―

文体とは，メッセージの効率的伝達を考えて採用される，視覚的文体素（文字・表記）と意味的文体素（用語・表現）とによる言語作品の装い（よそお），または，装い方をいいます。装い方とは書き方のことで，その結果が装いです。言語作品には，音声言語によるものと，書記言語によるものとがありますが，文体は，主として書記言語による言語作品に関するものです。なお，言語作品とは，大は百科事典の全巻，一冊の小説，一編の報告書等から小は一語文までの種々の段階における言語的まとまり，統一体をいいます。

視覚的文体素としては，漢字（正字・略字・俗字），ひらがな（変体がな），カタカナ，アルファベット，ギリシア文字，キリル文字，ハングル，アラビア数字，ローマ数字，振り仮名・送り仮名・仮名遣い，それに疑問符，感嘆符，句読点などの各種符号や改行・空角（くうかく）・余白，文字の大小等が数えられます。

　　　　　風景　　　　　　　　　　　　　　　　　　　山村暮鳥（やまむらぼちょう）
　　　　　　純銀もざいく
　　　いちめんのなのはな　　いちめんのなのはな　　いちめんのなのはな
　　　いちめんのなのはな　　いちめんのなのはな　　いちめんのなのはな
　　　いちめんのなのはな　　いちめんのなのはな　　いちめんのなのはな
　　　いちめんのなのはな　　いちめんのなのはな　　いちめんのなのはな
　　　いちめんのなのはな　　いちめんのなのはな　　いちめんのなのはな
　　　いちめんのなのはな　　いちめんのなのはな　　いちめんのなのはな
　　　いちめんのなのはな　　いちめんのなのはな　　いちめんのなのはな
　　　かすかなるむぎぶえ　　ひばりのおしゃべり　　やめるはひるのつき
　　　いちめんのなのはな　　いちめんのなのはな　　いちめんのなのはな。

詩人山村暮鳥の『聖三稜玻璃（せいさんりょうはり）』中の一編です。詩人は，菜の花畑の明るさとひろやかさから得た感動を「風景」で伝えたかったのでしょう。「ひらがな」

の連続がモザイク画を構成し、一面の菜の花畑を視覚的に表現しています。「ひらがな」が文体素として有効に機能している例と言えましょう。最後の句点は文章表現の穏やかな完結を意味しています。

意味的文体素としては、言表態度（モダリティー），話し言葉・書き言葉，共通語・方言，漢語・和語・外来語・外国語，古語・新語，完全語形語・省略語，雅語・俗語・隠語・流行語，男言葉・女言葉，老人語・幼児語，慣用句，引用句，文長，表現技法（レトリック・視点等），ジャンル（物語・小説・実録・記録・日記等）などが数えられます。

なお、すべての単語は指示的意味，文法的意味とともに文体的意味を有していますから、なんらかの言語表現をなせば、そこには必ず文体が存在することになります。

宮澤賢治は『銀河鉄道の夜』『風の又三郎』『注文の多い料理店』などのように、散文においては童話を書き、小説を書いていません。彼が書きたかったのは、イーハトーブのユートピアであったのでしょう。リアリズムを前提とする近代小説は彼のメッセージを伝える媒体としてふさわしくなかったと思われます。これは文体としてのジャンルの例です。

なお、第13章は松井貴子，第14章は鈴木啓子が担当し、その他は小池が担当しました。

2005年8月

小池　清治

目　　次

第1章　ナショナリズムがエクリチュールを生んだのか？　………01
　　　　［書記体系・文体］

第2章　『古今和歌集』「仮名序」は純粋な和文か？　………13
　　　　［和文体・自立的文章］

第3章　純粋な和文とは？─『伊勢物語』の文体─　………24
　　　　［和文・言文一致体］

第4章　『竹取物語』は本当に『伊勢物語』より新しいのか？　………36
　　　　［作り物語の文体］

第5章　『土佐日記』は「日記」か，「物語」か？　………50
　　　　［平安朝日記の文体］

第6章　『枕草子』のライバルは『史記』か？　………61
　　　　［三色弁当型作品］

第7章　『源氏物語』作者複数説は成立するのか？　………78
　　　　［三色捩り棒型作品］

第8章　『方丈記』はなぜカタカナ漢字交り文で書かれたのか？　………92
　　　　［カタカナ漢字交り文］

第9章　『徒然草』の文体は明晰か？ ……………………………105
　　　　［雅文体・和漢混淆体・漢文訓読体］

第10章　『おくのほそ道』の新しさを生み出したものは何か？ …………124
　　　　［まだら文体・音楽的散文］

第11章　二葉亭四迷著『新編　浮雲』は言文一致か？ ……………………144
　　　　［言文一致体］

第12章　夏目漱石はなぜレトリックにこだわったのか？ …………………158
　　　　［三位一体の作品］

第13章　文学の「写生」はあり得るか？―正岡子規の日本文学近代化戦略―
　　　　………………………………………………………………………174
　　　　［文学と語学・レトリック］

第14章　鏡花文学はどのように「国宝的」なのか？ ………………………189
　　　　［演劇的文体］

第15章　三島由紀夫は何に殉じたのか？―文体の悲劇― ………………201
　　　　［文章と文体］

索　　引 ……………………………………………………………………208

第1章　ナショナリズムがエクリチュールを生んだのか？

【書記体系・文体】

キーワード：倭(わ)，日本(にっぽん)，書記体系，文体，ナショナリズム，エクリチュール，音(こえ)，訓(よみ)，音(おん)，訓(くん)，複数「訓(くん)」，音訓交用，漢語和語混交体，漢字仮名交じり文

第1期ナショナリズム	8世紀初頭，国体改革と『古事記』の漢語和語混交体の創造
第2期ナショナリズム	10世紀初頭，国風文化勃興と『古今集』「仮名序」等，和文の創造
第3期ナショナリズム	12世紀末期，国体変革（律令制から封建制へ）とカタカナ漢字交り文
第4期ナショナリズム	13世紀後半，「元寇」とひらがな漢字交り文の確立
第5期ナショナリズム	16世紀末から17世紀初頭，印刷文化の発達，写本から版本へ
第6期ナショナリズム	19世紀後半，「明治維新」と言文一致体の創造
第7期ナショナリズム	1945年終戦，「新漢字・新仮名遣い」昭和言文一致体の開始

　このように，日本語の歴史において，ナショナリズムと文体とは不思議な相関性を示す。本章では，第1期ナショナリズムと文体の関係について述べる。
　『古事記(こじき)』は国体を誇示するものとして企図された，中国人に示すための歴史書であった。したがって，本文は漢文（中国語）で書かれればよかった。しかるに太安万侶(おおのやすまろ)は勘違いをして，日本人を想定読者としてしまい，漢文（中国語）の中に日本語をはめ込む漢語和語混交体，結果的に漢字だけを用いた「漢字仮名交じり文」を創造してしまった。このことが日本語の書記体系，文体の在り方を決定づけた。

1. 8世紀の初頭，701年，国名を「倭」から「日本」へ変更したこと

　8世紀以前，日本は中国や朝鮮から「倭」と称され，また自らも「倭」と称していた。したがって，その頃，「日本」は存在していなかったことになる。

　西暦82年頃，班固によって撰述された中国の歴史書『漢書』の「地理志」には，「楽浪海中に倭人あり。分かれて百余国」とあり，西暦432年頃，范曄によって撰述された『後漢書』の「東夷伝」には，「建武中元二年、倭の奴国朝賀を奉貢す。」とある。

　女王卑弥呼について書かれているのは，陳寿撰述の『魏志倭人伝』で，卑弥呼は，西暦239年に使者難升米を明帝に遣わし，「親魏倭王」の称号を与えられたと記述されている。このようなわけで，8世紀以前のわが国は「倭」として，長い歴史を重ねていたことが明白なのであるが，8世紀の初め，突然わが国は「日本」と名乗るようになる。その間の事情は劉昫（りゅうく）らが奉勅した『旧唐書』（945年成立）の「倭国日本伝」で次のように述べられている。

　　　日本国は倭国の別種なり。その国日辺に在る故をもつて日本と為す。あるいは言ふ。倭国自らその名の雅ならざるを悪くみて日本と改め為すと。あるいは言ふ。日本は旧小国、倭国の地を併すと。

　これは，大宝元年（701）正月に発令され，翌年6月に出発した第9次遣唐使（一行の一員に「少録」として山上憶良がいた。）が，報告の一つとして国名を変更する旨，伝えたことに関する記述である。変更の理由の一つとして，『旧唐書』は「倭」の名が優雅でないからという理由をあげている。

　「倭」が，なぜ「雅」でないのか，いま一つ明瞭ではないが，一説では，「倭」は「矮小」の意を含意するので，これを嫌ったためかとしている。

　国名変更の理由が本当に上のようなものであったか否かは確定できないが，変更の結果「日本」と改称したことは事実である。本節では，「日本」の誕生が8世紀の初め，701年であったことを確認するだけにとどめ，次節において，この変更の意味について考えてみることにする。

　なお，折しも中国では，則天武后（624年頃～705年）が国名を「唐」から「周」に改めていた。自らこのような政治的措置を施していたところであるから，日本における「倭」から「日本」への変更も容易に承認するほかなかった

と思われる。改称のタイミングとしてはベストであったということになる。これ以後，わが国は，当時の国際社会において，「日本」として認知されることになる。

　国名を変更するというのは単なる戸籍上の変更ではない。建国に等しい行為である。則天武后の「周」は，殷を滅ぼした「周」（紀元前1100年頃〜紀元前256年）や北朝の「周」（「北周」557〜581）と区別するために「武周」と称されるが，これは則天武后が建国した「周」の意味である。

　したがって「倭」から「日本」への変更は新しい国の建国の大業であったと言える。

2. 新しい国名として，なぜ当時の中国語音に基づく「日本」を選んだのか？

　壬申の乱は，天智天皇の死後，その長子の大友皇子（弘文天皇）を擁する近江朝廷に対して，吉野にこもっていた皇弟の大海人皇子（天武天皇）が672年（壬申の年）の夏に起こした反乱である。これに勝利し，天皇に即位した天武天皇は，国家改造を目指し，種々の施策をおこなった。

　まず，政治の中心を飛鳥浄御原に置き，ついで，681年には統治の根本法典としての「浄御原律令」の編纂を開始し，持統天皇の689年にはこれを施行している。ただし，この時完成を見たのは22巻の「令」のみであった。刑部親王や藤原不比等らが未完成の「律」を整え「大宝律令」として完成したのは，大宝元年（701年）のことである。日本は，法規的にこの年，唐と同様の律令国家となった。

　前述の第9次遣唐使の派遣命令が発せられたのは，こういう時であった。国名の改称は，単なる思い付きや縁起かつぎの結果ではなく，必然性があったことになる。国家像，国体意識の変革が，国名の改称という思い切った行為を生み出したと言えるであろう。さて，改称するに際して，いくつかの候補があったはずである。『古事記』（712年）や『日本書紀』（720年）を見ると，わが国の呼称として，次のような呼称が古くから行われていた。

　大八洲（島）国
　葦原中国
　豊葦原之千秋長五百秋之水穂国

豊葦原千五百秋瑞穂国
秋津島（洲）
師木（城）島
大和

「倭」が嫌であれば，これらの中からも選び得たはずだが，そうはしなかった。ところで，第9次遣唐使より約百年前の推古天皇15年（607年），小野妹子を大使とする遣隋使が派遣されている。一行は聖徳太子が起草したと言われる国書を帯していた。その国書の一部に次のような表現がある。

　　　　日出づる処の天子，書を日没する処の天子に致す。恙無きや。

　　　　　　　　　　　　　　　　　　　　　　　　　　　　（『隋書』）

「日出づる処」は「日の本」であり，これを中国風にすれば，「日本」となる。国家の統治形態を中国並の律令国家とし，当時のグローバルスタンダードをクリアした。そこで，国名も中国風にすると指導者は考え，実行に移し，みごと成功したわけである。

当時，中国語は東アジアの国際語であった。律令制国家ということで国家体制を国際化したのであるから，それにふさわしく国名も国際化した。

これには聖徳太子が間接的ではあるが，関与していた。なぜならば，太子は新国家を象徴する国名の由来となる文章を書き上げていたからである。

ことわっておくが，中国風といっても，まったく中国風というわけではない。中国における国名は「夏→殷（商）→周→秦→漢……元→明→清」を見れば分かるとおり，基本的には一字名である。「日本」は二字であるから，ここに独自性を主張していたのである。

3. 国際国家としてのもう一つの条件——グローバルスタンダードとしての歴史書——

国際国家として認められるためには，律令書の作成，国名の変更だけでは不十分であった。歴史書の保有がもう一つの条件なのであった。これが，わが国最初の文献が，なぜ歴史書であらねばならなかったかの理由である。

天武天皇は稗田阿礼に勅して，「帝紀」及び先代の「旧辞」を誦習せしめた

が，歴史書としての完成を見ることができなかった。この事業を引き継いだのは元明天皇で，天皇は都を平城京へ移すとともに，太安万侶に稗田阿礼と共同で『古事記』の撰録を勅命した。彼女は同時に諸国に命じ，『風土記』を奉らせている。

4. ナショナリズムと太安万侶の勘違いが日本語の書記体系，文体の構築を決意させた─ナショナリズムとエクリチュールとの不思議な関係─

太安万侶が『古事記』撰録に際して，利用できたものは，稗田阿礼が誦習した歴史に関する伝承，及び記述の道具としての漢字だけであった。

歴史書の手本となる『漢書』『後漢書』は当然漢文（中国語）で書かれていた。『浄御原律令』のように漢文で書くなら，そう問題はなかったはずである。漢字さえあれば，漢文を書くことができる。太安万侶なら，漢文の能力は他の官僚たちに引けを取ることはなかったに違いないからである。

しかし，歴史書執筆の実際は法律書執筆の事情とは異なる。

①神名・天皇名・臣下名など，多くの固有名詞の表記をどうするか？

②伝承されている，多くの古代歌謡の表記をどうするか？

これらは漢文に翻訳してしまっては意味がない。固有名詞には慣用的伝来の表記法があったろう。また，歌謡は語形を正確に伝えてこそ意味があるものだからである。太安万侶は，原則として「仮借」の用字法を採用することによって，これらを表記している。

「仮借」は，表意文字を原則とする漢字の中で，例外的に意味を無視し，音だけを用いるという用字法であり，「六書」の一つとして認知されているものであるから，太安万侶の創意工夫ということにはならない。『古事記』独自の工夫は，その他のところにあった。

太安万侶は『古事記』の「序」において，次のように述べている。

> 然あれども，上古之時は，言と意と並に朴にして，文を敷き句を構ふること，字に於ては難し。

稗田阿礼によって語り伝えられた上古の時代の伝承は「言」（語形）と「意」（意味）がともに素朴であり，漢字を用いた漢文（中国語）の構文で表現する

のは困難である，と太安万侶は考える。上古，現代を問わず，漢文（中国語）という外国語で，日本語の隅々まで表現することは困難である。彼は，ここで，翻訳の難しさを嘆いていると考えてよかろう。

そこで彼は考えた。中国語の文字として開発された漢字を用いて，日本語をどう書き表したらよいのかということを。言い換えると，太安万侶は，『古事記』を筆録するに際して，どのような表現様式を採用したらよいのかを考察したのである。この作業は，そのまま，エクリチュール，すなわち，書記体系の構築，文体の創造の作業であった。

ここまで来ると彼の勘違いはただの勘違いではすまなくなる。ここで，勘違いの結果生み出された書記体系，文体がどのようなものであったかを述べる前に，勘違いということの意味を確認しておく。

天武天皇が『古事記』という歴史書の作成を思い立ったのは，国際国家の保有すべき条件を整えたかったからである。そして，その想定読者は，歴史書の吟味役となるはずの中国人であり，決して，日本人ではなかった。天武天皇は，国名を中国語音に基づいた「日本(にっぽん)」と名乗れば，すぐに理解されたように，『古事記』というわが国の歴史書ですと言えば，すぐ通用する書物の作成を期待していたのだ。とすれば，太安万侶は悩む必要なく，漢文（中国語）で記述すればよい。天武天皇に言わせれば，太安万侶はよけいなことを考え，勝手に悩んでいるということになる。

元明天皇が天武天皇の意向を組んで太安万侶に修史の勅命を下したことは間違いない。しかし，国際国家としてのグローバルスタンダードを整えるための作業とはっきり説明したかどうかは定かでない。とにかく，太安万侶の頭に浮かぶ第一読者は，日本人である元明天皇という女性であったろうことは想像に難くない。これが，彼の勘違いの根本原因であったろう。太安万侶は『古事記』の読者を誤認してしまった。彼は，なんのために歴史書を書くのか，十分には理解していなかったのである。

勘違いや誤認は往々にして悪い結果を招くものだが，太安万侶が犯した勘違いや誤認は幸いにして日本語のためにはよい結果をもたらすことになった。

結果的ではあるが，天武天皇を中心とする当時の支配階級を突き動かしたナショナリズムと太安万侶の勘違いが日本語の書記体系，エクリチュールを生み

出したのである。

　これは次の時代のことになるが，国風文化勃興期，10世紀初頭のナショナリズム盛んなる頃，「和文」という新しい文体が創造され，13世紀後半の元寇という，ナショナリズムいや勝る時期に「漢字仮名交じり文」が発達し，明治維新という19世紀後半のナショナリズム沸騰期に「言文一致体」という新しい文体が開発された。1945年，第二次世界大戦・15年戦争の終戦という，いわば負のナショナリズムを契機として，「新漢字・新仮名遣い」による表記法の大改革が断行されたことなどが想起される。ナショナリズムとエクリチュールは不思議なほど関係があるということになる。

5. 太安万侶は漢字だけを用いて「漢字仮名交じり文」を書いた──表記の効率性──

　『古事記』の「序」において，太安万侶は続けて，次のように記す。

　　已に訓に因りて述べたるは，詞 心に逮ば不。全く音を以ちて連ねたるは，事の趣 更に長し。

　漢字は中国語を記すために開発されたものであるから，本来は，「音」しか存在しないものであった。ところが，日本に伝来してから，漢字に日本語を載せるということが自然発生的に生じてしまった。その習慣が社会的に定着したものが「訓」である。太安万侶が使用した漢字というものは，このように日本化した漢字であった。

　太安万侶は「訓」を用いて表現すると「詞」は「意」（意味）を十分に表しきれないと嘆いている。これは理解しかねる嘆きである。「詞」というものは，どのような「詞」であろうと，意味を象徴的に示すことしかできず，心に抱く意味の総てを表現しきれるものではないからである。

　『古事記』の「序」の基本技法は対句表現である。太安万侶がここで言いたかったことは，対句の後半部にあったのであろう。「音」を述べたいがために，「訓」については，極めて当然のことを述べたに過ぎないと解釈しておく。

　対句表現後半部は容易に理解される。「音」を用いて表現するということは，漢字を仮名として用いるということである。音節の数だけ漢字をならべれば，

長ったらしくなることは確かなことなのだ。このことを次に示しておく。

　　音専用　　斯帰斯麻（4音節四字）　　　　　　（天寿国曼荼羅繡帳銘）
　　　　　　　阿米久爾意志波留支比里爾波之弥己等（17音節十七字）
　　　　　　　　　　　　　　　　　　　　　　　　　　　　　（同上）
　　音訓交用　師木島（4音節三字）　　　　　　　　　　　　（古事記）
　　　　　　　天国押波留岐広庭天皇（17音節十字）　　　　　（同上）
　　　　　　　磯城嶋（4音節三字）　　　　　　　　　　　（日本書紀）
　　　　　　　天国排開広庭天皇（17音節八字）　　　　　　　（同上）

　仮名は愚直に一字一字音節をなぞっている。一方,「訓」を用いた漢字は効率的に字数を削減していることが理解されよう。表記の簡潔さを願えば,仮名だけの表記はごめんだということになる。

　ところで,ここではっきりすることは,「訓」の存在を前提とする太安万侶の念頭に中国人は全く思い浮かべられていないということである。太安万侶が日本人を想定読者としていることは紛れようもない。太安万侶の表記は日本人読者のためのものであった。

　さて,このように表記の効率性を見定めた上で,太安万侶は,『古事記』記述の根本方針を次のように定める。

　　　是を以ちて,今,一句之中にもあれ,音と訓とを交へ用ゐ,一事之内にもあれ,全く訓を以ちて録しぬ。即ち,辞の理の見えがたきは,注を以ちて明し,意の況の解り易きは,更に注せ非。亦,姓に於て日下を玖沙訶と謂ふ。名に於て帯の字を,多羅斯と謂ふ。如此る類は,本の随に改め不。

　表記の原則は,音訓交用とし,見分けにくい場合は注記をほどこすというものであり,姓名など固有名詞で古くからの伝統的表記はこれを尊重するというものである。

　音訓交用とは,音は仮名,訓は漢字の意味を活かしたもので,これらを交用するということは,漢字仮名交じり文で書くということなのである。

　太安万侶はこのように決断したが,この決断にはかなりの無理がある。当時は漢字しかなかったのであるから,漢字仮名交じり文といっても,どれが漢字でどれが仮名か読者には即座に判断できないという根本的欠陥があるからであ

る。

　また，「訓」が存在するといっても，当時の「訓」は次に示すように，基本的には，一つの漢字に複数の「訓」が存在するという複数「訓」であったので，「訓」と指定されても，どの「訓」か迷うということになるのである。

　　見　ミル　ミユ　マミユ　シメス　イマ　エラム　イチシルシ　セラル
　　　　アラハス　アラハル　サトル
　　少　スクナシ　ワカシ　シバラク　スコシ　ヤウヤク　カク　スコシキ
　　　　ナシ　マレナリ　ヲサナシ　イトキナシ　オボロケ　オロカナリ
　　親　シタシ　チカシ　ミツカラ　ウツクシフ　マノアタリ　ムツマシ　ム
　　　　カフハハ　オヤ　　　　　　　　（「観智院本類聚名義抄」による。）

　太安万侶もそのことは計算に入れており，分かりにくいところは「注」を施すと述べている。確かに，『古事記』には「注」が多い。上・中・下巻，合計345字，全巻302箇所に注記がある。しかし，この程度で間にあうとは考えにくい。

　亀井 孝は「古事記は読めるのか」という論文を書いているが，本章の筆者の答えは「読めない」というものである。理解不可能という意味ではない。正確に声にして読むことができないという意味で，「読めない」のである。たとえば，「常はツネなのか，トコなのか」など，「注」がなければ，読むことができない。

　太安万侶は表記者の便利を優先し，読者の不便を十分には顧みなかったといえそうである。効率的表記は必ずしも効率的読解には結び付かない。

　太安万侶は，和銅4年（711）9月に勅命を受け，翌年正月に献上している。日本歴史上，最初の歴史書，上・中・下全三巻，総字数46,027字の書物を，わずか4ケ月で書き上げている。かなりのスピードである。これに対して，『古事記』を読み解き，『古事記伝』を著した本居宣長は，明和4年（1767）に起稿し，寛政10年（1798）に完成させているから，31年を要していることになる。この長さは，太安万侶の表記の不完全さがもたらしたものである。

6. 『古事記』はなぜ短命であったのか？—時代遅れの表記—

　太安万侶が苦心して書き上げた『古事記』ではあったが，その歴史書としての，大和朝廷の正史としての命は短かった。『古事記』献上のわずか8年後，養老4年（720）に正史として，堂々30巻の『日本書紀』が完成し，正史の位置を獲得してしまうからである。

　『日本書紀』の筆録には中国人の他に日本人も分担執筆していたので，必ずしもすべてが純正な漢文ではなかったが，全巻漢文（中国語）で書こうと意図したものであった。この書こそ，天武天皇の企図に合致した歴史書であった。正史となるのは当然である。これが，『古事記』短命の主な理由であるが，そのほかにもある。次にその一例を示す。

　太安万侶は，「ヤマトタケルノミコト」を「倭建命」と表記している。一方，『日本書紀』では「日本武尊」と表記しているのである。

　『古事記』撰録の機運は国名を「倭」から「日本」へ改称した時期に起こった。太安万侶はこのことを理解していなかったようだ。『古事記』は生まれた時から，時代遅れの産物であったのだ。

7. 太安万侶の功績—漢字だけを用いて日本語を書き表す楽しみ—

　このように書くと，太安万侶の功績を貶めているようであるが，筆者の真意はそこにはない。彼が創始した『古事記』の書記体系は国家体制側の期待に応ずるものではなかったが，漢字だけを用いて日本語を書き表す可能性を世に示したことが，太安万侶の最大の功績であるということを強調しておく。政治家の思惑とは別に，文学の世界で，この試みは活発に利用され，楽しむところにまで至っている。『万葉集』に示される，種々の華麗な表記法の展開がそのことを証明している。

■ 発展問題

(1) 『万葉集』所載の和歌である。下記のA, Bについて考えてみよう。

    a　巻1・8・額田王
　　　熟田津尓　船乗世武登　月待者　潮毛可奈比沼　今者許芸乞菜
　　　熟田津に　船乗りせむと　月待てば　潮もかなひぬ　今は漕ぎ出でな

    b　巻1・28・持統天皇
　　　春過而　夏来良之　白妙能　衣乾有　天之香来山
　　　春過ぎて　夏来たるらし　白たへの　衣干したり　天の香具山

    c　巻5・803・山上憶良
　　　銀母　金母玉母　奈尓世武尓　麻佐礼留多可良　古尓斯迦米夜母
　　　銀も　金も玉も　なにせむに　優れる宝　子に及かめやも

    d　巻8・1418・志貴皇子
　　　石激　垂見之上乃　左和良妣乃　毛要出春尓　成尓来鴨
　　　石走る　垂水の上の　さわらびの　萌え出づる春に　なりにけるかも

    e　巻14・3424・下野国の歌
　　　志母都家野　美可母乃夜麻能　許奈良能須　麻具波思兒呂波
　　　下野　三毳の山の　こ楢のす　まぐはし児ろは
　　　多賀家可母多牟
　　　誰が筍か持たむ

    f　巻20・4425・防人の歌
　　　佐伎毛利尓　由久波多我世登　刀布比登乎　美流我登毛之佐
　　　防人に　行くは誰が背と　問ふ人を　見るがともしさ
　　　毛乃母毛比世受
　　　物思もせず

    A　万葉集の原表記（上段）と現代の表記（下段）とを比較し、気付いた点をまとめてみよう。
    B　万葉集の原表記を音訓の観点から整理してみよう。

(2) 神の名、天皇の名の表記が『古事記』と『日本書紀』とで、どう異なっているかを調べ、そのことの意味について考えてみよう。

(3) ハングルやモンゴル文字の創始とナショナリズムとの関係を考えてみよう。

■ 参考文献

1) 網野善彦『東と西の語る日本の歴史』(「そしえて」1982, 講談社学術文庫, 1998)
2) 網野善彦『日本論の視座』(小学館, 1990)
3) 網野善彦「『日本』とは何か」(『日本の歴史00』講談社, 2000)
4) 吉田　孝『日本の誕生』(岩波新書, 1997)
5) 坂本太郎・家永三郎・井上光貞・大野　晋校注『日本書紀』(「日本古典文学大系67」, 岩波書店, 1967)
6) 青木和夫・石母田正・小林芳規・佐伯有清校注『古事記』(「日本思想大系1」, 岩波書店, 1982)
7) 亀井　孝「古事記は読めるか」(『古事記大成』「言語文字篇」平凡社, 1976)
8) 中田祝夫『日本の漢字』(『日本語の世界4』中央公論社, 1982)
9) 柄谷行人『ヒューモアとしての唯物論』(筑摩書房, 1993, 講談社学術文庫, 1999)
10) 柄谷行人『戦前の思想』(文藝春秋社, 1994, 講談社学術文庫, 2001)
11) 小池清治『日本語は悪魔の言語か？』(「角川oneテーマ21」角川学芸出版, 2003)
12) 小池清治「エクリチュールとナショナリズム・時枝誠記論」(「国文学解釈と教材の研究」2004・1, 學燈社, 2004)

第2章　『古今和歌集』「仮名序」は純粋な和文か？

【和文体・自立的文章】

キーワード：和文，隠し文字，物名，折句，自立的文章，格助詞「を」の出現率，主要表現技法（レトリック），対句

　『古今和歌集』の「仮名序」は紀貫之によって書かれた，和歌の理論に言及した論理的散文であり，和文創造期のものとして完成度が高い。
　「仮名序」のファーストセンテンスには「万葉」が，ラストセンテンスには「古今」が隠し文字として埋設されており，極めて，技巧に富んだ文章である。また，構成もみごとな自立的文章であるが，これは，紀淑望が書いた「真名序」の構成に学んだものであろう。
　格助詞「を」の出現率は100％で，『伊勢物語』『土佐日記』『枕草子』『源氏物語』における出現率と比較すると格段に高く，主要表現技法も対句であり，漢文訓読文の影響を強く受けていることがわかる。「仮名序」は純粋な和文とはいえない。

1. 首尾照応の文章—信じられないような隠し文字の存在—

　紀貫之（868年頃〜945年頃）は古今和歌集の撰者の一人であるが，彼は撰者を代表して，仮名による序文を認めている。そのファーストセンテンスに彼は隠し文字という仕掛けを施してしまった。

　　　やまとうたは人のこころをたねとしてよろづのことのはとぞなれりける。

　これがファーストセンテンスである。「よろづ」の部分を漢字にすると「万」となる。また，「ことのは」の「は」の部分について同様のことをすると「葉」

となる。合わせれば「万葉」となる。ここに「万葉」が隠し文字として存在するということができる。そんな馬鹿な、それは考え過ぎではないかと首を傾(かし)げる人もいることであろう。そういう人も、仮名序の末尾のセンテンスをご覧になれば、納得することであろう。

　　あをやぎのいとたえず　まつのはのちりうせずして　まさきのかづらながくつたはりとりのあとひさしくとどまれらば　うたのさまをもしり　ことの心をえたらむ人は　おほぞらの月を見るごとくに　<u>いにしへ</u>をあふぎて　<u>いま</u>をこひざらめやも

　これが仮名序の末尾のセンテンスである。二重下線部を漢字にして、合わせると「古今」になる。
　紀貫之が仮名序に込めたメッセージを読み解くと、「われわれの撰集した古今和歌集は万葉集を引き継ぐものなのだ。」ということになるであろう。
　最初のセンテンスに「万葉」を隠し、末尾のセンテンスに「古今」を忍(しの)ばせている。これほどみごとな首尾照応もめずらしい。それにしても、彼はなぜ、こんな手の込んだことをしたのであろうか。誰が読んでも分かるように、平易な文章で上記のようなメッセージを表現すればよかったのではないかと誰しも思うことであろう。しかし、彼はそうはしなかった。なぜなのであろうか。

2. 隠さなければならなかった理由——撰集の事情——

　古今和歌集の巻末には、紀淑望の手になる漢文の序文（「真名序」）が付せられており、その一部に編纂の事情が書かれている。原文は漢文であるが、ここでは読み下だした形で示すことにする。

　　ここに、大内記(だいない き)紀友則(きのとものり)、御書所預(ごしょのところのあづかり)紀貫之、前甲斐少目(さきのかひのさう く)凡河内躬恒(わんおほしかふちのみつね)、右衛門府生(うゑもんのふしやう)壬生忠岑(みぶのただみね)等に詔(みことのり)して、おのおの、家集并に古来の旧歌を献ぜしめ、続万葉集(しょくまんえふしふ)と曰ふ。ここにおきて、重ねて詔(みことのり)有り。奉る所の歌を部類して、勅して二十巻となし、名づけて古今和歌集と曰ふ。

　貫之たちは、一度『続万葉集』と名付けて、奏呈したのであるが、これは醍醐天皇(だいごてんのう)により却下されている。却下の理由は記されていないので分からない。

あるいは、折角仮名で書かれた和歌集なのに、漢字だけで書かれた万葉集に「続」くものとは、何ごとかというものだったのかも知れない。若い天皇は革新の気分に燃えていたのであろう。とにかく、貫之たちにとって苦心の結果の撰集が却下されたのはショックだったに違いない。気を取り直して、新たなる編纂作業をしたのだと思われる。このようにして『古今和歌集』の名のもとに再提出したというのが実情であったようである。それにもかかわらず、『古今和歌集』は『万葉集』に続くものだという意識が貫之の心の底にあったのであろう。そのことは仮名序における、柿本人麿(かきのもとのひとまろ)や山辺赤人(やまべのあかひと)に対する傾倒ぶりがひと通りのものでないことからも十分推測される。

そこで、貫之は隠し文字という形で、醍醐天皇の目を盗み、自分たちの真意を後世に伝えようとしたものと思われる。

誰の目にもあきらかになるように、「万葉集を引き継ぐものとして古今和歌集は撰集された」と書いては、醍醐天皇も激怒して、再々編纂を命じられたことと思われる。いや、悪くすると最初の勅撰集の編纂者という名誉の座から追い払われかねない。賢明な貫之たちは、そのような愚(おろか)を犯(おか)さずに、隠し文字として、自分たちのメッセージを残したのであろう。おそらく、これは貫之の独断の秘密の行為であり、撰集した仲間たちにも知らせなかったことと思われる。その結果、隠し文字の秘密は今日まで保たれたのだろうと思われる。これで、隠し文字にした理由は理解されたものと考える。ところで、このようなマジックのような技が当時ありえたのかという問題が残る。次に、このことについて考えてみる。

3.『古今和歌集』巻十「物名」の隠し言葉遊び

『古今和歌集』の歌風の際立った特徴として「知的歌風」があげられる。巻十の「物名」には芸術作品というより、言葉遊びと評されかねない遊戯性を多分に有する歌が集められている。次に、貫之の作品を紹介しよう。

　　四二八　　かにはざくら
　　　かづけども　波のなかには　さぐられて　風ふくごとに　浮き沈む玉
　　四二九　　すももの花
　　　いま幾日(いくか)　春しなければ　うぐひすも　ものはながめて　おもふべらな

　　　　り
　四三六　　さうび
　　われはけさ　うひにぞ見つる　花の色を　あだなるねのと　いふべかり
　　けり
　四三九　　朱雀院の女郎花合の時に、「をみなへし」といふ五文字を句
　　のかしらにおきてよめる
　　をぐらやま　みねたちならし　なく鹿の　へにけむ秋を　しる人ぞなき
　四六〇　　紙屋川
　　うば玉の　わがくろかみや　かはるらむ　鏡のかげに　降れる白雪
　四六一　　淀川
　　あしひきの　山辺にをれば　白雲の　いかにせよとか　はるる時なき

　「物名」和歌四七首中，六首が貫之の作である。約13％を占めており，群を抜いている。彼は，この技法にかなり熱心であったといえる。
　四二八の和歌の第二句の末尾と第三句の冒頭部に「かにはさくら」が隠されている。
　「かにはさくら」は桜の一種で「樺桜」であろうとされている。
　四二九の和歌の第三句の末尾と第四句の最初の部分に「すももの花」が隠されている。
　以下，四三六には「さうび」（薔薇），四六〇には「紙屋川」，四六一には「淀川」が隠されている。
　四三九は「折句」といわれる技法で作られ，他と異なるが，「をみなへし」という言葉が隠してあるという点では変わりない。
　貫之は隠し言葉の技法においても優れていた。隠し言葉から隠し文字への展開は，ほんの一歩である。こういうわけで，彼は隠し文字の技を振るう能力を有していたということが理解されたことと思う。

4. 自立的文章とは？

　紀貫之が書いた「仮名序」は自立的文章である。この文章を読めば，
　　表現主体（書き手）＝紀貫之

受容者（読み手）　　＝醍醐天皇
　　時　　　　　　　　＝延喜5年（905）4月18日
などが，全て明瞭に理解されるようになっている。さらに，この文章の構成は，
　① 和歌の本質
　② 和歌の起源
　③ 和歌の分類（六種類）
　④ 和歌の歴史，歌人論
　⑤ 古今和歌集の編纂経過
　⑥ 和歌の将来についての寿の詞
という堂々たるもので，まさに，自立，独立した一個の構造物なのである。
　「仮名序」は，日本文章史上，最初の和文による理論的文章なのであるが，貫之の天才により完成度の極めて高い文章となっている。
　いま，「貫之の天才により」と書いたが，実は，この文章の質の高さを生み出したものはそればかりではなかった。紀淑望の手に成る「真名序」というお手本があったためでもある。「真名序」の末尾の文を紹介しよう。
　　于時延喜五年歳次乙丑四月十五日。臣貫之等謹序。
　　［時に延喜五年歳の乙丑に次る四月十五日，臣貫之等謹みて序す］
「真名序」は「仮名序」が奏呈される三日前の日付になっている。また，「真名序」の文章構成は次のようなものである。
　① 和歌の本質
　② 和歌の種類（六義）
　③ 和歌の起源
　④ 和歌の歴史
　⑤ 古今集の編纂経過
　⑥ 和歌隆盛の喜び
　これを見ると，貫之が付け加えたものは，歌人論（六歌仙論）だけであり，文章の結構は「真名序」そのままといってよい。「仮名序」は，この「真名序」を下敷きにして書かれたものであることは疑いようがない。とすると，「仮名序」の文章としての自立性も漢文の有する自立性から学んだものであるという

ことになるであろう。

5. 仮名序は純粋な和文ではない。―格助詞「を」の出現率―

前節で述べたように，文章の骨格の点で，仮名序は真名序の影響下にあるのであるが，文の表現面でも，漢文訓読の影響を受けている。

> やまとうたは，人の心を種として，万の言の葉とぞなれりける。世の中にある人，ことわざ繁きものなれば，心に思ふことを，見るもの聞くものにつけて，言ひ出だせるなり。花に鳴く鶯，水に住む蛙の声を聞けば，生きとし生けるもの，いづれか歌をよまざりける。力をも入れずして天地を動かし，目に見えぬ鬼神をもあはれと思はせ，男女の中をも和らげ，猛き武士の心をも慰むるは歌なり。この歌，天地の始まりける時よりいできにけり。

仮名序の第一段落である。格助詞「を」の存在が期待される箇所には期待通り「を」が使用されている。「を」の出現率8/8で，100％の文章である。

同時期の和文『伊勢物語』では，そのようにはなっていない。

> むかし，男ありけり。その男，身をえうなきものに思ひなして，京にはあらじ，あづまの方にすむべき国もとめにとてゆきけり。もとより友とする人，ひとりふたりしていきけり。道しれる人もなくて，まどひいきけり。三河の国八橋といふ所にいたりぬ。そこを八橋といひけるは，水ゆく河のくもでなれば，橋を八つわたせるによりてなむ，八橋といひける。その沢のほとりの木のかげにおりゐて，かれいひ食ひけり。その沢にかきつばたいとおもしろく咲きたり。それを見て，ある人のいはく，「かきつばた，といふ五文字を句のかみにすゑて，旅の心をよめ」といひければ，よめる。
>
> 　　から衣きつつなれにしつましあればはるばるきぬるたびをしぞ思ふ
>
> とよめりければ，みな人，かれいひの上に涙おとしてほとびにけり。

　　　　　　　　『伊勢物語』「東下り」[「を」の出現率＝6/10で，60％]

紀貫之自身の手になる日記，『土佐日記』でさえ，次のようである。

男もすなる日記といふものを，女もしてみむとて，するなり。
それの年の，十二月の，二十日あまり一日の日の，戌の時に門出す。その
よしいささかに，ものに書きつく。
　或人，県の四年五年はてて，例のことどもみなし終へて，解由など取り
て，住む館より出でて，船に乗るべき所へ渡る。かれこれ，知る知らぬ，
送りす。年ごろ，よく比べつる人々なむ，別れ難く思ひて，日しきりに，
とかくしつつののしるうちに，夜ふけぬ。

〔『土佐日記』「冒頭」［「を」の出現率＝1/5で，20％〕

　最後に，和文の最盛期に書かれた『枕草子』『源氏物語』の状況を探ってお
く。

　すさまじきもの　昼ほゆる犬。春の網代。三，四月の紅梅の衣。牛死に
たる牛飼。ちご亡くなりたる産屋。火おこさぬ炭櫃，地火炉。博士のうち
つづき女児生ませたる。方違へに行きたるに，あるじせぬ所。まいて節分
などは，いとすさまじ，人の国よりおこたる文の物なき。京のをもさこそ
思ふらめ，されどそれはゆかしき事どもをも書きあつめ，世にある事など
をも聞けばいとよし。

〔『枕草子』「すさまじきもの」［「を」の出現率＝3/6で，50％〕

　人なくて，つれづれなれば，夕暮のいたう霞みたるにまぎれて，かの小
柴垣のほどに立ち出でたまふ。人々は帰したまひて，惟光朝臣とのぞきた
まへば，ただこの西面にしも，持仏すゑたてまつりて行ふ，尼なりけり。
簾すこし上げて，花奉るめり。中の柱に寄りゐて，脇息の上に経を置きて，
いとなやましげに読みゐたる尼君，ただ人と見えず。四十余ばかりにて，
いと白うあてに，痩せたれど，頬つきふくらかに，まみのほど，髪のう
つくしげにそがれたる末も，なかなか長きよりもこよなう今めかしきもの
かな，とあはれに見たまふ。

〔『源氏物語』「若紫」［「を」の出現率＝1/4で，25％〕

　いずれも，サンプリング調査であり，正確さの点で問題はあるが，大体の傾
向を知るには十分であろう。とにかく，古今和歌集の仮名序の文章における

「を」の出現率は他を圧していることは確かである。

　漢文訓読文においては，格助詞「を」の出現率は100％であるから，仮名序の在り方は，これに習ったものと考えるほかない。仮名序は和文として純粋性を欠くものと評価すべきものなのである。

6.「仮名序」の主要表現技法（レトリック）は対句──論理よりも表現──

① 花に鳴く鶯，水に住む蛙……
② 男女の中をも和らげ，猛き武士の心をも慰むる……
③ 久方の天にしては，下照姫に始まり，あらかねの地にしては，素盞鳴尊よりぞ起こりける。
④ 花をめで，鳥をうらやみ，……
⑤ 霞をあはれび，露をかなしぶ……
⑥ 遠き所も，いでたつ足下より始まりて年月をわたり，高き山も，麓の塵泥よりなりて天雲たなびくまで生ひ上ぼるごとくに……
⑦ 春の花の朝，秋の月の夜ごとに……
⑧ あるは花をそふとてたよりなき所にまどひ，あるは月を思ふとてしるべなき闇にたどれる……
⑨ さざれ石にたとへ，筑波山にかけて……
⑩ よろこび身に過ぎ，たのしび心に余り……
⑪ 男山の昔を思ひ出でて，女郎花のひとときをくねるにも……
⑫ 春の朝に花の散るを見，秋の夕暮に木の葉の落つるを聞き，……
⑬ 松山の波をかけ，野中の水を汲み……
⑭ 秋萩の下葉をながめ，暁の鴫の羽掻きを数へ……
⑮ 富士の山も煙立たずなり，長柄の橋もつくるなりと……
⑯ 秋の夕，龍田河に流るる紅葉をば帝の御目に錦と見たまひ，春の朝，吉野の山の桜は人麿が心には雲かとのみなむ覚えける。
⑰ 人麿は赤人が上に立たむことかたく，赤人は人麿が下に立たむことかたくなむありける。
⑱ 呉竹のよによに聞え，片糸のよりよりに絶えず……

6.「仮名序」の主要表現技法（レトリック）は対句―論理よりも表現―

⑲　年は百年余り，世は十つぎに……
⑳　あまねき御慈しみの波，八洲のほかまで流れ，
　　ひろき御恵みの蔭，筑波山の麓よりも繁くおはしまして……
㉑　古のことをも忘れじ，旧りにしことをも興したまふとて……
㉒　今もみそなはし，後の世にも伝はれとて……
㉓　紅葉を折り，雪を見る……
㉔　山下水の絶えず，浜の真砂の数多く積もりぬれば……
㉕　かつは人の耳に恐り，かつは歌の心に恥ぢ思へど……
㉖　たなびく雲の立ち居，鳴く鹿の起き臥しは……
㉗　時移り事去り……
㉘　青柳の糸絶えず，松の葉の散り失せずして……
㉙　真拆の葛長く伝はり，鳥の跡久しくとどまれらば……
㉚　歌のさまを知り，ことの心を得たらむ人は……
㉛　古を仰ぎて今を恋ひざらめかも。

　紀貫之の覚悟がひしひしと伝わってくる。彼は，対句で行くぞと決心し，最初から最後まで対句で貫いている。
　「仮名序」という布は大小さまざまな対句で紡がれたシンメトリカルな紋様に彩られた錦であろう。筆者には重苦しく感じられるほどである。
　この文体では，右と言えば左が必要であろうとなかろうと登場する。上と言えば下，春の朝と言えば，なにがなんでも秋の夕暮という具合である。
　⑰の例には呆れてしまう。貫之が言いたいことは，「人麿」と「赤人」との優劣はつけがたいということであるはずなのだが，対句（この場合は，「回文対句」）の構造で述べてしまったため，歌聖柿本人麻呂より山辺赤人のほうが上であると述べてしまっている。表現からの要求が論理からの要求を抑え込んでしまっているということになる。呆れて物が言えない。
　対句は漢文の基本的表現方法である。紀貫之は論理的正確さを犠牲にしてまで，対句にこだわった。「仮名序」は純粋な和文でないことを彼自身自覚していたと言ってよい。

■ 発展問題

(1) 「いろは歌」を 7・7・7・7・7・7・5 の形で表記し，各行の末尾音節を繋げると，「咎無くて死す」という文ができる。これは，偶然の結果なのか，意図的なものなのか判定しなさい。

　　　いろはにほへ<u>と</u>　ちりぬるをわ<u>か</u>　よたれそつね<u>な</u>　らむうゐのお<u>く</u>
　　　やまけふこえ<u>て</u>　あさきゆめみ<u>し</u>　ゑひもせ<u>す</u>

(2) 京都東山の方広寺に豊臣秀頼が寄進した梵鐘の銘文の一部に「国家安康」とある。一説では，この一句が原因となり，慶長19年（1614）11月，大阪冬の陣が開戦されたという。どういうことなのだろうか？　隠し文字の観点で考えてみよう。

(3) 5節で紹介した古今和歌集の仮名序に対応する真名序の表現を観察し，どのような特徴があるか考えてみよう。なお，原文は漢文であるが，ここでは読み下したものを掲げる。

　　夫れ和歌は，其の根を心地に託け，其の花を詞林に発くものなり。人の世に在るや，無為なること能はず。思慮遷り易く，哀楽相変ず。感は志に生り，詠は言に形はる。是を以ちて，逸せる者は其の声楽しみ，怨ぜる者は其の吟悲しむ。以ちて懐を述べつべく，以ちて，憤を発しつべし。天地を動かし，鬼神を感ぜしめ，人倫を化し，夫婦を和ぐること，和歌より宜しきはなし。春の鶯の花の中に囀り，秋の蝉の樹の上に吟ふがごときは，曲折なしといへども，各歌謡を発す。物皆これあるは，自然の理なり。

(4) 千載和歌集の仮名序の一部である。古今和歌集の仮名序と比較し，どのようなことが言えるか，主要表現技法の観点から考えてみよう。

　　やまとみことのうたは　ちはやぶる神代よりはじまりて，ならのはの名におふ宮にひろまれり。たましきたひらの都にしては，延喜のひじりの御世には古今集をえらばれ，天暦のかしこきおほむときには後撰集をあつめたまひ，白河のおほんよには後拾遺集を勅せしめ，堀川の先帝はももちのうたをたてまつらしめたまへり。おほよそこのことわざ　わがよの風俗として，これを

このみ　もてあそべば，名を世世にのこし，これをまなびたづさはらざるは
おもてをかきにしてたてたらむがごとし。かかりければ，この代にむまれと
むまれ　わが国にきたりときたる人は，たかきもくだれるもこのうたをよま
ざるはすくなし。聖徳太子はかたをかやまのみことをのべ，伝教大師はわが
たつそまのことばをのこせり。よりて代代の御かどもこのみちをばすてたま
はざるをや，ただしまた，集をえらびたまふあとはなほまれになんありけ
る。

(5)『竹取物語』の格助詞「を」について，考えてみよう。

■ 参考文献

1) 小沢正夫・松田成穂校注・訳『古今和歌集』(「新編日本古典文学全集」小学館，1994)
2) 小松英雄『やまとうた』(講談社，1994)
3) 小松英雄『古典和歌解読』(笠間書院，2000)
4) 小松英雄『いろはうた』(中公新書，1979)
5) 片桐洋一「『古今集』の成立史と本文」(「国文学　解釈と教材の研究」40巻10号，學燈社，1995)
6) 新井栄蔵「漢と和　和歌の道―古今集仮名序真名序考」(「国文学　解釈と教材の研究」32巻5号，1987)
7) 小池清治『基礎古典文法』(朝倉書店，1994)
8) 小池清治『日本語はいかにつくられたか？』(ちくま学芸文庫，1995)

第3章　純粋な和文とは？―『伊勢物語』の文体―

【和文・言文一致体】

キーワード：配列順序，恋歌，四季歌，雑歌，枕詞・序詞・耳の歌・目の歌，女性独白体，普段着の文体・正装の文体

　『古今和歌集』と『伊勢物語』の前後関係について考えると所収和歌の位置付け等により，『伊勢物語』の方が前に位置すると考えられる。
　『伊勢物語』と「物語の出でき始めの祖なる」『竹取物語』との前後関係を考察すると，同じく所収和歌の性質等により，『伊勢物語』の方が古いと判定される。
　その，最初期の和文，『伊勢物語』の文体は，極めてだらしないものであった。このだらしなさは，日本語の話し言葉のだらしなさに由来する。
　初期の和文は，素朴な言文一致体として出発した。

1.「恋歌」における『古今和歌集』と『伊勢物語』の共通和歌

　『古今和歌集』の「仮名序」は，みごとな首尾照応，構成の完璧さ，主要表現技法（レトリック）を対句で統一するという一貫性など，神経がすみずみまで行き届いている自立的文章であった。また，この文章は醍醐天皇に奏呈したものであったから，正装の文体ともいえる。初期の和文としては出来過ぎかとおもわれるほどの完成度の高い和文である。
　しかし，この完成度は紀淑望が書いた「真名序」の存在と漢文訓読文の支えによるもので，純粋な和文とはいえないと筆者は判断した。では，純粋な和文とはどのようなものであったのだろうか？
　『古今和歌集』所載の和歌と『伊勢物語』所載の和歌には共通するものが多い。そこで両書の前後関係が問題となる。まず，『古今和歌集』巻第十一「恋

歌一」から巻第十五「恋歌五」までに収録されている恋歌に限定して,『伊勢物語』所収の和歌と共通する和歌を確認しておく。

古今		伊勢
巻11	476 見ずもあらず見もせぬ人の恋しくは	99段
	あやなく今日やながめ暮さむ	
	477 知る知らぬなにかあやなくわきて言はむ	99段
	思ひのみこそしるべなりけれ	
	522 ゆく水に数書くよりもはかなきは	50段
	思はぬ人を思ふなりけり	
巻12	552 思ひつつ寝ればや人の見えつらむ	142段
	夢と知りせば覚めざらましを	
巻13	616 起きもせず寝もせで夜をあかしては	2段
	春のものとてながめ暮らしつ	
	617 つれづれのながめにまさる涙川	107段
	袖のみ濡れて逢ふよしもなし	
	618 浅みこそ袖はひつらめ涙川	107段
	身さへ流ると聞かばたのまむ	
	649 かきくらす心の闇にまどひにき	69段
	夢うつつとは世人さだめよ	
巻14	685 心をぞわりなきものと思ひぬる	128段
	見るものからや恋しかるべき	
	724 陸奥のしのぶもぢずり誰ゆゑに	1段
	乱れむと思ふ我ならなくに	
	746 形見こそ今はあたなれこれなくは	119段
	忘るるときもあらましものを	
巻15	747 月やあらぬ春や昔の春ならぬわが	4段
	身ひとつはもとの身にして	

「恋歌」に限定すると以上の12首が『古今和歌集』と『伊勢物語』の和歌と

で共通する和歌である。共通するということは，いずれかが他方から収録したと考えるのが普通なのであるが，一体どちらが先に存在したのであろうか？残念ながら，共通する恋歌を睨んでいるだけでは結論がでそうにない。

2. 正岡子規の曲解―『古今和歌集』における和歌の配列順序―

正岡子規（1867〜1902）は，「歌よみに与ふる書」（明治31年2月12日），「再び歌よみに与ふる書」（同年同月14日）を新聞「日本」に発表し，和歌の革新を試み，短歌への道を拓り開いている。彼はまず『古今和歌集』という偶像を破壊することから始めている。「再び歌よみに与ふる書」の冒頭部は次のようになっている。

> 貫之は下手な歌よみにて古今集はくだらぬ集に有之候。（中略）
> 先づ古今集といふ書を取りて第一枚を開くと直に「去年とやいはん今年とやいはん」といふ歌が出て来る。実に呆れ返つた無趣味の歌に有之候。日本人と外国人との合の子を日本人とや申さん外国人とや申さんとしやれたると同じ事にてしやれにもならぬつまらぬ歌に候。（下略）

正岡子規が紀貫之や『古今集』を貶めているのは，戦略であったと考える。偶像の破壊から始めるのが革新運動の定石であるからだ。彼ほどの歌人が『古今集』の真価を理解していなかったとは考えにくい。したがって，『古今集』巻一の巻頭歌もわざと曲解して，貶しているのであろう。その巻頭歌は次のようなものである。

> ふる年に春たちける日よめる　　　　　　　　　在原元方
> 年のうちに春は来にけりひととせを去年とやいはむ今年とやいはむ

歌意は「暦の関係で12月中に立春が来てしまった。そこで暦の上の立春から本当の正月までの間の日々を去年といったらよいものか，今年といったらよいものか，悩ましいかぎりだ」というものである。

元方の歌は，『古今集』の歌風の一つ，理知的歌風を代表する典型的な歌である。この歌が巻一の巻頭に据えられたのには実は理由があった。『古今集』の四季歌は，暦の順序に従って配列されるという原則があるのである。

春上	1	旧年立春の歌
	68	山里の桜の歌
春下	69	山の桜花の歌
	134	春の果(は)ての歌
夏	135	藤の花が咲き，山ほととぎすの鳴き声を待つ歌
	168	六月のつごもりの日の歌
秋上	169	立秋の日の歌
	248	秋の野の歌
秋下	249	秋の嵐の歌
	313	九月のつごもりの日の歌
冬	314	神無月の時雨の歌
	342	年の果ての日の歌

　律義すぎるほどに，暦に従って歌が配列されている。この原則を適用すれば，旧年中の立春を歌った元方の歌が巻頭を飾るのは必然なのだ。歌の優劣もあるが，水準を超えていれば，配列順序決定には暦上の先後が優先される。これが『古今集』であった。

　正岡子規の批判は，この原則を知らぬ振りをして，わざとなされたものなのであろう。

3. 不思議な「雑歌」——『伊勢物語』が先行することの証拠の歌——

　さて，前節で確認した『古今集』の配列順序という観点から見て，納得できない和歌が巻第十七「雑　歌　上」の巻頭の次の歌である。

　　　　　題しらず　　　　　　　　　読人しらず
　863　わが上に露ぞおくなる天の川門(とわた)渡る舟の櫂(かい)のしづくか

　七夕伝説を歌材にした歌で，「天の川」の言葉が使用されている。「天の川」は秋の景物であるから，この歌は「秋」の歌として配列されてもよさそうな歌なのである。

秋上
173　秋風の吹きにし日より久方の天の河原にたたぬ日はなし
174　久方の天の河原のわたしもり君わたりなば楫かくしてよ
175　天の川紅葉を橋にわたせばや七夕つめの秋をしも待つ
176　恋ひ恋ひて逢ふ夜はこよひ天の川霧たちわたりあけずもあらなむ
177　天の川あさせしら波たどりつつ渡りはてねばあけぞしにける

　巻第四「秋歌　上」における「天の川」を歌った和歌の一群である。863番の歌は174番の歌の前後に配されてよさそうなものである。しかるに，そうなっていない。なぜなのだろうか。
　幸いなことに，『伊勢物語』59段に同じ歌が記載されている。

五九　東山
　むかし，男，京をいかが思ひけむ。東山にすまむと思ひ入りて，
　　すみわびぬいまはかぎりと山里に身をかくすべき宿もとめてむ
　かくて，ものいたく病みて，死に入りたりければ，おもてに水そそきなどして，いきいでて，
　　わが上に露ぞ置くなる天の河とわたる船のかいのしづくか
　となむいひて，いきいでたりける。

　「わが上に」の和歌は，発病して気絶した男が，顔に水を掛けられて息を吹き返した際に，朦朧とした頭で詠んだ歌なのであった。七夕の季節とはまったく無関係な歌である。『伊勢物語』を読むと「雑歌」であることが容易に理解できる。『古今集』の撰者たちも同じ過程を経て，この歌を迷う事なく「雑歌上」の巻頭に据えたのであろう。ということは，『伊勢物語』が『古今集』の前に存在していたということになる。

4. 『伊勢物語』と『竹取物語』の前後関係―耳の歌と目の歌―

　前章で取り上げた，『古今和歌集』「仮名序」の一節に，「この歌，天地のひらけ始まりける時よりいできにけり。」とあった。紀貫之も，随分思い切ったことを書くものだと感心する。この文言をそのまま信じるわけではないが，日

4.『伊勢物語』と『竹取物語』の前後関係―耳の歌と目の歌―

本がまだ無文字社会であった頃より和歌が詠まれていたことは確実であろう。文字を前提としない和歌を本書では「耳の歌」と名付ける。また，仮名が開発され，識字階級が広く成立し，和歌を詠むこと，即ち，和歌を書くこととなった時代の和歌を「目の歌」と称することにする。

『伊勢物語』は耳の歌と目の歌の端境期にあった。

『伊勢物語』第1段「初　冠」は目の歌に入っていたことを証明する章段である。

　　　男の，着たりける狩衣の裾をきりて，歌を書きてやる。その男，信夫摺の狩衣をなむ着たりける。
　　　　春日野の若むらさきのすりごろもしのぶの乱れかぎりしられず

若者は，着物の裾を切り裂いてまで，和歌を書き記している。「春日野の」の歌は明らかに目の歌である。

　一方，第23段「筒井筒」のエピソードは，まだ，耳の歌が健在であったことを示すものである。

　　　この女，いとよう化粧じて，うちながめて，
　　　　風吹けば沖つしら浪たつた山夜半にや君がひとりこゆらむ
　　とよみけるを聞きて，かぎりなくかなしと思ひて，河内へもいかずなりにけり。

「河内」へ出かけた振りをして，「前栽」（庭の植え込み）に隠れて様子を見ていた男が耳にした歌は，薄情な夫にもかかわらず，愛情を密かに吐露する妻のいじらしい歌であったのだ。庭の夫の耳に聞こえる程度の声で妻を和歌を唱えている。耳の歌の存在を前提としないと理解できない章段である。

『竹取物語』所収の和歌の特徴は，掛詞の多用というところにある。

　　　　　　　尽くし　　果て無い　　　血の涙
　　（石作皇子）海山の道に心をつくし　はてないしのはちの涙ながれき
　　　　　　　　　筑紫　　　　　石の鉢

　［筑紫を出発してから海山の道の苦しさに心を尽くしはて，果てのない旅

で泣いて、石の鉢を取るために血の涙を流しました。］
鉢

（石作皇子）　白山にあへば光の失するかとはちを捨てても頼まるるかな
恥ぢ

［光っている鉢を持ってきたのですが、白山のように光り輝く美女にあったので、お し消され光が失せているだけで、ほんとうは光る鉢でなかったかと、鉢を捨ててし まってからも、恥を捨ててあつかましく期待されるのですよ。］

　「鉢」と「恥ぢ」の掛詞は目の歌の象徴となる。掛詞は本来、同音異義語の存在を前提とした技法であったが、「鉢」と「恥ぢ」とは同音ではない。
　平安時代の仮名表記では、濁音を明示しない。そこで、「鉢」も「恥ぢ」も同じく「はち」と表記されることになる。言い換えると、「鉢」と「恥ぢ」の掛詞は同一表記によって成立する掛詞なのであり、まさに、目の歌なのだ。
　『竹取物語』の和歌は同音異義語、同表記異義語によって支えられている。このように複雑な構造の歌は耳だけでは理解できない。文字の助け、目の確認が必要なのである。この物語はあきらかに『伊勢物語』より後に作られた物語である。

5. 『伊勢物語』の和文のだらしなさはどこから来るものなのか？ ―丸谷才一の当惑―

　以上の考察により、『伊勢物語』は『古今集』や『竹取物語』よりも古い時代の作品であることが証明されたと思われるが、では、最初期の和文、『伊勢物語』の和文はどのようなものであったのであろうか？
　『伊勢物語』の中でも名文の誉れ高い、第9段「東下り」のクライマックスの部分をとりあげる。

　　なほゆきゆきて、武蔵の国と下つ総の国のなかにいと大きなる河あり。それをすみだ河といふ。その河のほとりにむれゐて、思ひやれば、かぎりなくも遠くも来にけるかな、とわびあへるに、渡守、「はや船に乗れ、日

も暮れぬ」といふに，乗りて渡らむとするに，みな人ものわびしくて，京に思ふ人なきにしもあらず。さるをりしも，白き鳥の，はしとあしと赤き，鴫の大きさなる，水の上に遊びつついをを食ふ。京には見えぬ鳥なれば，みな人見しらず。渡守に問ひければ，「これなむ都鳥」といふを聞きて，

　　名にしおはばいざこと問はむみやこどりわが思ふ人はありやなしやと
とよめりければ，船こぞりて泣きにけり。

　作家・評論家である丸谷才一は，この文章を批評して次のように述べている。

　　日本語の文章について考へやうとするとき，わたしはよくこのくだりを思ひ出す。思ひ出して当惑する。「『かぎりなく，遠くもきにけるかな』と，わびあへるに，渡守，『はや舟に乗れ。日も暮れぬ』といふに，乗りて渡らむとするに」と「に」を三回もくりかへして平気でゐる。何かずるずるとしどけない感じが，ひどく困るのだ。いや，それだけでなく，「渡守に問ひければ」があつてすこしあとに「とよめりければ」がある反復（すこし前の「思ひやれば」は不問に付すことにしても）もまた気にかかる。このだらしなさは一体どういふわけだらう。

　丸谷の当惑と嘆きはよくわかる。確かに，センテンスがだらだらと長いのだから，文章の達人，散文の彫琢に命を削っている文筆家の目にはだらしないと映るに違いない。同一接続助詞の反復使用も堪え難いものがあろう。このだらしなさの原因は話し言葉からの距離の短さにある。『伊勢物語』の和文は，話し言葉を半歩ほど踏み出した書き言葉なのだ。文体としては，普段着の文体と称されるものである。

　ところで，和文の傑作は，いうまでもなく『源氏物語』なのであるが，この作品においても，丸谷の言うところの「だらしなさ」の欠点を克服しきってはいない。

①藤壺の宮，なやみたまふことありて，まかでたまへり。
②上のおぼつかなががり［藤壺ノ宮ノ病気ヲ］嘆ききこえたまふ御気色も，［源氏ハ］いとほしう見たてまつりながら，かかるをりだに［逢ヒタキモ

ノ］と，心もあくがれまどひて，いづくにもいづくにも参うでたまはず，内裏にても里にても，昼はつれづれとながめ暮らして，暮るれば，王命婦を責め歩きたまふ。
③いかがたばかりけむ，いとわりなく［源氏ガ藤壺ヲ］見たてまつるほどさへ，［源氏ハ］現とはおぼえぬぞわびしきや。
④宮も［アノ］あさましかりしを思し出づるだに，世とともの御もの思ひなるを，さてだにやみなむ，と深う思したるに，［コウナッテシマッタコトガ］いとうくて，いみじき御気色なるものから，なつかしうらうたげに，さりとてうちとげず，心深う恥づかしげなる［源氏ニ対スル藤壺ノ］御もてなしなどの，なほ人に似させたまはぬを，［源氏ハ藤壺ニハ］などかなのめなることだにうちまじりたまはざりけむ，と，つらうさへぞ思さるる。

『源氏物語』「若紫」の一節，藤壺が体調を崩して，里下がりをしているところ，源氏が絶好のチャンスとばかり，藤壺側近の王命婦を責め立て，むりやり対面に及ぶ場面である。四つのセンテンスで構成されている。
　①のセンテンスは無難である。主題・主語としての「藤壺の宮」が明示されており，明晰な散文になっている。
　問題は，②や④の長大なセンテンスである。話し言葉は豊かな文脈があるために，省略が許されるが，書き言葉になると，その省略が過度のものと意識される。しかし，書き手紫式部はそのことに気付かぬように，遠慮せずに省略している。
　用言の連用形や「て」「を」などの接続助詞の使用により，センテンスは，切れそうになりつつも，危うく，続いていくという連綿体さならがらの息の長さを誇っている。
　過度の省略，センテンスを長々と引っ張る思い切りの悪さ，これらは，話し言葉の特徴である。『源氏物語』の文体も言文一致体であった。

6.『伊勢物語』和文の功績——書き言葉への第一歩——
　二千年来の，鍛えのはいった漢文の支えがないと，和文は，かくもだらしな

くなる。情けないこと夥しいのであるが,『伊勢物語』の和文にも,当然良さはある。

言語表現の対象とする,自然や人間の内面世界は,本来,画然と分節化されているわけではない。綿々と続く連続体なのである。言語は無理やりそれをいくつもに分節する。

新緑の緑は千変万化する。ただの緑一色ではない。それなのに言語表現では「新緑」の一語で引っ括ってしまう。言語表現は力技なのだ。センテンスにおいても然りである。思考は途絶えることなく,漠然とした塊として心の中にある。そこに筋目を見いだし,線条的なものとして言語化する。この技もたやすいことではない。訓練と修練とを必要とする。

『伊勢物語』の和文は,まだ,生まれて百年も経ていない和文で,未熟であった。そういう中で,「むかし,男ありけり。」とは,みごとな切り取りである。話し言葉から,華麗に離陸している。

書き言葉は多少の気取りを必要とする。わが大和民族は素朴で,対句仕立てのような華やかな文体を気取りと受け取り,気恥ずかしさを覚えてしまうのだろう。しかし,しっかりした書き言葉を獲得するためには,気取ることを体得する必要がある。

話し言葉から書き言葉への道程は長い。その最初の一歩を歩み始めたのが『伊勢物語』の和文であったといえよう。

■ 発展問題

(1)『古今和歌集』の詞書（A）と『伊勢物語』の文章（B）を文体の観点で比較してみよう。

　　A1　東の五條わたりに,人を知りおきてまかり通ひけり。忍びなる所なりければ,門(かど)よりしもえ入らで,垣の崩れより通ひけるを,たびかさなりければ,主(あるじ)聞きつけてかの道に夜ごとに人を伏せて守らすれば,行きけれどえ逢はでのみ帰りきて,よみてやりけるなりひらの朝臣(あそん)
　　　　人知れぬわが通ひ路の関守(せきもり)はよひよひごとにうちも寝ななむ

B2　六十九　狩の使

　　むかし，男ありけり。その男，伊勢の国に狩の使にいきけるに，かの伊勢の斎宮なりける人の親，「つねの使よりは，この人よくいたはれ」といひやれりければ，親の言なりければ，いとねむごろにいたはりけり。(中略)
　　女，人しづめて，子一つばかりに，男のもとに来たりけり。男はた，寝られざりければ，外の方を見いだしてふせるに，月のおぼろなるに，小さき童をさきに立てて人立てり。(中略)
　　男，いとかなしくて，寝ずなりにけり。つとめて，いぶかしけれど，わが人やるべきにしあらねば，いと心もとなく待ちをれば，明けはなれてしばしあるに，女のもとより，詞はなくて，
　　　君や来しわれやゆきけむおもほえず夢かうつつか寝てかさめてか
　　男，いといたう泣きてよめる，
　　　かきくらす心のやみにまどひにき夢うつつとは今宵さだめよ
　　とよみてやりて，狩にいでぬ。(中略)
　　斎宮は水の尾の御時，文徳天皇の御女，惟喬の親王の妹。

(2) 次の和歌の「花」はなんの花か？　配列順序に留意して答えなさい。

　　春上　　6　　春たてば花とや見らむ白雪のかかれる枝にうぐひすの鳴く
　　　　　42　　人はいさ心も知らずふるさとは花ぞ昔の香ににほひける
　　春下　84　　久方の光のどけき春の日に静心なく花の散るらむ
　　　　　97　　春ごとに花のさかりはありなめどあひ見むことは命なりけり
　　秋上 238　　花にあかでなに帰るらむ女郎花おほかる野辺に寝なましものを
　　秋下 274　　花見つつ人まつときは白妙の袖かとのみぞあやまたれける
　　冬　335　　花の色は雪にまじりて見えずとも香をだににほへ人の知るべく

(3) 3節に例示した七夕の和歌群を読み，暦の順序になっているかどうか確認しよう。

(4) 『竹取物語』の和歌である。どのような掛詞があるか検討しよう。
　① くれたけのよよのたけとり野山にもさやはわびしきふしをのみ見し
　② かぎりなく思ひに焼けぬ皮衣　袂　かわきて今日こそは着め
　③ 名残りなく燃ゆと知りせば皮衣　思ひのほかにおきて見ましを
　④ 年を経て浪立ちよらぬ住の江のまつかひなしと聞くはまことか

⑤　かひはかくありけるものをわびはてて死ぬる命(いのち)のすくひやはせぬ

■ 参考文献

1) 小沢正夫・松田成穂校注・訳『古今和歌集』(「新編日本古典文学全集」小学館，1994)
2) 福井貞助校注・訳『伊勢物語』(「新編日本古典文学全集」小学館，1994)
3) 島田修二編『子規の短歌革新』(「子規選集7」増進会出版，2002)
4) 小池清治『日本語は悪魔の言語か？』(「角川oneテーマ21」角川学芸出版，2003)
5) 片桐洋一校注・訳『竹取物語』(「新編日本古典文学全集」小学館，1994)
6) 渡辺　実『平安朝文章史』(東京大学出版会，1981，ちくま学芸文庫，2000)
7) 田中喜美春「歌の配列」(「国文学　解釈と教材の研究」40巻10号，學燈社，1995)
8) 小池清治『日本語はいかにつくられたか？』(ちくまライブラリー25，1989，ちくま学芸文庫，1995)
9) 丸谷才一『文章読本』(中央公論社，1977，中公文庫，1980)
10) 阿部秋生・秋山　虔・今井源衛・鈴木日出男校注・訳『源氏物語一』(「新編古典文学全集」小学館，1994)

第4章　『竹取物語』は本当に『伊勢物語』より新しいのか？

【作り物語の文体】

キーワード：古体要素・新体要素，模写の文章，掛詞(かけことば)含有率，枕詞(まくらことば)含有率，同音異義語，同一表記異義語，串団子(くしだんご)型作品，枝豆型作品，初冠(うひかうぶり)本伊勢物語・業平自筆(なりひらじひつ)本伊勢物語・狩使(かりのつかひ)本伊勢物語

　『竹取物語』には，登場人物名や叙述の稚拙さなどという古体要素が存在する。一方，『竹取物語』所収和歌の性質（目の歌），作品構成の確かさ，語源説による構造化，作品の自立性など新体要素が存在する。
　『伊勢物語』は章段相互の結び付きが弱く，作品としての構成意識がない。このことは『伊勢物語』が初期の和文である重要な特徴となる。一方『竹取物語』には，洒落による構造化に象徴的に見られる作品構成意識が強い。『竹取物語』は新しいのである。

1. 物語の出で来はじめの親なる『竹取の翁』―『竹取物語』の古体要素1―

　前章では，耳の歌から目の歌への変遷を根拠にして，『竹取物語』は『伊勢物語』より新しい時代の作品であると述べたが，所収和歌の特徴だけで，そのように結論付けてよいものだろうか？
　『源氏物語』「絵合」の巻には次のようにある。

　　まづ，物語の出で来はじめの親なる竹取(たけとり)の翁(おきな)に宇津保(うつほ)の俊蔭(としかげ)を合はせてあらそふ。
　　「なよ竹の世々に古(ふ)りにける事をかしきふしもなけれど，かぐや姫のこの世の濁りにも穢(けが)れず，はるかに思ひのぼれる契りたかく，神世(かみよ)のことなめれば，浅はかなる女，目に及ばぬならむかし」と言ふ。右は，「かぐや姫の上(のぼ)りけむ雲ゐはげに及ばぬことなれば，誰も知りがたし。この世の契

りは竹の中に結びければ、下(くだ)れる人のこととこそは見ゆめれ。ひとつ家の内は照らしけめど、ももしきのかしこき御光には並(なら)ばずなりにけり。阿倍(あべ)のおほしが千々(ちぢ)の金(こがね)を棄てて、火鼠(ひねずみ)の思ひ片時に消えたるもいとあへなし。車持(くらもち)の親王(みこ)の、まことの蓬莱(ほうらい)の深き心も知りながら、いつはりて玉の枝に瑕(きず)をつけたるを、あやまちとなす」絵は巨勢相覧(こせのあふみ)、手は紀貫之(きのつらゆき)書けり。紙屋紙(かむやがみ)に唐(から)の綺(き)を陪(はい)して、赤紫の表紙、紫檀(したん)の軸、世の常のよそひなり。

「絵合」なので、絵画についての批評を期待して読むと、意外にも、絵画については画家の名を告げるのみで、批評は専ら物語の内容について述べられていてがつかりさせられる。当時の「絵合」というものが、常にそういう具合に展開されたものなのか、『源氏物語』の場合が特別で、女同士の批評会は的はずれの議論が展開されがちだという、紫式部(むらさきしきぶ)の揶揄が込められているものなのか判然としない。しかし、本章の議論には、かえって、内容批評であることが幸いする。女房たちの批評により、ここで議論されている「竹取の翁(おきな)」の物語が現行の『竹取物語』とほぼ等しい内容のものであることが確認できるからである。

「物語の出で来はじめの親」という地の文の表現は、批評の言葉「神世(かみよ)のこと」によって再確認できる。

登場人物を見ると、五人の貴公子は「石作(いしつくり)の皇子(みこ)」「車持(くらもち)の皇子(みこ)」「阿倍(あべ)の右大臣」「大伴(おほとも)の大納言」「石上(いそのかみ)の中納言」であり、源氏が一人も登場していない。源氏が活躍するのは、嵯峨(さが)天皇（在位期間、809～823）以後のことであるから、『竹取物語』の人物設定は、それ以前、恐らく奈良時代のものなのであろう。

江戸時代の国学者、田中大秀(たなかおおひで)（1777～1847）は『竹取物語解』において、阿倍御主人(あべのみうし)・大伴御行(おほとものみゆき)・石上麻呂(いそのかみのまろ)（麿足(まろたり)）が実在の人物で、いずれも壬申(じんしん)の乱（672）の時代の人物であったことを指摘している。

一方、『伊勢物語』では在原業平(ありわらのなりひら)（825～880）という二世の源氏が主人公とされており、これは平安初期であるので、登場人物の点では『竹取物語』の方が古いということになる。

ただし、登場人物の新古が作品の新古に直結するものではない。現代の作家

が聖徳太子や鑑真和上，空海などを主人公として作品を書くということもあるのである。

2. 稚拙な叙述，構造的には無意味な叙事—『竹取物語』の古体要素2—

　渡辺 実は『平安朝文章史』において，『竹取物語』を最古の和文と位置付けている。

　渡辺は口頭伝承として伝えられてきた「竹取の翁」の物語を，はじめて書記言語として記述したところに『竹取物語』の手柄を認めている。まず，結論から紹介する。

　　大局的に見て竹取物語は，当時の口頭伝承に取材しながら，かぐや姫という女主人公の人間としての話を作り上げた。それは今昔物語などに見られる竹取説話には期待できるはずもない，一つの意味構造化であった。人間の女としてのかぐや姫の，たばかりや羞恥や悲しみが，その意味構造の一部として言語化された。それは，はじめての書記日本語，最初の仮名文としては出来すぎと言ってよいほどの出来であった。だが，そうした意味構造化は，なお十分に行きとどかぬところを残し，選びとられた出来事の外面をなぞるだけの，構造的には無意味な叙事が混ざる結果となった。仮名文が文章として発達する過程で，当然こうした言語の散漫は超えねばならない。竹取物語は，仮名文が竹取を超えて発展すべき途を拓いたという点と，超えられるべき稚さを有したという点との，二重の意味において，まさに「かな文の出で来はじめの祖」であった。

　渡辺実は，『竹取物語』の古体要素を「選びとられた出来事の外面をなぞるだけの，構造的に無意味な叙事」に見いだし，その叙述の稚拙さゆえに，『竹取物語』を和文最古の作品とする。「構造的に無意味な叙事」とは，次のような表現をいう。

　　右大臣阿部御主人は，財ゆたかに，家ひろき人にておはしけり。その年来たりける唐人船の王慶といふ人のもとに，文を書きて，火鼠の皮といふなる物，買ひおこせよ，とて，仕うまつる人の中に心たしかなるを選びて，

小野房守といふ人をつけて,遣はす。持て到りて,かの唐土にをる王慶に黄金をとらす。王慶,文を披げて,返事書く。

　上の文章について,渡辺は,事実を「模写する文章」と概評し,「小野房守」は本筋に関係がなく,固有名詞を与えることは余計なこととする。さらに,「持て到りて,……とらす。」は「すでに諒解ずみ」のことを述べるくどさがあり,「王慶……書く。」は当然のことをなぞつたもので,「言わずもがなのプロセスが,いちいち言葉で語られる」ところに稚拙さがあると指摘する。
　たしかに,省略の妙を忘れた,地べたを這うような文章であることは確かである。小学生の日記などに見られる,「今日,朝起きて,顔を洗って,歯を磨いて,朝御飯を食べて,ランドセルを背負って,家を出て,友達にあって,山田君と石川さんとですが,その友達と一緒に,学校に来ました。」式の文章である。稚拙と言えば,稚拙である。
　この稚拙さを古体要素とする渡辺の主張はもっともなものであろう。

3. 竹取物語の和歌の技法─『竹取物語』の新体要素1─

　前章では一部しか取り上げなかったので,本章では『竹取物語』の総ての和歌を技法面において吟味してみる。

&①　海山の道に心をつくし　はてないしのはちの涙ながれき
　　　　　　　尽くし　果て無い　　　血
　　　　　　　　筑紫　　　　石の　鉢　　　　　石作の皇子
&②　置く露の光をだにもやどさまし小倉の山に何もとめけむ
　　　　　　　　　　　　　　　　小暗し　　　　　かぐや姫
&③　白山にあへば光の失するかとはちを捨てても頼まるるかな
　　　　　　　　　　　　　　鉢
　　　　　　　　　　　恥　　　　　　　　　石作の皇子
#④　いたづらに身はなしつとも玉の枝を手折らでさらに帰らざらまし
　　　　　　　　　　　　　　　　　　　　　　　車持の皇子
*⑤　くれたけのよよのたけとり野山にもさやはわびしきふしをみ見し
　　　枕　　　節　　　　　　　　　　　節
　　　　　世　　　　　　　　　　　　　　　竹取の翁

#⑥　我が袂今日かわければわびしさの千種の数も忘られぬべし
　　　　　　　　　　　　　　　　　　　　　　　　　　車持の皇子
#⑦　まことかと聞きて見つれば言の葉をかざれる玉の枝にぞありける
　　　　　　　　　　　　　　　　　　　　　　　　　　　かぐや姫
&⑧　かぎりなき思ひに焼けぬ皮衣袂かわきて今日こそは着め
　　　　　　　　　火　　　　　　　　　　　　　阿部右大臣
&⑨　名残りなく燃ゆと知りせば皮衣思ひのほかにおきて見ましを
　　　　　　　　　　　　　　　　　火　　　　　　　かぐや姫
&⑩　年を経て浪立ちよらぬ住の江のまつかひなしと聞くはまことか
　　　　　　　　　　　　　　　　　松　貝
　　　　　　　　　　　　　　　　　待つ甲斐　　　　かぐや姫
&⑪　かひはかくありけるものをわびはてて死ぬる命をすくひやはせぬ
　　　　　甲斐　　　　　　　　　　　　　　救ひ
　　　　　匙　　　　　　　　　　　　　　　掬ひ
　　　　　　　　　　　　　　　　　　　　　　　　石上の中納言
&⑫　帰るさのみゆき物憂くおもほえてそむきてとまるかぐや姫ゆゑ
　　　　　　　　　　　　　　　　背く
　　　　　　　　　　　　　　　　向く　　　　　　　　　　帝
#⑬　むぐらはふ下にも年は経ぬる身のなにかは玉のうてなをも見む
　　　　　　　　　　　　　　　　　　　　　　　　　　　かぐや姫
#⑭　今はとて天の羽衣着るをりぞ君をあはれと思ひいでける
　　　　　　　　　　　　　　　　　　　　　　　　　　　かぐや姫
&⑮　あふこともなみだにうかぶ我が身には死なぬ薬も何にかはせむ
　　　　　　　　　無　　浮かぶ
　　　　　　　　　涙　　憂　　　　　　　　　　　　　　　帝

「&」を付したものは目の歌の代表的技法掛詞を用いている和歌で，十首ある。

「*」を付したものは耳の歌の代表的技法枕詞を用いている和歌で，一首のみ。ただし，この一首には掛詞も使用されている。

「#」を付したものは掛詞，枕詞をともに使用していない和歌で，五首ある。

歌数にして，62.5％が掛詞を含みもつ和歌である。また，枕詞を含むものは，6.3％である。

ところで，数値は単独では意味をなさない。他との比較により，意味あるものとなる。そこで，『竹取物語』所収和歌について行った作業と同様の作業を次の作品群について行い，掛詞含有率，枕詞含有率を算出し，一覧表とすることにする。作品群とは次のものをいう。『古事記』『日本書紀』が伝える古代歌謡，『万葉集』及び『古今和歌集』以下『新古今和歌集』にいたる八代集の和歌，そして，前章から問題としている『伊勢物語』の和歌である。なお，序詞（ことば）も耳の歌の表現技法であるので，枕詞と一括してカウントする。

4. 掛詞含有率・枕詞含有率一覧表

次の一覧表と折線グラフを観察すれば，奈良時代は耳の歌の時代，平安時代は目の歌の時代ということが一目瞭然となる。『万葉集』と『古今集』との間に繰り広げられる，耳の歌から目の歌への変化は劇的といってもよいほどの激変である。

こういう変化を観察すれば，『竹取物語』の和歌が『伊勢物語』の和歌より後の時代のものであるということが容易に理解できるであろう。

作品名	総歌数	枕詞・序詞	％	掛詞	％
古事記	112	101	90.2	1	0.9
日本書紀	118	86	67.2	1	0.8
万葉集	4516	2021	44.8	24	0.5
古今集	1111	201	18.1	446	40.1
後撰集	1425	171	12.0	437	30.6
拾遺集	1351	187	13.8	348	25.8
後拾遺集	1229	46	3.7	323	26.3
金葉集	717	49	6.8	220	30.7
詞花集	415	8	1.9	111	26.7
千載集	1288	37	2.9	258	20.0
新古今集	1978	103	5.2	595	30.1
伊勢物語	209	13	6.2	35	16.7
竹取物語	16	1	6.3	11	62.5

＊一首の中に枕詞・序詞と掛詞とが併用されている場合は，それぞれカウントした。

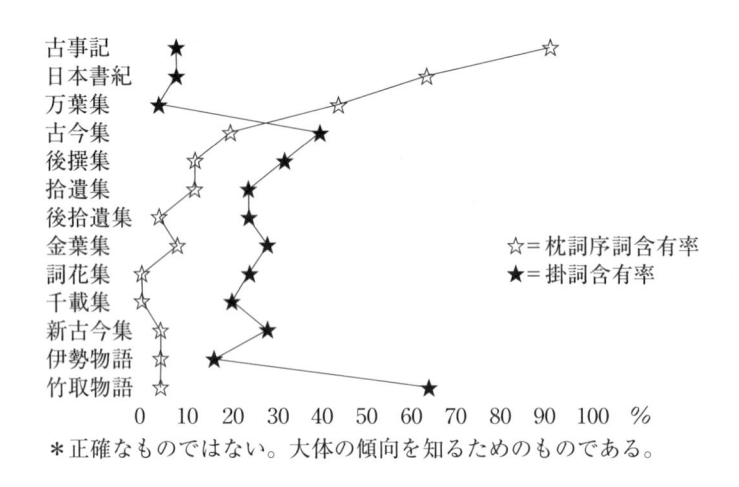

古事記　★　　　　　　　　　☆
日本書紀　★　　　　　　☆
万葉集　★　　　　☆
古今集　　　☆★
後撰集　　☆　★
拾遺集　　☆　　★
後拾遺集　☆　　★
金葉集　　☆　　　★
詞花集　　　☆　　★
千載集　　☆　　★
新古今集　　　☆★
伊勢物語　　☆　★
竹取物語　　☆　　　　　　　　★

☆＝枕詞序詞含有率
★＝掛詞含有率

0 10 20 30 40 50 60 70 80 90 100　％

＊正確なものではない。大体の傾向を知るためのものである。

5. 作品としての『竹取物語』──枝豆型構造，新体要素2──

　『竹取物語』は終結がはっきりと示された枝豆型の作品である。最終の一節は次のようになっている。

　　御文、不死の薬の壺ならべて、火をつけて燃やすべきよし仰せたまふ。そのよしうけたまはりて、士どもあまた具して山へのぼりけるよりなむ、その山を「ふしの山」とは名づける。その煙、いまだ雲の中へ立ちのぼりけるとぞ、言ひ伝へたる。

　　　　　　　　　　　　　　　　　　（竹取・かぐや姫の昇天）

　［お手紙と不死の薬の壺をならべて、火をつけて燃やすべきであるとご命令になる。その旨をうけたまわって、（つきのいはがさという人が）兵士たちをたくさん引き連れて山に登ったことから、この山を、「士にとむ山」（「不死の山」を掛ける）つまり「富士山」と名づけたのである。そして、その不死の薬を焼く煙は、いまだに雲の中へ立ちのぼっていると、言い伝えている。］

　主人公、かぐや姫が月の世界へ帰っていった後の、後日談である。そして、「富士山」の語源説を述べる中で、この物語に一貫して流れる洒落、語呂合わせによるオチを配するという趣向で最後を飾った後に、「…とぞ、言ひ伝へた

る」と語りおさめている。完璧な終り方である。「かぐや姫の物語」はこれ以上続くはずがないのである。

また，冒頭は，

　　今は昔，竹取の翁といふものありけり。　（竹取・かぐや姫の生い立ち）
　　［昔むかし，竹取の翁という者がありました。］

というもので，典型的な物語，昔話の語り出しの冒頭形式にしたがったもので，「…とぞ，言ひ伝へたる」と照応している。

さらに，作品としての構成もしっかりしている。

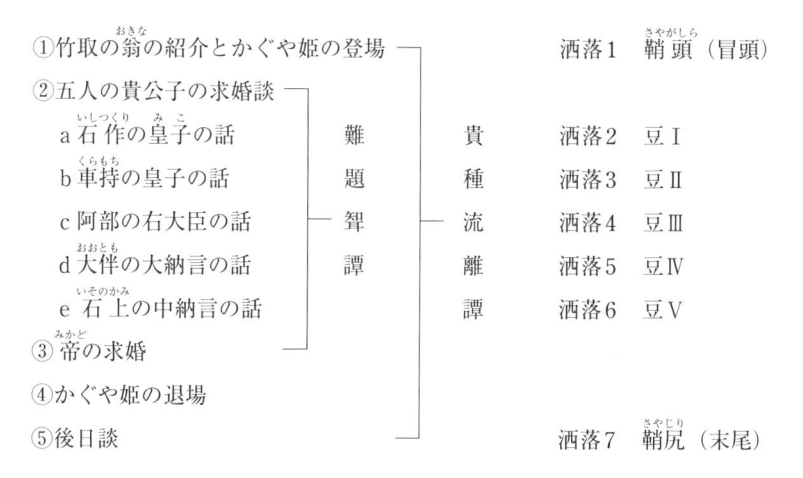

①竹取の翁の紹介とかぐや姫の登場			洒落1	鞘頭（冒頭）
②五人の貴公子の求婚談				
a 石作の皇子の話	難	貴	洒落2	豆Ⅰ
b 車持の皇子の話	題	種	洒落3	豆Ⅱ
c 阿部の右大臣の話	婚	流	洒落4	豆Ⅲ
d 大伴の大納言の話	譚	離	洒落5	豆Ⅳ
e 石上の中納言の話		譚	洒落6	豆Ⅴ
③帝の求婚				
④かぐや姫の退場				
⑤後日譚			洒落7	鞘尻（末尾）

首尾が照応し，構成がしっかりしている。これを枝豆型という。

『竹取物語』は素材になった原話（漢文），漢文訓読語の使用など漢文の影響が言われる作品であることも注意しておいてよい。『竹取物語』は自立性の高い作品なのである。

6. 作品としての『伊勢物語』―串団子型作品，『伊勢物語』の古体要素―

『伊勢物語』には多くの伝本があるが，代表的なものは「初冠本」（定家本），「業平自筆本」，「狩使本」（小式部内侍本）などである。

最も流布している「初冠本」の章段順序にしたがって，冒頭と末尾の章段を示すと次のようになっている。

平安末期以降は，「定家本」が広く行われ，固定した形態で享受されたが，

第4章 『竹取物語』は本当に『伊勢物語』より新しいのか？

	冒頭	末尾
初冠本	一段	一二五段
業平自筆本	四十三段	一二五段
狩使本	六十九段	十一段

平安中期においては，章段構成がかなり混乱していたと推測される。『竹取物語』では考えられないことである。難題譚の部分の順序の入れ替えはあるとしても，他はきちりと嵌め込まれていて，章段構成の順序がはっきりしているからである。

狩使本伊勢物語

ところで『伊勢物語』を構成する章段には，長短の差はあるものの基本構造は次のようになっている。

　　冒頭　むかし，男ありけり。
　　本論　男女の交情の物語
　　結末　その結果，生み出された和歌

このような構造をもった一塊(ひとかたまり)の文章（団子）が百以上存在するのが『伊勢物語』なのである。一つの章段はそれなりのまとまりをみせるが，章段相互の関連性は極めて弱い。いわば一話完結型，読切り型の文章の連作と言ったらよいだろう。

「狩使本」は，文徳(もんとく)天皇の皇女恬子(やすこ)内親王と在原業平と考えられる「男」との恋愛談（定家本六十九段）を冒頭の章段とする。この章段の中心は，「女」の方から贈られてきた後朝(きぬぎぬ)の文(ふみ)と，それに対する「男」の返歌であるが，冒頭は「むかし，男ありけり」と定型になっている。そして、次の中心部が語られる。

　　明けはなれてしばしあるに，女のもとより，詞はなくて，
　　　　君や来しわれやゆきけむおもほえず夢かうつつか寝てかさめてか
　　男，いといたう泣きてよめる
　　　　かきくらす心のやみにまどひにき夢うつつとは今宵(こよひ)さだめよ

とよみてやりて,狩(かり)にいでぬ。　　　　　　　　(伊勢・六十九)
[夜がすっかり明けてしばらくたつと,女のもとから,手紙の詞はなくて,歌だけ贈ってきた。

> あなたがおいでになったのでしょうか,それともわたくしがうかがったのでしょうか,どうもはっきり記憶しません。一体,あなたとお逢いしたことは夢だったのでしょうか　現実だったのでしょうか。

男は,たいそう激しく泣いて詠じた。

> 悲しみのためにまっ暗になったわたくしの心ゆえ,真っ暗闇でなにがなにやら分別もつきません。夢であったのか現実であったのかわたくしの愛の真実を今宵お逢いしてお決めください。

と返歌を詠んでおくり,狩に出かけた。]

そして,末尾は次の注釈的な文が付加されて終りになる。

> 斎宮は水の尾の御時,文徳天皇の御女,惟喬の親王の妹。

　この一文は,さりげなく付加されるが,内容は衝撃的である。斎宮は神に使える処女であり,世俗のものとの交情は禁じられいるからである。また,天皇に属するものであるから,「男」の行為は謀反の一種になる。そして,斎宮が「惟喬の親王の妹」という事実の指摘は,反権力者の妹を意味したものでもあるからである。したがつて,この物語は,当時の読者にとっては,極めて刺激の強い物語,スキャンダルであったことになる。一言で言えば,反権力,反藤原の物語であった。
　また,利用の仕方次第では,惟喬親王一派の無法さ,業平の違法性を印象づける人心操作の具ともなりうるものであった。
　今日の私たちは,王朝の悲恋物語として文学的鑑賞をもっぱらにしているが,書かれた当時は生々しい人事を語る文章であった。だから,これを作品の最初に位置付けることは,必然的に政治的意味をもってしまうのである。この間の事情が,「初冠本」系統の伝本を派生させたのかもしれない。
　付加された注釈的な文は政治的には右のような意義を有するのであるが,文

章としては文章の自立性目指してのものということになる。注釈により，不特定の「斎宮(いつきのみや)」が特定され，時期が特定され，「男」は業平ということになるのである。混濁していた液体が注釈的一文の一滴の投下により，全て透明になる。このように，末尾に付加的に添えられた一文により六十九段は自立的な文章になるのであるが，作品としての『伊勢物語』全体の自立性は相変わらず極めて弱いことに変わりはない。一段一段は自立性を有するとして、作品全体の構成が見えないからである。

初冠本伊勢物語

「初冠本」はこの欠点を補うものとして編纂された。その構成はおおよそ次のようなものになる。

① 元服
② 数々の恋物語
③ 東(あづま)への漂白
④ 宮仕え・惟喬の親王等との友情
⑤ 辞世の歌

編者は『伊勢物語』を「男」の一代記に仕立てようとしたようだが，全てが一人の男，業平の事跡とは考えにくい。たとえば，有名な「筒井筒(つつゐづつ)」の章段，また，「梓弓(あづさゆみ)」の章段などを業平の一代記に組み入れるのには無理であろう。しかし，一歩譲って，それらを脇筋とすれば，この試みはかなり成功しているように思われる。辞世の歌で締め括るなどは出来過ぎの感さえある。その，末尾の章段（一二五段）を見ておこう。

　　むかし，男，わづらひて，心地(ここち)死ぬべくおぼえければ，
　　　　つひにゆく道とはかねて聞きしかどきのふけふとは思はざりしを
　　［昔，男が病気になって，死にそうな気持ちになったので，
　　　　最後には行く道なのだと前々から聞いていたのだけれども，その死
　　　の道を行くのが昨日今日に迫っているのだとは思わなかったのだがな
　　　あ。］

主人公の死をほのめかして終る構成は，一つの終り方で，内容面から見れば，

6. 作品としての『伊勢物語』―串団子型作品，『伊勢物語』の古体要素―

これは作品の末尾としてふさわしい。しかし，形式面から見れば，他の章段と同じ構成である。「狩使本」の末尾の章段（初冠本十一段）についても同様のことが言える。念のため，次に掲げておこう。

 むかし，男，あづまへゆきけるに，友だちどもに，道よりいひおこせける。

  忘るなよほどは雲居になりぬとも空ゆく月のめぐりあふまで

 ［昔，男が東国へ行った時に，友人たちに，旅先から歌を詠んでよこした。その歌は，

  お忘れなさるなよ，はるか遠くに隔たっていても，空行く月がまたもとのところにめぐり戻ってくるように，ふたたびお逢いする時まで。］

再会を誓うこともまた，一つの終りの型である。内容的には，ここを末尾とするのも洒落ている。しかし，形式的には，これも見るとおり，他の章段と次元を異にするものでないことは明瞭である。

一時の別れを末尾とするか，それとも，この世との別れを末尾とするかと二者択一の問いに接すれば，後者の方が優れていると誰しも認めるところであろう。そういう意味では「初冠本」の一代記説の方が優れている。

さて，ところで，困ったことがある。一代記説では解きにくい問題が二つあるのだ。

一つは『伊勢物語』という題名である。「初冠」で始まるとすると，なぜ「伊勢」なのかの解釈に苦しむことになる。「狩使本」なら問題はない。冒頭が「伊勢」の斎宮の物語であるから，簡単に解ける。

もう一つの問題は，『伊勢物語』の最大の特徴と矛盾してしまうという欠点である。すなわち，もし，『伊勢物語』が，業平に擬せられる「男」の一代記であるとすれば，「むかし，男ありけり」がなぜ煩（わずらわ）しいほどに繰り返されるのだろうか。『竹取物語』と同様に第一章段にあれば，それで充分のはずではないか。一代記説，「初冠本」が内包する根本的矛盾はここにある。『伊勢物語』は一人の「男」の一代記としてまとめるには多様過ぎるのだ。章段ごとの「むかし，男ありけり」は横の繋がりを断ち切ると同時に，章段相互の類似的性格

を主張するという二重の働きをしているのである。章段という団子がある，これらを業平の一代記という串で貫き，仮にあるまとまりを与えたものが「初冠本」系統の伝本なのであろう。また，別の意図，それは政治的意図であった可能性があるが，それが「狩使本」なのであろう。『原(ウル)伊勢物語』という作品は，そういう組み替えを許すものであったということにより，始めもなければ終りもないという，半自立的文章の集合体であったということを自ら語っていると思われる。

　このように見てくると，編纂本(へんさんぼん)と雑纂本(ざっさんぼん)とを有する『枕草子』なども串団子型の作品であったとしてよい。自由な組み替えを許すほどに内部の構成は緩いものであったのだ。

　今日の作品で言えば，随筆集などが原則的に串団子型に属することになろう。一つ一つの随筆には冒頭と末尾があるが，それらを纏めた随筆集になるとそれらはなくなってしまう。比較的出来のよいのを始めに置いたり，時期的に古い物を最初に位置付けたりということは考えられるが，枝豆型の作品のような構成性が認められないからである。ここに『伊勢物語』の古体性が窺われるのである。

■ 発展問題

(1) 『大和物語』の文体や所収和歌について，『伊勢物語』『竹取物語』との相違を調べ，前後関係を考えてみよう。

(2) 『今昔物語集』の各説話の冒頭はすべて「今ハ昔」で始められている。この点からいえば，この作品は串団子型作品となる。『今昔物語集』には，作品としての構成意識があるかないか考えてみよう。
　＊この説話集は，天竺篇（インド）・震旦篇（中国）・本朝篇（日本）に分類された31巻より構成されている。天竺・震旦・本朝各篇の内部構成などを調べてみよう。

(3) 夏目漱石作『夢十夜』に収められた十の文章の多くは，「こんな夢を見た。」で始められている。この作品は串団子型作品であるかいなか，作品としての構成意識があるかないか考えてみよう。
　＊例えば，冒頭に据えられた文章を他の位置，末尾などに置き換えた時，作品の価値が変るか変らないか調べてみよう。

(4) 江戸初期の咄本『醒酔笑』は落語の原典の一つとされている。この作品に収録されている各咄と『竹取物語』とを比較して，文体の相違などについて考えてみよう。

■ 参考文献

1) 渡辺　実『平安朝文章史』（東京大学出版会，1981，ちくま学芸文庫，2000）
2) 阿部秋生・秋山　虔・鈴木日出男校注・訳『源氏物語②』（新編日本古典文学全集，小学館，1995）
3) 片桐洋一校注・訳『竹取物語』（「新編日本古典文学全集」小学館，1994）
4) 池田亀鑑『伊勢物語に就きての研究　校本・研究篇』（大岡山書店，1933～1934）
5) 大津有一編『伊勢物語に就きての研究　補遺篇・索引篇・図録篇』（有精堂，1961）
6) 渡辺泰宏「伊勢物語小式部内侍本考」（「武蔵大学人文学会雑誌」14巻1号，1982）
7) 藤井貞和「物語の出で来はじめの親」（「別冊國文學NO.34 竹取物語伊勢物語必携」學燈社，1988）
8) 山口佳紀・神野志隆光校注・訳『古事記』（「新編日本古典文学全集」小学館，1997）

第5章 『土佐日記(とさにっき)』は「日記」か,「物語」か?

【平安朝日記の文体】

キーワード:日記体物語・記録体日記,事実の時代・虚構の時代,枝豆型作品

　『土佐日記』所載の和歌が同時代の勅撰和歌集『後撰和歌集』に紀貫之作として収録されている。『土佐日記』の作者が紀貫之であることは当時から知られていたということである。女性に仮託するという変装は簡単に見破られていた。

　実は,彼は,わざと見破られるように書いていた。それは,この作品が日記体物語であることを読者に理解させるためにとった手段であったと考えられる。

　和歌の世界において,紀貫之は何度も「女」になっている。この和歌の世界の技法を「日記」の世界に応用したのが,『土佐日記』における女性仮託であった。

　『土佐日記』は日記体物語である。『蜻蛉日記』『和泉式部日記』『更級日記』はこの系譜に属し,『紫式部日記』はこれらとは別の「記録体日記」の系譜に属した。平安朝日記には,二つの系譜があった。

　また,『土佐日記』は冒頭部と末尾が首尾照応する枝豆型の作品であったが,『蜻蛉日記』『和泉式部日記』『更級日記』の末尾ははっきりせず,尻抜け型作品となっている。

　虚構の日記,日記体物語の手法は学んだが,作品の自立性については学んでいない。

1. 『土佐日記』は紀貫之が書いたのか？―見破られていた貫之の偽装―

『土佐日記』の冒頭は次のように書き始められている。

　　　　男もすなる日記といふものを，女もしてみむとてするなり。

素直に読めば，この日記は女の手になるものということになる。

ところが，文学史が教えるところによれば，紀貫之（868頃～945頃）が書いたものということになっている。彼は，土佐国守を勤めていたが，承平4年（934）に任期が終り，この年の12月21日に任地を離れ，翌年2月16日に帰京した。この間のことを女性に仮託して，日記に記したものが『土佐日記』ということである。

どちらが正しいのであろうか？

『後撰和歌集』は紀貫之没後数年の天暦5年（951）に撰集された勅撰和歌集である。撰者は大中臣能宣・清原元輔・源順・紀時文・坂上望城の五人であった。その巻第十九離別・羇旅の部に収められた貫之の歌の中に，次の二首がある。

　　　　土左よりまかりのぼりける舟のうちにて見侍りけるに，山のはならで月
　　　　の浪のなかよりいづるやうにみえければ，むかし安倍のなかまろがもろ
　　　　こしにて，ふりさけみればといへることを思ひやりて　　　　つらゆき
一三五五　宮こにて山のはに見し月なれど海よりいでて海にこそいれ

　　　　土左より任はててのぼり侍りけるに，舟のうちにて月を見てつらゆき
一三六二　てる月のながるる見ればあまのがはいづるみなとは海にぞ有りける

一三五五の歌に対応するものは『土佐日記』の一月二十日の条にある。

　　　　二十日。昨日のやうなれば，船出ださず。（中略）これを見てぞ，仲麻
　　　呂の主，（中略）
　　　　　　　青海ばらふりさけ見れば春日なる三笠の山に出でし月かも
　　　とぞよめりける。（中略）さて，今，そのかみを思ひやりて，或人のよ
　　　める歌，

みやこにて山の端に見し月なれど波より出でて波にこそ入れ

　『後撰和歌集』の歌と『土佐日記』の歌とでは，「海」と「波」の部分に相違があるが，同一歌の異伝の範囲に入るものであろう。作者は『土佐日記』では「或人」とあるだけである。その「或人」とは紀貫之であると『後撰和歌集』の撰者たちにはわかっていたということになる。一三六二の歌に対応するものは『土佐日記』の一月八日の条にある。

　　八日。障ることありて，なほ同じ所なり。(中略) 今，この歌を思ひ出でて，或人よめりける，
　　　　照る月のながるる見れば天の川出づる水門は海にざりける
　　とや。

　これも第五句に相違がある。『後撰和歌集』では「海にぞ有りける」で，『土佐日記』の歌では「海にざりける」である。後者は融合形を使用し，くだけている。勅撰集では，俗にくだけるわけにはいかなかったのであろう。やはり異伝歌の範囲に入る。この「或人」も紀貫之と正体を見抜かれている。
　こういうわけで，『土佐日記』の冒頭の一文は，書かれた当時から，事実とは異なる虚構の表現であると理解されていたのであるが，貫之はなぜこのような虚構の表現をなしたのであろうか？

2. なぜ，紀貫之は『土佐日記』において，「女」になったのか？
　これまで，多くの研究者は『土佐日記』のファーストセンテンスが孕む謎にこだわってきた。なぜ，紀貫之は「女」になったのだろうか？　と。
　南波 浩は「土佐日記の本質―日記文学の意義―」において，女性仮託の謎に対する20名以上の研究者の解答を手際良くまとめている。そのいくつかを紹介する。
　1　僧契冲『土佐日記抄』　文選の謝恵運の雪賦は司馬相如の名をかり，伝武仲の舞賦は宋玉の名をかりて作っているように，創作上の技巧と軽く見る説。
　　　　＊なぜ「女」か？　の答えになっていない。

2	北村季吟『土佐日記抄』	女のわざとしたのも，最後に「とく破りてむ」と書きとめたのも，すべて謙退の詞。
		＊なぜ謙退の詞を必要としたのか？
3	上田秋成『土佐日記解』 加藤宇万伎	任国で死去した嬰児をいたみ悲しむのは丈夫としてあるまじきことと思われることを恥じて，女として書いた。
		＊山上憶良は「男子名を古日といふに恋ふる歌」（万葉・5・904,905,906）において夭逝した愛児の死を痛切に 悲しむ長歌一首と反歌二首を歌い上げている。親の真情を吐露することは女々しいことではない。憶良は「丈夫」意識の強かった人でもある。
4	藤岡作太郎『国文学全史・平安朝篇』	仮名は女の使用するものであったから，舟中の女の風をして書いた。
		＊紀貫之は，すでに仮名で「仮名序」を書いている。仮名は女専用ではない。
5	萩谷朴「土佐日記は歌論書か」	公人たる貫之が当時の習慣に反して仮名で日記を書くのは，はばかられたので，やむなく女性として書いた。
		＊考えられる説である。
6	秋山虔『日本文学思潮』古代後編	土佐日記の冒頭に自己の創始を謳ったのは，それが前代 未聞の意味での日記であることの標示であった。
		＊考えられる説である。

ファーストセンテンスが孕む謎に対する解答例である。不適切，不十分なものや，概ね正しいのではないかと考えられるものもあるが，これらはすべて無意味な解答である。なぜかというと，紀貫之は女性仮託を宣言した直後の第2センテンスにおいて，これを裏切る文言を認めているからである。

3. なぜ，女性に仮託した直後に男言葉を使うのか？―言説を裏切る言説―

　男もすなる日記といふものを，女もしてみむとてするなり。
　それの年の，十二月の，二十日あまり一日の日の，戌の時に門出す。そのよし，いささかに，ものに書きつく。

　第1文において，書き手は「女」であると宣言しながら，第2文では早速，これを裏切り，「それの年の」という男言葉を使用する。書き手が真実「女」であるならば，「ある年の」と書くはずのところである。今日ならば，「某年（ぼうねん）」という語が与える男の書き言葉というニュアンスを「それの年の」は有している。

　第3文にある「いささかに」も変だ。「女」なら「いささか」とでも書くべきところである。

　『土佐日記』には，これらばかりではなく，随所で男言葉が使用されている。

	男言葉	女言葉での言い換え例
十二月二十七日	この間に，	→ さるに／さるほどに
	また，或時には，	→ ある時
十二月二十九日	志あるに似たり。	→ 志あるやうなり。
一月七日	或人の子の童なる，ひそかにいふ。	→ みそかにいふ。
一月九日	これかれ互に，「……」とて，	→ これかれかたみに，
	おもしろしと見るに堪へずして，	→ 見るに堪へで，
一月十二日	今し，羽根といふ所に来ぬ。	→ 今ぞ（今しも）
一月十三日	いささかに雨降る。	→ いささか
一月十六日	海に波なくして，	→ なくて，
一月十七日	同じごとくになむありける。	→ やうに
	かくいふ間に，	→ かくいふほどに，
	夜やうやく明けゆくに，	→ やうやう
	この間に雨降りぬ。	→ さるに／さるほどに
一月二十一日	この間に，使はれむとて，	→ さるに／さるほどに
一月二十九日	そがいひけらく，	→ いふやう，
一月三十日	今日，海に波に似たるものなし。	→ のやうなる
	神仏の恵みかうぶれるに似たり。	→ やうなり。

二月一日	昨日のごとくに,	→	やうに
	この間に,	→	さるに／さるほどに
	船君のいはく,	→	いふやう
	苦しきに堪へずして,	→	で
	ひそかにいふべし。	→	みそかに
二月四日	しかれども,	→	されど／さはいへど
	といへれば,	→	いへば
	在る人の堪へずして,	→	堪へで,
二月五日	船子どもにいはく,	→	いふやう,
	書き出だせれば,	→	出だせば,
	今し,かもめ群れゐて遊ぶ所あり。	→	今ぞ,
	ここに,昔へ人の母,	→	さて,
	楫取りのいはく,	→	いふやう,
	かく奉れれども,	→	奉れども,
	楫取りまたいはく,	→	いふやう,
二月六日	いと思ひのほかなる人のいへれば,	→	いへば,
二月七日	喜びに堪へずして,	→	堪へで,
二月八日	男ども,ひそかにいふなり。	→	みそかに
	魚不用。	→	魚用ゐず。
二月九日	この間に,	→	さるに／さるほどに
	ここに,人々のいはく,	→	さて,人々のいふやう,
	至れりし国にてぞ	→	至りし国にてぞ,
	悲しきに堪へずして,	→	堪へで,
二月十一日	雨いささかに降りて,止みぬ。	→	いささか
二月十六日	人々のいはく,	→	いふやう,
	なほ,悲しきに堪へずして,	→	堪へで,
	ひそかに心知れる人と	→	みそかに

　「仮名序」執筆に際して細心の注意深さをしめした紀貫之であるから,これらの男言葉がうっかりミスより生じたものとは考えにくい。自覚的言葉選びであったと推測される。とすると,第1文と第2文以下の矛盾をどう解いたらよ

いものだろうか。

4. 虚構宣言

この作品の末尾は次のようになっている。

　　忘れ難く，口惜しきこと多かれど，え尽くさず。とまれかうまれ，疾く破りてむ。
　　　　　　　　　　　　　　　　　　　　　　（土佐・二月十五日）
　［忘れられない，心残りなことがたくさんあるのだけれども，とても書き切れない。何はともあれ，（このようなつまらないものは）さっさと破り捨ててしまおう。］

「え尽くされず。とまれかうまれ，疾く破りてむ」と書いてはあるが，それを実行に移すつもりはさらさらなかった。私たちの目の前に『土佐日記』があることがなによりの証拠である。

『土佐日記』の表現は屈折している。実際は男が書くのに女が書くと書き，女が書くと宣言しながら，男言葉を使用する。この日記の面白さはここにある。単に，男が女を装って書いたから面白いのではない。女を装いながら，表現の端々でこれを裏切っているところに，本当の面白さがある。とまれ，書き手は冒頭において，二重に，額面どおりに読むことを禁じている。冒頭の文で，額面どおりに読むことを禁じた彼は，末尾においても，額面どおりには，読むことのできない，「とまれかうまれ，疾く破りてむ」と書き記す。見事な首尾照応と言わざるをえない。

このように，『土佐日記』は冒頭文と末尾の文という鞘で，二か月半余の船旅という中身，豆を内包した日記体の物語なのである。極めて輪郭がはっきりしている。枝豆型の作品といってよいだろう。

奈良時代は叙事を好み，事実を尊んだ。それはそれで大切なことで，一つの在り方ではあるのだが，文学の真実は事実との距離の遠近では測れないところにある。

真実を語るための装置として虚構がある。平安時代は虚構の時代，物語の時代である。紀貫之の力業は，事実の重みから虚構の軽みへの跳躍を可能にした。

彼は，虚構の時代を切り拓いたのである。

5. 紀貫之は何度も「女」になっている！

紀貫之が「女」になったのは，実は『土佐日記』が初めてではない。『古今和歌集』巻第一「春上」に次の和歌がある。

　　　　「歌奉れ」とおほせられし時に，よみて奉れる　　　つらゆき
　　　　わがせこが衣はるさめ降るごとに野辺のみどりぞ色まさりける

「わがせこが衣」は「はる＝張る→春」という序詞であるが，「私の夫の衣」という表現に，読み手が女性であるという立場が表明されている。
　屏風歌の代作者としても紀貫之は活躍しているが，ここにおいても，いとも簡単に「女」になっている。

　　延喜5年（905）2月，尚侍の奉らるる泉の右大将の四十の賀の時の屏風
　　歌，内裏の仰せによりて奉る
　　　　夏山の影を繁みや玉鉾の道行く人もたちどまるらん

この屏風歌では「尚侍」という女官のトップに紀貫之はなっている。

　　延喜15年（915）の春斎院の御屏風の和歌，内裏の仰せによりて奉る。
　　女ども山寺にまうでしたる
　　　　思ふことありてこそゆけ春霞　道さまたげにたちわたるかな

ここでは，女房たちの一人になっている。
　こういうわけで，和歌の世界では，「男」が「女」になるのは日常茶飯事であった。紀貫之がやったことは，和歌の世界の技法を「日記」という散文の世界にまで拡大して適用したことなのである。常識を破ることであるから，簡単なことではなかったに違いないが，発想を転換するという頭脳プレーをすればできることである。紀貫之にとっては困難なことではなかったろう。

6. 『蜻蛉日記』『和泉式部日記』『更級日記』の虚構性—日記体物語—

『蜻蛉日記』も日記体物語である。

　　かくありし時過ぎて，世の中にいとものはかなく，とにもかくにもつかで，世に経る人ありけり。
　　かたちとても人にも似ず，心魂もあるにもあらで，かうものの要にもあらであるも，ことわりと思ひつつ，（中略）人にもあらぬ身の上まで日記して，めづらしきさまにもありなむ，天下の人の品高きやと問はむためしにせよかし，とおぼゆるも……。

『蜻蛉日記』の筆者，少将道綱の母は，この日記の主人公，そして書き手となる女性を「人」と冷静に表現し，容貌も人並み以下で，思慮分別もあるわけでもない女性と評価することまでしている。これは，立派な物語の書き出しである。

『和泉式部日記』には次のような叙述がある。

　　女，もの聞こえむにもほど遠くて便なければ，扇をさし出でて取りつ。宮も上がりなむとおぼしたり。

「女」は和泉式部，「宮」は敦道親王である。登場人物の内面にまで入り込む表現は，決して，事実を記録する「日記」の文体ではなく，「物語」の文体である。

『更級日記』の冒頭部は次のようになっている。

　　あづま路の道のはてよりも，なほ奥つ方に生ひ出でたる人，いかばかりかはあやしかりけむを……。

『蜻蛉日記』の場合と同様に，この日記の書き手となる，菅原孝標の娘を「人」と客観的に表現している。さらに自分のことであるにもかかわらず，「いかばかりあやしかりけむに」と他人のことのように表現している。これも「物語」の文体である。

紀貫之の『土佐日記』から，彼女らは虚構の軽やかさ面白さ便利さを学んだ。事実の重苦しさにからめとられがちな日常をなんとか日記体物語の文体で逃れ

ようとしている。
　なお,『紫式部日記』は,一部消息文の流入かと思われる女房批評の部分を除くと,藤原道長の私邸,土御門邸の日常,特に,中宮彰子の出産の記録が中心で,物語的要素はなく,記録体の日記である。

■ 発展問題

(1) 紀貫之の自筆本の姿をほぼ忠実に伝えるとされる写本,『青谿書屋本土左日記』は,総字数,約 12,000 字で書かれているが,漢字は 200 字ほどで,仮名主体の日記となっている。そういう中で,次の言葉は漢字書きされている。なぜか考えてみよう。

　　A　日記(冒頭)・願(12月22日)・講師(12月24日・1月2日)・京(12月27日・2月16日)・白散(12月29日・元日)
　　B　十二月・二十日・元日(日付は漢字書きになっている。)
　　C　宇多(1月9日),故(2月9日)
　　D　不用(2月8日)

(2) 平安朝女流日記の一つ『讃岐典侍日記』は日記体物語・記録体日記のどちらか,確認してみよう。また冒頭・末尾を読み,枝豆型作品か尻抜け型作品か考えよう。

(3) 松尾芭蕉の『おくのほそ道』と随行者河合曽良の『随行日記』とを比較すると多くの点で食い違いをみせる。このことから,『おくのほそ道』の作品としての性質を考えてみよう。

		おくのほそ道	随行日記
a	出発日	3月27日	3月20日
b	第1泊目の地	早加(草加)	粕壁(春日部)
c	日光鉢石宿泊日	3月30日	4月1日
d	中尊寺での句	五月雨の降り残してや光堂	当日は快晴
e	越後路での句	荒海や佐渡によこたふ天の川	夜中豪雨
f	市振の遊女	曽良に語れば,書きとどめ侍る	記述無し

■ 参考文献

1) 松村誠一校注・訳『土佐日記』(「日本古典文学全集」小学館, 1973)
2) 谷山茂他編『新編国歌大観第一巻勅撰集編・歌集』(角川書店, 1973)
3) 久松潜一・秋山虔他編『国語国文学研究史大成　平安日記　増補版』(三省堂, 1978)
4) 石原昭平編『平安朝日記Ⅰ・Ⅱ』(「日本文学研究資料叢書」有精堂, 1971・1975)
5) 谷山茂他編『新編国歌大観　第三巻私家集編・歌集』(角川書店, 1985)
6) 木村正中・伊牟田経久校注・訳『蜻蛉日記』(「日本古典文学全集」小学館, 1973)
7) 藤岡忠美校注・訳『和泉式部日記』(「新編日本古典文学全集」小学館, 1994)
8) 犬養廉校注・訳『更級日記』(同上)
9) 中野幸一校注・訳『紫式部日記』(同上)
10) 石井文夫校注・訳『讃岐典侍日記』(同上)
11) 秋山虔「女流日記文学についての序説」(「別冊国文学　王朝女流日記必携」學燈社, 1986)
12) 鈴木一雄『王朝女流日記論考』(至文堂, 1994)
13) 山口仲美『平安文学の文体の研究』(明治書院, 1984)
14) 小松英雄『日本語書記史原論　補訂版』(笠間書院, 2000)
15) 池田亀鑑『古典の批判的処置に関する研究』(岩波書店, 1941)
16) 阿久澤忠「『土左日記』の文体—「すみのえ」の表記から—」(「日本語学」22巻5号, 2003)
17) 尾形仂『おくのほそ道評釈』(角川書店, 2001)
18) 小池清治『日本語はいかにつくられたか？』(ちくま学芸文庫, 1995)

第6章 『枕草子』のライバルは『史記』か？

【三色弁当型作品】

キーワード：血筋社会・個性尊重社会，随想的章段・日記的章段・類聚的章段，「は」型章段・「もの」型章段，「こと」型章段・跋文，枝豆型作品，三色弁当型作品，散文詩的文体，記録体日記的文体，紀伝体，総合歴史書・総合文化誌，随筆

　清少納言（生没年未詳）の『枕草子』は極めて独創的，個性的作品である。血筋社会であった平安時代において，個性を主張するということは空しい作業ではあったのだが，革命的行為であった。

　跋文の記述によれば，『枕草子』は『史記』をライバルとしたという解釈が成立する。『枕草子』のライバルを『史記』と仮定すると，『枕草子』に関する多くの謎が氷解する。

　例えば，「春はあけぼの」で始まる理由，三種類の文体で混成される理由，「枕にこそは侍らめ」の解釈等である。

　司馬遷（B.C. 145～B.C. 86）は『史記』により，歴史の総合的記述の方法を紀伝体という形で完成させた。清少納言は，これに対して，随想的章段，日記的章段，類聚的章段の三種類の文体で作品を混成し，結果的に，随筆という全く新しいジャンルを，11世紀の初頭という，世界史的に見て，飛び切り早い時期に，東洋の島国で創出してしまった。

　優れた文学作品が生み出されるには，三つの条件が必要である。一つ目は作者の資質，二つ目は優れた読者の存在，三つ目は執筆に駆り立てる大いなる鬱屈である。『枕草子』の場合には，これらに加え，優秀なライバル，紫式部の存在があった。このような好条件が世界史的にも珍しい，新しい随筆というジャンルを創出し，傑作を生み出したのである。

1. 「雨夜の品定め」(『源氏物語』「帚木」)の女性観—平安時代は血筋社会—

紫式部は「頭中将」の口を通して、女性を上・中・下の三階級にわけている。

> 人の品たかく生れぬれば、人にもてかしづかれて、隠るること多く、自然にそのけはひこよなかるべし。中の品になん、人の心々おのがじしの立てたるおもむきも見えて、分かるべきことかたがた多かるべき。下のきざみといふ際になれば、ことに耳立たずかし……

人の等級は「生れ」によるという、血筋社会の人間観が展開されている。このような社会においては、個々の才能、資質は二の次、三の次なのだ。

光源氏のアバンチュールの最初の相手となった「空蟬」は、「右衛門督（中納言）」の娘であるから、従三位クラスで、そう低い階級とは思われないのだが、皇族出身の光源氏には身分差を感じ、「数ならぬ身」と自らを卑下している。

光源氏のただ一人の愛娘を生んだ、だから胸を張っていいはずの「明石の君」は、父親（明石の入道）が播磨の国の元国司、祖父が大臣であったから、決して低い身分ではないのだが、「空蟬」と同様に、「身のほど口惜し」い、と嘆いている（「澪標」）。光源氏が最も愛した女性、「紫の上」は、父親が親王であるので、身分的には「女王」（天皇の孫娘）ということになり、まさに低い身分ではないのだが、朱雀帝の娘「女三の宮」という「内親王」に対しては弱い。夫、光源氏から「女三の宮」との結婚話を打ち明けられ、「紫の上」は次のように述べる。

> 「かの母女御の御方ざまにても、疎からず思し数まへてむや」と卑下したまふを…　　　　　　　　　　　　　　　　　　　　　　　　　　（若菜上）
> [「宮の御母女御様のご縁からでも、親しく人並みにお付き合いしていただけませんでしょうか」と卑屈に謙遜なさるので……]

語り手は「紫の上」の発言を「卑下」したものと評価している。

このような次第で、平安時代は血筋・家柄第一主義の時代であった。そういう中で、自分の感性で勝負！、わが個性で勝負！、と打って出たのが、清少納

言であった。

2. 随想的章段における新しい美意識―「曙」の美は清少納言の発見―

『枕草子』は次のように書き起こされる。

> 春はあけぼの。やうやうしろくなりゆく山ぎは，すこしあかりて，紫だちたる雲のほそくたなびきたる。

当時の読者はビックリしたことだろう。『古今和歌集』の「春」の部の景物に「あけぼの」なんて，ないのである。あるのは，つぎのようなものである。

> 氷・春風・春霞・雪・鶯・梅・春の日の光・木の芽・谷風・花の香・若草・松の雪・若菜・春雨・山風・松の緑・青柳・柳・千鳥・呼子鳥・帰雁・春の夜・桜・山桜・滝・白雲・山里・花ざくら・桜花・光・風・ならの都・山辺・野辺・千種・駒・藤の花・藤波・山吹の花・蛙

一日の時刻に関するものは，「春の夜」のみで，凡河内躬恒の次の和歌がある。

> 　　　春の夜，梅の花をよめる　　　　　　　　　　みつね
> 春の夜の闇はあやなし　梅の花　色こそ見えね　香やはかくるる
> 　　　　　　　　　　　　　　　　　　　　　　　（春上・41）

このように，「あけぼの」の語は影も形も無い。『後撰和歌集』『拾遺和歌集』にも無いので，勅撰集には『枕草子』以前，「あけぼの」を歌に詠み込むという習慣が無かったということになる。

> 　　　後冷泉院，みこのみやと申しける時，うへのをのこども，一品宮の女房ともろともに，さくらのはなをもてあそびけるに，故中宮のいではもはべりきとききて，つかはしける　　　　　　　　　源　為善　朝臣
> 　　　花盛り春の深山のあけぼのに思ひ忘るな秋の夕暮れ
> 　　　　　　　　　　　　　　　　　　　　　　　（雑五・1102）

勅撰集で「あけぼの」を歌に詠み込んだ最初の歌は『後拾遺和歌集』（応徳

三，1086）の源為善の歌である。彼は，序でに「秋の夕暮れ」まで詠み込んでしまっているから，この歌は『枕草子』（長保二，1000年以後？）の影響をまともに受けていること明白である。これ以後，『金葉和歌集』『千載和歌集』『新古今和歌集』などでも歌われるようになる。

「春はあけぼの」は，年周期の「春」と日周期の「あけぼの」とを取り合わせた，新鮮なものであった。「しろくなりゆく山際」「紫だちたる雲」など，くっきりとした清新なイメージをも伴って，王朝世界の美意識の中に定着していく。

清少納言は「春はあけぼの」により，名歌一首に勝る業績を和歌の世界で挙げてしまっている。歌人でもあった父，清原元輔も娘の快挙に鼻を高くしたことであろう。

「夏の夜の螢」を歌った歌も『古今和歌集』にはない。『古今和歌集』の夏の部は「ほととぎす」に占領されており，「螢」が入り込む余地がない。

　　　夕されば螢よりけに燃ゆれども光見ねばや人のつれなき

　　　　　　　　　　　　　　　　　　　　　　　　（恋二・562）

『古今和歌集』の「螢」は紀友則の上の歌に出てくるだけである。「恋二」に所属していることからもわかるが，この螢は実景ではない。比喩的表現の中で使用されるのみで，まことにはかない。これに対して『枕草子』の「螢」はイメージ鮮やかである。

　　　夏は夜。月のころはさらなり。闇もなほ，螢のおほく飛びちがひたる。また，ただ一つ二つなど，ほのかにうち光りて行くもをかし。雨など降るもをかし。

清少納言の筆さばきは颯爽としていて，渋滞がない。迷いのない筆先は，闇に舞い飛ぶ螢をはっきりと描き切っている。

4節で詳述するが，この短文を重ねて，畳み込むような歯切れのよい文章は，『竹取物語』の文章の稚拙さ，『伊勢物語』の，長く続く，思い切りの悪い，だらだら文と比較すると雲泥の相違である。

「秋の夕暮れの鴉」を歌った歌も『古今和歌集』にはない。この歌集では

「秋の夕暮れ」には鹿が雌鹿を求めて恋い鳴きし、「秋の夜」は、雁やきりぎりす（現在のコオロギ）の鳴き声に満ちて、鴉の出てくる幕はないのである。

　和歌は本来、晴れの場の物言いである。黒い鴉、あの鳴き声では、清少納言の頑張りにもかかわらず、晴れの場には住むべき場所を見いだせなかったのであろう。わずかに、「明け鴉」が歌われる程度である。清少納言が描いた、夕暮れ時、塒に急ぐ鴉の群れが歌われるのは、明治以後の童謡まで待たねばならない。

　清少納言の眼は、晴れの、褻の、とはこだわっていない。生活の場の快適さにも眼を向ける。冬の早朝の気持ちよいくらいの寒さ、炭火を起こす人々のかいがいしさを冬の景物としている。しかし、これはやはり晴れの場の言語、和歌の世界のものとはなりえないものだ。

　結局、和歌の世界で公認されたものは「春のあけぼの」だけではあったが、清少納言の果敢な美意識宣言は、当時の人々を驚かせ、伝統的美意識に浸り、これになずむばかりではだめだという気分にさせたことであろう。

　なお、「春はあけぼの」の章段には、このユニークな作品の冒頭であるという宣言があらわにはなされていない。他の随想的章段と横並びの文章とも考えられる。しかし、『枕草子』が新しい美意識を謳い上げる書であるということを思う時、「春はあけぼの」は巻頭を飾る資格を十分に有していると判断せざるをえない。

　また、先にも述べておいたが、『枕草子』には跋文があり、『枕草子』執筆の由来が書かれている。それによれば、この書は、『史記』に対抗すべく書かれたという。『史記』に対するにもって「四季」でまず応じるという趣向と考えれば、「春はあけぼの」の文章が巻頭を飾るのは当然ということになる。このように考えると、この作品は、頭と尻とを有する枝豆型作品ということになる。

3.『枕草子』鑑賞の場はどのようなものであったのか？—『枕草子』の跋文の解釈—

　高度の達成を示す文学作品は、書き手の側の一方的営為によって成立するものではない。良質な読み手がいないところには、良い文学作品は生まれるも

ではないのだ。

　『源氏物語』の奇跡は、書き手、紫式部の資質によるところが大きいということは勿論なのであるが、この作品を受容する、中宮彰子及びその女房たち、さらにパトロン藤原道長や取り巻きの貴族たちの鋭敏な鑑賞眼の存在が、作品の質を高度なものに高めたと考えて間違いない。高品質の文学作品を生み出す最大の要因の一つは優秀な読者の存在である。

　紫式部は、『源氏物語』正篇第一部のヒロインに「藤壺」という女性を据えている。そして、この物語が書かれた時点において、宮中で「藤壺様」と呼ばれていた女性は、なんと中宮彰子であった。彼女は13歳で入内した際に、飛香舎すなわち「藤壺」を賜っていたからである。

　紫式部は、彰子を第一読者として想定している。その第一読者の呼称を作品のヒロインとして頂いてしまった。あざといと言えばあざとい。中宮彰子は「藤壺」の運命に一喜一憂するに違いない。書き手と読み手はかくも緊密に結び付いている。

　こういう条件は、清少納言の『枕草子』についても言える。皇后定子は教養豊かな女性であったに相違ない。この皇后様がお読みになると考えた時、清少納言は喜びに震えたことであろう。そして、腕に縒を掛けたことであろう。

　ところで、高品質の文学作品を生み出す最大の要因のもう一つは、大いなる鬱屈である。あるいは、大いなる危機意識とか、怒りと言ってもよい。そのようなものが書き手の側にない以上、出版業界が成立していない当時、大作を物する必然性がない。金銭や名誉以外に、書き手は書くことの苦しさに対する代償を得ていたと考えるのが自然であろう。その代償は鬱屈の解消である。

　紫式部は、当時の男性社会、血筋社会にやりきれないほどの憤りを感じ、押さえ込めないほどの鬱屈を抱えていたのだろう。『源氏物語』に描かれる女性観は儒教のそれ、男尊女卑の倫理観を一歩も出るものではなかったし、男女の結び付きは、政略結婚かレイプがほとんどであったのだ。有り体に言えば、平安時代とは女性が抑圧されたいた時代なのである。この鬱屈を解消すべく、彼女は書いた。書いて書いて35万語を超える超大作を書き上げてしまった。紫式部の大いなる鬱屈は多少軽減されたと推測する。

　一方、清少納言の場合は事情を少々異にする。耐え切れないほどの不幸とそ

れに起因する鬱屈を抱え込んでいたのは、第一読者の皇后定子であったからだ。

藤原定子(ふじわらのていし)(976～1000)は、関白藤原道隆(ふじわらのみちたか)の娘で、一条天皇が元服した正暦元年(990)正月に入内し、翌年10月中宮となっている。これは中宮の称号を皇后とは別個に用いる先例である。長徳元年(995)道隆、そして叔父の道兼(かね)が相ついで病没する。これが順調に幸せの道を歩んで来た彼女の不幸の始まりである。長徳2年4月、兄伊周(これちか)らの左遷が決定し、定子は責任を感じて落飾し、入道となっている。その年の12月には、尼の身で修子(しゅうし)内親王をお生みになっている。長徳3年6月には、天皇の希望で再び入内。長保元年(999)第一皇子敦康(あつやす)親王を出産したが、道長政権下において不遇であった。長保2年2月、道長の娘で、定子の従姉妹にあたる彰子(しょうし)が中宮として立后し、定子は皇后と称を改めさせられる。同年12月、尼の身で三度目の出産をし、女美子(びし)内親王の母となるが、翌日25歳で死去する。このような皇后定子に清少納言は仕えたのである。彼女は、定子の幸せと不幸を身近にいて観察していた。『枕草子』は、清少納言の鬱屈を晴らすというより、皇后定子の無念や鬱屈を晴らすべく執筆されたのであろう。

『枕草子』の跋文には次のように、『枕草子』執筆の事情が認められている。

> この草子、目に見え心に思ふことを、人やは見むとすると思ひて、つれづれなる里居のほどに、書きあつめたるを、あいなう人のため便なき言ひ過ぐしもしつべき所々もあれば、よう隠しおきたりと思ひしを、心よりほかに洩り出でにけれ。
>
> 宮の御前に、内(うち)の大臣(おとど)の奉りたまへりけるを、「これに何を書かまし。上の御前には史記といふ文(ふみ)をなむ、書かせたまへる」などのたまはせしを、「枕にこそは侍らめ」と申ししかば、「さは得てよ」とて給はせたりしを、あやしきをこよや何やと、つきせずおほかる紙書きつくさむとせしに、いと物おぼえぬ事ぞおほかるや。
>
> (中略)
>
> ただ心一つにおのづから、思ふことをたはぶれに書きつけたれば、(中略)

げに、そもことわり、人のにくむをよしといひ、ほむるをあしと言ふ人は、心のほどこそおしはからるれ。ただ、人に、見えけむぞねたき。

　清少納言は「人やは見むとすると思ひて」と書いている。人が読むはずがないと考えて、執筆したようだ。しかし、そのようなことがあるだろうか。前節で検討した、「春はあけぼの」の文章に漲る緊張感、ゆるみのない筆運びは、人の目を意識せずには不可能なものである。この文章は、「人のにくむをよしといひ、ほむるをあしと言ふ人」、すなわち、個性を強く主張する人でなくては書けないものだ。

　跋文では、個性を強く主張する人は、「心のほどこそおしはからるれ」と断定している。即ち、そういう人は、浅はかなのだと書いているが、本当にそう考えていたとは考えにくい。謙遜の辞であろう。

　この跋文で確認しうる第一のことは、当時は貴重品であった紙が「内の大臣」（内大臣藤原伊周）から提供されたということである。次に、ライバル視すべき相手方は「上の御前」（一条天皇）の側であるということである。何を書くか、興味深々であったろう。そういう事情のもとで、人目を意識せずに執筆することは不可能である。

　この書は、伊周が読み、その姉妹であり、清少納言の主人である定子が読み、間接的読者として、一条天皇やその側近の貴族たちが読んだと思われる。清少納言はこれらの人々の目を意識して書いたのだ。

　『史記』は、本紀12巻、世家30巻、列伝70巻、表10巻、書8巻、合計130巻の堂々たる総合的歴史書である。これに対抗するだけの価値を有する書、それを清少納言は執筆する責任があるのである。「人やは見むとすると思ひて」は謙遜の修辞に過ぎないことが、もはや明らかであろう。

　『史記』は、司馬遷の命懸けの執念の産物である。『枕草子』も、清少納言の執念の産物に違いない。

　なお、「枕にこそは侍らめ」については諸説紛々として、定説がないのであるが、ここでは、「シキ（史記→四季）を枕（冒頭）にがよろしいかと存じますが」の意と考える。

　定子の言葉「史記といふ文をなむ、書かせたまへる」は、清少納言の耳には

「シキといふ文(ふみ)」と聞こえたに違いない。彼女は、「シキ」を「史記」と正確にキャッチした後、ただちに、「四季」と変換してしまう。そうして、この閃きにより得た「四季」に基づき、思考を展開させ、ある見通しを立てたのであろう。清少納言の機知あふれる回答により、定子方の態度が表明されたことになるのである。

4. 視覚・嗅覚・聴覚の美—自然美を描くことの意味はどこにあるのか？—

随想的章段の文章には傑作が多いが、秀逸と言うべきものの一つが次の章段である。

　　　五月ばかりなどに山里にありく
　五月ばかりに山里にありく、いとをかし。草葉も水もいと青く見えわたりたるに、上はつれなくて、草生ひしげりたるを、ながながと、たたざまに行けば、下はえならざりける水の、深くはあらねど、人などの歩むに、走りあがりたる、いとをかし。
　左右にある垣にあるものの枝などの車の屋形などにさし入るを、いそぎとらへて折らむとするほどに、ふと過ぎてはづれたるこそ、いとくちをしけれ。蓬の、車に押しひしがれたりけるが、輪の回りたるに、近ううちかかりたるもをかし。

初夏の草原の緑、隠れ水の輝き、水晶のような水滴、蓬が折れた時の香り、心の弾み、ときめき、これらを和歌では歌いきれない。和歌では表現しようがない美、心のときめきを清少納言は散文として叙述している。ほとんど、散文詩といってよいほどだ。

この章段の直後の章段は、聴覚と嗅覚に関する文章である。

　　　いみじう暑きころ
　いみじう暑きころ、夕涼みといふほど、物のさまなどもおぼめかしきに、男車の、さき追ふは、言ふべきにもあらず、ただの人も、後の簾上げて、二人も、一人も、乗りて走らせ行くこそ、涼しげなれ。まして、琵琶かい調べ、笛の音など聞えたるは、過ぎていぬるもくちをし。さやうなるに、

牛のしりがいの香の，なほあやしうかぎ知らぬものなれど，をかしきこそ物ぐるほしけれ。いと暗う，闇なるに，さきにともしたる松の煙の香の，車の内へかかへたるもをかし。

夏の夕刻，光量の減少により，視覚の働きが鈍くなる。あたかも，これを補うかの如くに，聴覚や嗅覚が鋭敏化する。その変化の微妙さを見事に描ききっている。この文章は，梅が香や菊の香りにくわえて，「牛のしりがいの香」や「松の煙の香」を王朝の美意識に取り込んだものである。

自然美を歌う仕事は和歌に一任されてきた。そういう中で，和歌では表現しきれぬ自然美があることを発見し，それをみごとな散文で示したものが『枕草子』の随想的章段の本質なのであるが，これは後世の文学作品で言えば，島崎藤村（1872〜1943）の『千曲川のスケッチ』（1912）や国木田独歩（1871〜1931）の『武蔵野』（1901）に匹敵する。

このような文章を享受する場とはどんな場であったのであろうか。それは，中宮定子のサロン以外には考えられない。ここでは，夏目漱石（1867〜1916）や正岡子規（1867〜1902）らが行った「山会」での写生文の勉強会のように，新しい美意識を切り開く，切れのよい散文の勉強会のようなものが行われ，楽しまれていたのであろう。幸せに輝く，中宮時代の定子はおそらく進取の気性に富んでいたのだろうと思われる。

玉上琢弥は「源氏物語音読論」（1950）を提示している。印刷技術が未発達の当時を考慮すれば，『枕草子』もおそらく音読されたのだろう。中宮サロンは清少納言の清新な文章の響きに接するごとに，小さなどよめきと賞賛の溜め息に満たされていたのではないかと想像する。

彼女らは，それと意識せずに，散文詩的文体を磨き上げていた。

5. 日記的章段の文体—『史記』の五種の文体と『枕草子』の三種の文体—

「四季」の文章で書き始められた『枕草子』のライバルは，『史記』である。その『史記』は，文体を異にする五種類の文章の集合体である。清少納言は，『枕草子』を単一の文体で書き上げるわけにはいかなかった。試案に過ぎないが，『史記』の各文体と『枕草子』の文体との対応関係を示しておこう。

5. 日記的章段の文体—『史記』の五種の文体と『枕草子』の三種の文体—

本紀（12巻）＝歴代王朝の編年史	←→	随想的章段	約80段
世家（30巻）＝世襲の家柄の記録	←→	日記的章段	
列伝（70巻）＝個人の伝記	←→	日記的章段	約80段
表　（10巻）＝世表・年表・月表			
書　（8巻）＝部門別の文化史	←→	類聚的章段	
		a「は」型章段	74段
		b「もの」型章段	75段
		c「こと」型章段	1段
太史公序	←→	跋文	
（130巻）			約310段

　歴代王朝の編年史を記述した「本紀」に対応するものとして，随想的章段を当てたのは，『史紀』を「四季」とみなす，清少納言の趣向を尊重したからである。あえて言えば，随想的章段は「本季」なのである。清少納言は，歴代王朝の歴史を記述するがごとく，四季の移ろいを記述する。

　日記的章段は記録体日記の文体で書かれているが，二つの側面を有する。一つは藤原道隆家・中関白家(なかのかんぱくけ)の事跡を伝える側面であり，二つは，中でも，中宮定子の優れた人間性を語る伝記的側面である。前者は，「藤原道隆・中関白家世家」という「世家」の一巻となり，後者は「中宮定子伝」で，「列伝」の一巻となる。

　日記的章段の最初の章段「大進生昌が家に(だいじんなりまさ)」は「中宮定子伝」の巻頭の章段となる。

　　　大進生昌が家に，宮の出でさせたまふに，東の門は四足になして，それ
　　　より御輿は入らせたまふ。

中宮定子が御産のため，中宮大進　平(たいらのなりまさ)　生昌家に行啓なさった時の事跡である。この際の生昌の不手際を痛烈に批判した文章で，主人のためを思い，得意の弁舌を振るい，奮闘する清少納言の活躍振りが活写されている。そういう中で，定子に関する叙述は次のようなものである。

- 「ここにても人は見るまじうやは。などかはさしもうち解けつる」と笑はせたまふ。
- 「……あはれ、かれをはしたなう言ひけむこそいとをかしけれ」と笑はせたまふ。
- 「なほ例人のやうに、これなかくな言ひ笑ひそ、いと謹厚なるものを」と、いとほしがらせたまふもをかし。
- 「またなでふこと言ひて笑はれむとならむ」と仰せらるるも、またをかし。
- 「……うれしとや思ふと、告げ利かするならむ」とのたまはす御けしきも、いとめでたし。

　石頭の主人、生昌の気が利かない接待ぶりに苛立つ清少納言を前に、中宮定子の、笑みをもって迎える鷹揚な態度を褒め上げ、最後は「いとめでたし」と評価、賛嘆する。まさに「定子伝」の巻頭である。
　「藤原道隆・中関白家世家」の最初の章段となるものは、「清涼殿の丑寅の隅の」の章段である。
　兄大納言伊周や父関白道隆たちの立派な容姿と華麗な振る舞いを描き、定子の幸せに輝く姿が語られる。清少納言はこの章段を「まことにつゆ思ふ事なくめでたくぞおぼゆる」と締めくくっている。
　日記的章段とはいうが、記述の順序はは物理的時間に支配されているのではない。清少納言は注意深く、中関白家の繁栄の思い出と、中宮定子の優れた人間性を浮き彫りにしようとしている。司馬遷は冷徹な歴史家であったが、清少納言は熱烈な伝記作家であった。

6. 類聚的章段の意味─『史記』の「書」との対応─

『史記』の「書」8巻は次のようになっている。
　礼（れい）＝社会の秩序を保つための生活規範に関する書。儀式・作法・制度・文物など広く文化現象を対象とする。
　楽（がく）＝心身を陶冶する音楽に関する書。
　律（りつ）＝法律に関する書。

6. 類聚的章段の意味―『史記』の「書」との対応―

暦（れき）＝時間的規範となる暦に関する書。
天官（てんかん）＝天文に関する書。
封禅（ほうぜん）＝皇帝の即位の儀礼，祭祀に関する書。
河渠（かきょ）＝河川工事，治水，運河，自然に関する書。
平準（へいじゅん）＝経済，度量衡に関する書。

　道徳・儀礼から経済・度量衡にいたるまで，広く文化現象が対象とされているのが「書」8巻である。要するに百科全書のようなものである。清少納言はこういう「書」に対応するものとして，類聚的章段を設けている。

は型章段	時節	ころは・正月一日は・正月一日，三月三日は・節は
	季節	冬は
	天象	風は・降るものは・日は・月は・星は・雲は
	陸	山は・峰は・森は・原は・野は・島は・浜は・岡は・崎は海　海は・浦は
	河沼	淵は・わたりは・池は・滝は・河は
	集落市は	里は
	建築構築物	たちは・家は・橋は・関は・井は・屋は・駅は・宮仕へ所は・墳墓みささぎは
	乗物	檳榔毛は
	器物	扇の骨は・檜扇は・櫛の箱は・鏡は・火桶は・畳は
	文房具	薄様，色紙は・硯の箱は・筆は・墨は
	衣服・繊維	指貫は・狩衣は・単衣は・下襲は・女の表着は・唐衣は・裳は・汗衫は・織物・綾の紋は
	病理	病は
	人間	説経の講師は・をのこは・雑色随身は・小舎人童・牛飼は・若き人，ちごどもなどは・ちごは・上達部は・君達は・権守は・大夫は・法師は・女は
	植物	木の花は・花の木ならぬは・草は・草の花は

	動物	鳥は・馬は・牛は・猫は
	昆虫	虫は
	魚介	貝は
	文物	集は・文は・蒔絵は
	言語・文学	歌の題は・物語は
	宗教	修法は・読経は・寺は・経は・仏は・陀羅尼は・社は・神は
	遊戯	遊びは・遊びわざは
	歌舞・音楽	舞は・弾く物は・笛は・歌は
	行楽・祭り	見物は
もの型章段	感情・評価	すさまじき・にくき・なまめかしき・うらやましげ・あてなる・にげなき・おぼつかなき・ありがたき・あぢきなき・心地よげなる・めでたき・なまめかしき・ねたき・あさましき
	人情	たゆまるる・人にあなづらるる・心ときめきする・過ぎにし方恋しき・心ゆく・たとしへなき・物のあはれ知らせ顔なる
	遊び	近うて遠き・遠くて近き
こと型章段	声楽	たふとき

「は」型章段は自然・文化・文明に関する万物を対象としている。『史記』の「書」に、まともに対応するものは、「は」型章段の文章群である。また、一章段に過ぎないが、「こと」型の「たふときこと」も、百科項目の一つ「声楽」を対象としている。

　　たふときこと
　たふときこと、九条の錫杖(しゃくじょう)。念仏の回向(ゑかう)。

「もの」型章段は感情世界の万感を対象としている。冷徹な歴史認識、論理的裁断を示す『史記』に、個人的好悪、感情を叙する部分はない。したがって、

「もの」型章段は，『枕草子』固有の領域であり，『史記』を凌駕する部分としてよい。

このように，「は」型・「こと」型・「もの」型章段によって構成される類聚的章段は総合文化誌であり，この広がりと深さは，『史記』の8巻の「書」に十分対応するものなのである。

7. ま と め

清少納言は，『史記』を「四季」と転換するという仕掛けにより，総合歴史書に匹敵する総合文化誌を書き上げてしまい，結果として，随筆という新ジャンルを創出してしまったのである。

随想的章段，日記的章段，類聚的章段の混在は，『史記』が有する五種類の文体に対応するものとして工夫されたものであり，決して，だらしないごった煮なのではない。

鴨長明(かものちょうめい)（1155？～1216）の『方丈記(ほうじょうき)』（1212）や吉田兼好(よしだけんこう)（1283？～1352？）の『徒然草(つれづれぐさ)』（1310～1331？）は『枕草子』の随想的章段を学んで執筆された随筆であるが，日記的章段や類聚的章段は取り入れなかった。おそらく，彼等は『枕草子』が『史記』の向こうを張って執筆されたとは思ってもみなかったのであろう。

清少納言の壮大な気宇は理解されることなく，随筆というジャンルだけが今日まで伝えられ，隆盛を誇っているのである。

■ 発展問題

(1) 『枕草子』には次に示すように多くの伝本がある。このことは何を意味するか考えてみよう。

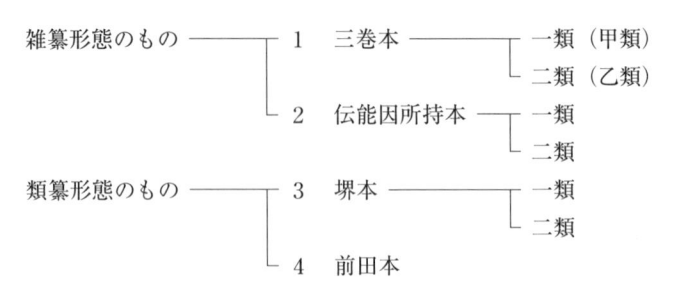

```
雑纂形態のもの ─┬─ 1 三巻本 ─┬─ 一類（甲類）
                │              └─ 二類（乙類）
                └─ 2 伝能因所持本 ─┬─ 一類
                                    └─ 二類
類纂形態のもの ─┬─ 3 堺本 ─┬─ 一類
                │            └─ 二類
                └─ 4 前田本
```

＊雑纂形態＝随想的章段・日記的章段・類聚的章段が雑然と配列されているもの。

＊類纂形態＝随想的章段・日記的章段・類聚的章段が別個にまとめられているもの。

(2) 「枕にこそは侍らめ」の「枕」については多くの説がある。諸説をとりあげ，それぞれの論拠を確認し，適不適を考えてみよう。

(3) 『方丈記』『徒然草』について次の作業をしてみよう。
　①冒頭と末尾を読み，枝豆型の作品になっているかどうかの確認。
　②章段の配列順序の確認。
　③それぞれの執筆意図の確認。

■ 参考文献

1) 池田亀鑑・岸上慎二校注『枕草子』(「日本古典文学大系」岩波書店，1961)
2) 松尾　聰・永井和子校注・訳『枕草子』(「日本古典文学全集」小学館，1997)
3) 萩谷　朴校注『枕草子』(「新潮日本古典集成」新潮社，1977)
4) 田中重太郎『校本枕草子』(古典文庫刊，1969)
5) 上野　理「清少納言はなぜ枕草子を書かねばならなかったのか」(「国文学解釈と教材の研究」第29巻14号，學燈社，1984)
6) 藤本宗利「『枕草子』研究の現在」(同上)
7) 渡辺　実「『枕草子』の文体」(「国文学解釈と教材の研究」第33巻5号，學燈社，1988)
8) 益田繁夫「中関白家と清少納言の宮仕え」(同上)

9) 小森　潔「枕草子研究のあゆみ」(同上)
10) 玉上琢弥「源氏物語音読論序説」(「国語国文」第19巻3号，1950，『源氏物語音読論』岩波現代文庫，2003)
11) 小竹文夫・小竹武夫訳『世界文学大系5A.B　史記』(筑摩書房，1962)
12) 貝塚茂樹・川勝義雄訳『世界の名著11　司馬遷』(中央公論社，1968)

第7章 『源氏物語』作者複数説は成立するのか？

【三色捩り棒型作品】

キーワード：作者複数説，計量分析，紫式部単独執筆説，省筆の技法（黙説法），対比の技法，伏線，尻抜け型文章，

　『源氏物語』は光源氏の生涯を語る前半部と光源氏の死後，薫・匂宮が活躍する後半部，特に「宇治十帖」と称される部分とでは，文体が大きく異なっている。このことを根拠とする作者複数説が古来からあり，現在も再生産されている。

　作者複数説は，ある作者が一つの作品をなす場合，文体は均質であるはずで，文体が大きく異なれば他人の手がはいっているに違いないということを前提としている。しかし，この前提の正しさは証明されておらず，常識的な前提に過ぎない。

　私たちは前章において，一人の作者清少納言が一つの作品『枕草子』において，随想的章段，日記的章段，類聚的章段で三種類の異なる文体を使用したということを確認している。作者複数説の前提は崩れ去っていると判断する。

　ただし，文体の変化の存在を否定しているわけではない。『源氏物語』は37万6,232語にも及ぶ超大作である。おそらく，執筆は長期に亘り，作者の作家としての成長もあったろう。また，「はじめに」において述べておいたように，筆者は，文体を単なる装いとは考えていない。作品で伝えようとするメッセージと文体は密接に関係する。語り始めの頃と「宇治十帖」を執筆した時期とでは，紫式部の作品に対する姿勢も変わってしまっている。そして，なによりも，正篇と続篇とでは「語り手」が異なる。これが文体の相違の根本的原因である。

　文体の相違にも関わらず，紫式部がこの作品で採用している中心的表現技法

は対比と省筆であり，「宇治十帖」においても変化がない。さらに，作品の構造，作品の有機的統一性に深く関与する伏線等との観点からも同一作者の作品と考える。

1. 『源氏物語』作者複数説は成立するのか？―安本美典(やすもとよしのり)・村上征勝(むらかみまさかつ)説の検討―

「宇治十帖」の文体が他と異なるということを，文章心理学の手法を用いて数量的に明らかにしたのは安本美典であった。彼は「宇治十帖の作者－文章心理学による作者推定」において次のような作業をし，その結果を報告している。

　①長編度（一帖の長さ）
　②和歌の使用度
　③直喩の使用度
　④声喩の使用度
　⑤心理描写の量
　⑥文の長さ
　⑦色彩語の使用度
　⑧用言（動詞・形容詞・形容動詞）の使用度
　⑨助詞の使用度
　⑩助動詞の使用度
　⑪品詞の数

これらの数値を計量し，マン・ウイットニーのU検定法と称される，順位情報を利用した統計的手法で，文体の相違を析出している。

①～⑦は，作者が意識的に操作できる要素であるが，⑧以下は無意識の領域にはいる要素である。筆者は，文体は作者によって意識的に選択された表現の総体であると考えているので，⑧以下は原則として対象としないことにしているが，個人の癖は無意識の中にこそ出るという考えも成立する。安本の作業はそういう意味では有意義な作業である。安本の結論は「宇治十帖」の作者は別人であった可能性が高いというものであった。

安本の試みた文体の相違析出法を，さらに精緻にしたのが村上征勝の「『源

氏物語』の計量分析」である。

村上は，まず，意識的操作がしにくく，かつ計量的分析に耐え得る十分な言語量が期待できる品詞の使用率について調査し，次の表を示している。

	巻1～44	巻45～54	t値
名詞	0.18189	0.16423	5.1624
動詞	0.16190	0.16505	−1.3591
形容詞	0.05907	0.05566	1.8597
形容動詞	0.02388	0.02426	−0.2963
副詞	0.04000	0.04106	−0.8770
助動詞	0.11309	0.12391	−5.0477
助詞	0.31517	0.31872	−1.6130

＊t値＝二つの平均値の差に加えて，巻ごとのバラツキをも考慮した値。

この表を観察して村上は次のように分析する。

　　名詞の場合にはt値は5.1624，助動詞の場合にはt値は−5.0477となり，この二つの品詞の一巻当たりの平均使用率については，（巻一）から（巻四四）までの巻と「宇治十帖」の巻との間に，紫式部が五四巻すべてを書いた場合には生じる可能性の非常に少ないと思われる大きな差が生じている。

村上は，さらに助動詞の使用率及び名詞「ひと」の使用率のグラフを示し，「宇治十帖」の文体的異質性を説いている。

ただし，安本と異なり，村上はこれら数値上の相違を直ちに複数作者説の根拠とはしていない。『紫式部日記』『紫式部集』の調査も必要であるし，成立時期が近い『宇津保物語』などの調査も必要だとしている。

安本・村上たちの作業の結果はおそらく計量的には正確なのであろう。しかし，そこでいかなる相違性が析出されようとも，その相違が直ちに作者複数説には結び付かないはずである。なぜならば，私たちは，清少納言の『枕草子』が，同一人が同一作品で異なる文体を使用して書かれたものであるということを前章で確認したばかりなのだから。

2. 紫式部単独執筆説（1）―省筆の技法―

『源氏物語』五十四帖に一貫して採用されている表現技法がいくつかある。省筆の技法がその一つであり，この作品を特徴づけている。

「源氏見ざる歌よみは遺恨のことなり。」

と，藤原俊成が述べたのは，『源氏物語』の「花宴」の巻に言及した時のことである。俊成は「花宴」の夢幻的妖艶美に限りなき魅力を感じて，この評言に及んだことと推測される。その夢幻性を決定づけるものとして，この巻の末尾のありようが大きく関与している。末尾は次の如きものである。

　　答へはせで，ただ時々うち嘆くけはひする方に寄りかかりて，几帳ごしに手をとらへて，
　　　　あづさ弓いるさの山にまどふかなほのみし月の影や見ゆると
　　何ゆゑか，とおしあてにのたまふを，え忍ばぬなるべし，
　　　　心いる方ならませばゆみはりのつきなき空に迷はましやは
　　といふ声，ただそれなり。いとうれしきものから。

見るとおり「いとうれしきものから。」という言いさしの形で終っている。はっきりとした終りのある散文に慣れている今日の読者の目には，大胆過ぎるくらいの終り方だ。「花宴」は終っているのかいないのか分からないような形で終る，典型的尻抜け型の文章なのである。俊成は，春の夜の夢のようにはかなく終る終り方に感銘を得て，前述の評言に及んだのであろう。非自立的文章は受容者（読み手）の想像力を刺激する点において和歌の神髄と一致するからである。

正篇第一部の最大の事件は中宮藤壺と義理の息子光源氏との不倫である。不倫の様子が始めて描かれる「若紫」の巻には次のような記述がある。

　　　　宮もあさましかりしを思し出づるだに，世とともものの思ひなるを，さてだにやみなむと，深う思したるに……

「あさましかりし」，「さてだにやみなむ」の表現により，この密会が二度目の出来事であることが即座にわかるのであるが，作品の核心となり，光源氏の行動の原点ともなる重要な一回目の不倫についての記述は，どこを捜しても見

つからない。完璧な省筆なのである。
　また，この二度目の密会を語る最後のセンテンスは次のようなものである。

　　命婦(みゃうぶ)の君ぞ，御直衣(なほし)などは，かき集めもて来たる。

「御直衣」がどのようにして，部屋中に乱れ散ったかは読者の想像に委ねられている。これまた，抑えた表現で省筆の技が利いている。
　「薄雲」の巻では，不倫の結果の御子，冷泉帝(れいぜいてい)に夜居(よゐ)の僧都が秘密の大事を奏上するが，その実際は次のようなものである。

　　「……その承りしさま」とて，くはしう奏するを聞こしめすに，あさましう，めづらかにて，恐ろしう，悲しうも，さまざまに御心乱れたり。

紫式部は「くはしう奏する」と書いるが，少しも具体的記述はしていない。あきれるばかりに巧みな省筆である。「こうこうしかじかです。」と報告したようなもので，表現の表だけではさっぱりわからない仕掛けになっている。紫式部の省筆の技は冴え返っている。
　『源氏物語』においては，夥(おびただ)しい数の人の死が描かれ，そのたびごとに物語のステージが一つずつ前進する仕掛けになっているのであるが，正篇の主人公光源氏が死ぬ場面は描写されることがない。これは正篇における最後の大技としての省筆である。
　因みに，続篇では宇治の八の宮の死が躊躇する薫の背を押して，大君・中君に近づけたのみで，あとは浮舟の入水自殺未遂事件が語られるのみであり，人の死は語られていない。人の死を生け贄とし，物語展開のエネルギーにしてきた，この物語は物語をつき動かすエネルギーを枯渇させてしまっている。一見，未完のように見えるが，「夢浮橋(ゆめのうきはし)」で，この物語は完結している。
　ところで，続篇においても省筆は要所要所でなされるが，その究め付けは，この大作の末尾に現れる。『源氏物語』最後の巻，「夢浮橋」の末尾，すなわち，37万余語の最後は次のようになっている。

　　いつしかと待ちおはするに，かくたどたどしくて帰り来たれば，すさまじく，なかなかなり，と思すことさまざまにて，人の隠しすゑたるにやあ

2. 紫式部単独執筆説 (1) ―省筆の技法―

らむと，わが御心の，思ひ寄らぬ隈なく落しおきたまへりしならひにとぞ，本にはべるめる。

最後の「本にはべるめる」は筆写の際に書き添えられた鎌倉期のものといわれるので，これを除くと，「ならひにとぞ」で源氏物語は終わっていることになる。

「ならひに」という言いさし，「とぞ」という言いさし，言いさしの二重使用で，消え入るような終わり方である。浮舟の処遇に悩む薫も中途半端で落ち着かないが，読者も落ち着かない。落ち着かないからといって，もはやどうしようもない。見事な尻抜け型の作品に翻弄されて，読者もほっぽり出されるのである。37万余語のあとの深い沈黙に絶えるほか，どうしようもない。未完の完に圧倒されるばかりだ。

正編第一部の結末の巻「藤裏葉」では，さまざまな事に決着がつけられていた。一人息子夕霧が雲居雁と結婚する。愛娘明石の姫君が東宮妃として入内する。自らは准太上天皇の地位を与えられ，先帝（朱雀院）と今上帝（冷泉帝）の訪問を受けるという栄誉に輝く。物語は着陸の姿勢をとって無事「めでたしめでたし」のハッピーエンドを迎えている。

正編第二部の結末の巻「幻」では，死を予感した光源氏のさまざまな死にじたくが描かれ，紫の上の文殻を焼却する老年の光源氏が語られた。物語は，最終段階にはいり，まとめの姿勢をはっきりと感じとることが出来た。

そういう前例があるにもかかわらず，『源氏物語』の最後の最後となっている「夢浮橋」では，終結への姿勢がどこにも描かれていない。終わりの気配すらない。内容的観点から言えば，これほど完璧な省筆はない。今後の展開は，読者に一切委ねられている。作者，書き手は時代の闇の中に静かに退き，創造の筆は読者に託されてしまった。読者は自ら，この重い主題を背負って，なんらかの決着をつけねばならない。

このように，省筆は『源氏物語』の全編を覆っている。冴えた省筆の技は同一作者のものと判断したほうが納得がいく。

3. 紫式部単独執筆説（2）—対比の技法—

もう一つの技法は対比である。『源氏物語』は対比の技法で書かれた作品であるといっても言い過ぎでないほどである。

まず人物関係で言えば、光源氏と頭中将、夕霧と柏木（以上正篇）、薫と匂宮（続篇）、女性では、空蝉と夕顔、紫の上と明石の君、玉鬘と近江の君（以上正篇）、大君と中君そして浮舟（続篇）といった具合である。

それぞれ、対になる人物を描くことにより、それぞれの特徴が浮かび上がる仕組みになっている。

全体小説という言い方があるとすれば、紫式部は『源氏物語』によって、人間を全的に描く全体小説を書こうとを試み、その手段として対比の技法を磨き上げたということができる。次に物語の仕掛けについて言えば、中宮藤壺と光源氏の不倫、女三の宮と柏木の不倫（以上正篇）、浮舟と匂宮との不倫などが挙げられる。

第一の不倫においては、光源氏は加害者であり、第二の不倫においては、彼は被害者になっている。

第一の不倫においては、被害者の桐壺の心情に関する叙述は一切ないが、第二の不倫で光源氏が被害者になるに及んで、始めて桐壺帝の苦悩が推測されるのである。

第一の不倫においては、レイプされた女性の側、すなわち中宮藤壺の胸の内はほとんど語られることがない。しかし、第二の不倫の女三の宮の描写や叙述を読むことにより、藤壺の胸の内が推測される仕組みになっている。

第一の不倫と第二の不倫は言わば、表と裏の関係と言えよう。

続篇における第三の不倫は、被害者の薫、加害者の匂宮、真の被害者である浮舟、三者の苦悩の様が全的に叙述される。

紫式部は好色であるから不倫を何度も描いたのではない。三つの不倫を書くことにより、不倫の全体像を描き切ろうとしたのである。

不倫は本質的には三角関係である。夏目漱石は『虞美人草』から始め、最後の『明暗』にいたるまでの23の小説全てで三角関係を描いている。三角関係が男女の愛の本質であるからなのであろう。これに比較すれば、三つの不倫などというものはむしろ可愛らしいといってもよい。

ただし，紫式部は三つの不倫で，不倫の全貌を描破し尽くしたと考えたのかも知れない。続篇の不倫は繰り返しでもなければ，追加やおまけでもない。一人の作者の執念の結果と考えるのが妥当であろう。
　『源氏物語』にはとんでもない人違いのエピソードが語られる。正篇では「空蝉」の巻，続篇では「総角(あげまき)」の巻にある。
　「空蝉」の巻では，人妻空蝉を慕って忍んだ光源氏は，それと察した空蝉に逃げられ，共寝をしていた軒端荻(のきばのおぎ)と予期せぬ一夜を過ごしてしまう。初めから軒端荻を慕って来たのだと嘘までついている。
　「総角」の巻では，大君との逢瀬に胸をときめかせて這い寄った薫は，それと察した大君に逃げられてしまい，中君と気まずい一夜を過ごす。薫は光源氏と異なり，中君と肉体関係を結ばない。
　状況設定が同じであるだけに，光源氏と薫の人間性の相違がくっきりと浮かび上がる。見事な対比の技法である。
　別人が面白がり，挑戦を受けて立つという形で「総角」のエピソードを書いたと言えないこともないが，対比の技法で押して来ている紫式部であることを考慮すれば，これは彼女が意図的に仕組んだ意地悪な設定と考えたほうが自然であろう。「あなたは光源氏派，それとも薫派？」と紫式部に問われているような気分になる。
　考えてみると，光源氏の生涯を語るだけでは紫式部はもの足りなかったのであろう。そうして，薫や匂宮の物語を書いた。それでこそ，対比の技法は完成されるのである。そこまで紫式部は対比の技法にはまっていたのだろう。

4. 紫式部単独執筆説 (3) ―伏線―

『源氏物語』には舌を巻くほど巧みな伏線が多く敷かれている。
「桐壺」の巻では長恨歌からの引用が目立つ。
- ・楊貴妃の例も引き出でつつべくなりゆくに
- ・このごろ，明け暮れ御覧ずる長恨歌の御絵
- ・羽をならべ，枝をかはさむと契らせたまひしに

　この長恨歌は，遥か遠く，正篇第二部の最後の巻「幻」の巻と呼応している。長恨歌の伏線の射程距離は極めて長く，正篇全体を貫いていることになる。

・[光源氏] 大空をかよふまぼろし夢にだにみえこぬ魂(たま)の行く方たづねよ

「帚木(ははきぎ)」に埋設された伏線の射程距離はもっと長い。「雨夜の品定め」の一節，左馬頭(さまのかみ)の弁論の一節に次のようにある。

・繋(つな)がぬ舟の浮きたる例も，げにあやなし。

左馬頭は，妻が夫を放任しておくと困ったことになるものだの意で言っているのであるが，逆に夫が妻を放任しておいて不幸な結果を招いたのが，続篇の「宿木(やどりぎ)」から登場する，『源氏物語』最後のヒロイン「浮舟」である。「浮舟」の悲劇は，薫が宇治に囲って置きながら，油断して放任状態にしていたがために生じた悲劇なのである。

男女の関係が逆になる点が気になるところではあるが，この程度のことは紫式部にとってはなんでもない。

長恨歌に歌われる玄宗皇帝は，息子寿王の妻であった楊貴妃を悪辣な手段を講じて，自分の寵妃としてまった。要するに，父親が息子の妻を奪ったのが長恨歌なのである。『源氏物語』はこれを逆転させて，息子の光源氏が父親の妻を奪う話として成立させてしまったものである。

それにしても，この「浮舟」の伏線は正篇と続篇とを繋ぐもので，紫式部単独執筆説にとっては，掛け替えのない，頼もしい例となる。

「末摘花(すえつむはな)」に登場する故常陸宮(ひたちのみや)の忘れ形見の女性は，世にも稀れな不美人であるが，これは古代伝説にある大山祇神(おおやまつみのかみ)の娘の一人石長姫(いわながひめ)の末裔と考えられる。大山祇神は邇邇芸命(ににぎのみこと)に姉の石長姫と妹の木花開耶姫(このはなさくやひめ)とを妻にせよと迫っている。このエピソードは，続篇において，宇治の八の宮が薫に姉の大君と中君との後見を依頼することに酷似している。これも正篇と続篇とを繋ぐ例の一つと考えられる。

5. 源氏物語の構造（1）

最後に『源氏物語』の構造について検討する。定説と考えられている構造は次のようなものである。

正編		続編
第一部	第二部	第三部
桐壺〜藤裏葉	若菜上〜幻（雲隠）	匂宮〜夢浮橋
光源氏の前半生	光源氏の後半生	光源氏の子孫の物語
一歳〜三十九歳	四十歳〜六十歳？	（六十一歳）〜（七十五歳）
光源氏の至福談	光源氏の転落談	子孫の苦悩談
因の物語	果の物語	因縁の物語
光源氏と藤壺	光源氏と紫の上	薫・匂宮・大君・中君・浮舟

　親・本人・子・孫の四代，七十五年間を描破する大河小説『源氏物語』は，上に示した正続二編三部構成五十四帖から成り，まことに見事な，堂々たる結構をなす一大構築物である。この点にのみ注目すれば，『源氏物語』は完結した作品となる。

6. 源氏物語の構造 (2)

　どうやら，『源氏物語』の文章は，傑作にふさわしく，一筋縄では捕捉できない複雑な多層性を有するものと言ってよさそうである。その複雑な多層性を象徴するものとして，正編第一部の冒頭の問題がある。実は，ここには，三つの冒頭がある。

　その一つは桐壺の巻である。桐壺帝と桐壺の更衣との悲恋物語は玄宗皇帝と楊貴妃との悲恋を歌った長恨歌を下敷きにして進行する。白楽天の漢詩を裏に持ったこの巻は構造のある冒頭と末尾とがはっきりしている枝豆型になっている。

　　　いづれの御時にか，　　　［時＝むかし］
　　　女御、更衣あまたさぶら　［所＝後宮］
　　　ひたまひける中に、
　　　いとやむごとなき際には　［主人公＝女］
　　　あらぬが、すぐれて時め
　　　きたまふ
　　　ありけり。

これは『竹取物語』の冒頭文,「今は昔,竹取の翁といふものありけり。」の巧妙なヴァリエィションである。
　また,末尾の一文は,

　　光る君といふ名は,高麗人のめできこえてつけたてまつりけるとぞ言ひ伝へたるとなむ。

であり,これも『竹取物語』の末尾の文,「その煙,いまだ雲の名かへ立ちのぼりけるとぞ,言ひ伝へたる」を彷彿とさせるものである。
　時,所,主人公の紹介を具備した冒頭文,本論と次元を異にして伝承の由来を語る末尾の文,この二つを備えている「桐壺」の巻は枝豆型の文章以外のなにものでもない。したがって,形式的には,これで完結したものとして扱ってよいことになる。
　ただし,内容的には,「桐壺」の巻は,光源氏の生涯の物語の冒頭の一節となる。光源氏が誕生し,その運命についての予言がなされるからである。主人公は,予言に従って,臣籍にくだり,「源氏」(親王として生れながら,姓を賜って臣籍にくだった者)となる。「桐壺」の巻は,親王としての誕生と「源氏」としての誕生の二つの誕生を語る巻なのである。また,ヒロイン,藤壺もこの巻で登場する。光源氏と藤壺との関係が第一部の縦糸であることは周知のとおりである。
　広壮な六条院に朱雀院と冷泉帝の訪問を受け,自らは准太上天皇の位に登り,栄誉栄華を極める源氏が描かれるのは「藤裏葉」(第三十三帖)の巻である。
　「桐壺」の巻の射程距離は長い。三十三帖を統括する冒頭となるからである。
　ところで,『源氏物語』は「若紫」の巻から書き始められたという伝説が中世から存在した。このことは,何を意味するのであろうか。
　「若紫」では,『源氏物語』最大の事件,光源氏と藤壺との密会,そして懐妊が語られる。大胆不敵な,不敬罪にも問われかねないプロットの設定である。この意味では,確かに,一つの冒頭となっている。第一部の本質に繋がるものという意味では,「若紫」が真の冒頭と言えよう。ただ,この事は,事の性質上,露にできるものではない。紫式部の叙述も慎重なのである。
　「若紫」の巻名が語るように,この巻では幼い紫の上が登場する。『源氏物語』

最大のヒロインである。こちらは，隠す必要がない。初々しい女主人公の登場は新しい物語の冒頭にふさわしい。

　紫の上と光源氏との関係は正編第二部に及ぶものであり，これを受ける巻は「幻」の巻であるから，「若紫」の射程距離は「桐壺」より更に長いということになる。構造的には第一部の中に，第二部の冒頭を潜伏させたものとみなすこともできる。

　『源氏物語』の複層性を増強するものとして，第三の冒頭が存在する。「帚木」の巻がそれである。この巻の「雨夜の品定め」において女性論が展開される。若者たちの論議をとおして，光源氏は中流階級の女性たちに興味を抱く。この延長線上に，「空蝉」「夕顔」「末摘花」など，玉鬘系物語の巻々は存在するのである。だから，「帚木」の巻は，論議の形をした目次でもある。予定表でもある。この意味で，もう一つの冒頭なのである。

　ところで，「雨夜の品定め」の中に，見過ごすことのできない叙述がある。「左馬頭」の女性論の一部に，浅はかな女が，おだてられて尼になってしまい，後で後悔する話を語るところがそれである。長話の末に「左馬頭」は，次のように頭中将に語りかける。これは4節で言及したが，あえて再び引用する。

・繋がぬ舟の浮きたる例もげにあやなし。

　これは本当に恐ろしい。「繋がぬ舟」が，『源氏物語』の最後のヒロイン「浮舟」のイメージとぴったり重なってしまうからである。この発言が伏線であるとすれば，紫式部は第二番目の巻「帚木」を書いた時すでに，続編第三部の結末部，すなわち全巻の終りを予感して述べていたことになる。

　「帚木」の巻は第一部を突き抜け，第二部も突き抜け，すなわち，四十四帖を突き抜け第三部の最後の核心的話題を直撃する。なんという，息の長さなのだろう。なまはんかな伏流水なら途中で絶えてしまう距離である。

　正編第一部には三つの冒頭があった。これだけでも，『源氏物語』は大変な作品である。そして，「若紫」や「帚木」の射程距離を考えると神の手が働いたとしか思えなくなる。

　以上の考察を図式的にまとめてみる。先に紹介した構造とは異なったものとなる。

桐壺（1） ～藤裏葉（33）	帚木（2） ～夢浮橋（54）	若紫（5）～幻（41）
光源氏の栄達	女性の幸せ	嫁入物語
藤壺	藤壺から浮舟まで	紫の上

（　）の数字は帖序

　先に示した構造図は，『源氏物語』の帖序にしたがった素直なもので，いわば織物の表地・表模様，ここに示した構造図は隠された模様とみなすことができよう。

　例えて言えば，『源氏物語』は三色捩り棒型作品ということになる。

　この構造に従えば，『源氏物語』の作者は一人で，それは紫式部以外の誰でもないということになる。

■ 発展問題

(1) 太宰治のa『右大臣実朝』，b『富嶽百景』，c『走れメロス』，d『斜陽』の冒頭の一節である。文体の異同について考えてみよう。

　a　承元二年戊辰。二月小。三日，癸卯，晴，鶴岳宮の御神楽例の如し，将軍家御疱瘡に依りて御出無し，前大膳大夫広元朝臣御使として神拝す，又御台所御参宮。

　b　富士の頂角，広重の富士は八十五度，文晁の富士も八十四度くらい，けれども，陸軍の実測図によつて東西及南北に断面図を作つてみると，東西縦断は頂角，百二十四度となり，南北は百十七度である。

　c　メロスは激怒した。必ず，かの邪智暴虐の王を除かなければならぬと決意した。

　d　朝，食堂でスープを一さじ，すつと吸つてお母さまが，「あ。」と幽かな叫び声をお挙げになつた。

(2) 夏目漱石『こころ』上・中・下の冒頭である。文体の異同について考えてみよう。

　上　先生と私　　私はその人を常に先生と呼んでゐた。だから此所でもただ先生と書くだけで本名は打ち明けない。

　中　両親と私　　宅へ帰つて案外に思つたのは，父の元気がこの前見た時と大して変つてゐない事であつた。

| 下 | 先生と遺書 | 「……　私(わたくし)はこの夏あなたから二三度手紙を受け取りました。東京で相当の地位を得たいから宜しく頼むと書いてあつたのは，たしか二度目に手に入つたものと記憶してゐます。 |

■ 参考文献

1) 安本美典「宇治十帖の作者―文章心理学による作者推定」(「文学・語学」昭和32年4月号，1957)
2) 村上征勝「『源氏物語』の計量分析」(『シェークスピアは誰ですか？　計量文献学の世界』文春新書406，2004)
3) 阿部秋生・秋山　虔・鈴木日出男校注・訳『源氏物語①』(「新編日本古典文学全集」小学館，1994)
4) 小嶋菜温子「源氏物語の構造―浮舟とかぐや姫―」(「国文学　解釈と鑑賞」56巻10号，至文堂，1991)
5) 高橋　亨「源氏物語表現事典　構想と構造」(「別冊國文學NO.13　源氏物語必携Ⅱ」學燈社，1982)
6) 和辻哲郎「源氏物語について」(『日本精神史研究』岩波書店，1922)
7) 阿部秋生「源氏物語執筆の順序」(「国語と国文学」昭和14年8，9月号，1939)
8) 玉上琢弥「源氏物語成立攷」(「国語国文」昭和15年4月号，1940)
9) 武田宗俊「源氏物語の最初の形態」(『源氏物語の研究』岩波書店，1954)
10) 大朝雄二「成立論と三部構想論」(「国文学解釈と鑑賞別冊　源氏物語をどう読むか」至文堂，1986)
11) 高橋　亨「成立論の可能性」(同上)
12) 小池清治「『源氏物語』を展開させる原動力としての「死」=『源氏物語』は完結しているという説=」(宇都宮大学国際学部研究論集第9号，2000)

第8章 『方丈記』はなぜカタカナ漢字交り文で書かれたのか？

【カタカナ漢字交り文】

キーワード：カタカナ漢字交り文，漢文訓読文体，かな漢字交り文，和文体，表音主義言文一致体，書き言葉としての言文一致体

　宮澤賢治（1896〜1933）は「雨ニモマケズ」（1931）をカタカナ漢字交り文で書いている。一方，『春と修羅』（1924）の詩や『銀河鉄道の夜』（1933, 遺作）等の童話はひらがな漢字交り文で書いている。おそらく，伝えようとするメッセージの内容や伝えようとする姿勢がこれら，視覚的文体の相違となって現れたのであろう。

　表記スタイルを含む文体は伝えようとするメッセージと密接に関連する。

　鴨長明は『方丈記』をカタカナ漢字交り文の漢文訓読体で認めている。彼は，このような文体を選択した理由を明記していないが，同時代の僧慈円は『愚管抄』という歴史書を執筆するにあたり，読者の心にはっきりと伝えるには，カタカナ漢字交り文が最適であると宣言している。鴨長明は慈円と親交があり，文体の選択も共感してのものであろう。

　12世紀末，時代は古代の律令制度が終焉の時を迎え，中世の封建制度が台頭し，地歩を占めるに至っていた。国体意識が変化し，貴族の世の中から，「武者の世」（『愚管抄』巻第四）に変ってしまったと認識されていた。これにともない，支配階級の教養の質が低劣化した。漢文を読み書きする学力を期待できない状況になってしまったのである。

　かな漢字交り文の和文体は，言文一致体で書きやすかったのであるが，だらだら文の欠点を克服できずにあり，難読誤読の恐れが常にあるという状態で，書き手がわかりやすさを念願すれば，短文を重ねる漢文訓読文体，カタカナ漢字交り文で書くほかなかったのである。

ここでも，国体意識の変化が文体の変容を迫ったということができる。

1. 宮澤賢治は，なぜ「雨ニモマケズ」をカタカナ漢字交り文で書いたのであろうか？

図1. 『アメニモマケズ』

　図1で示したように，宮澤賢治は「雨ニモマケズ」をカタカナ漢字交り文で書いている。
　一方，『春と修羅』の詩や『銀河鉄道の夜』のような童話はひらがな漢字交り文で書いている。
　宮澤賢治は，昭和6年（1931）9月に上京し，発病してしまう。故郷，花巻市に帰郷し病臥についた彼は，死を覚悟して遺書を認めている。11月3日，ベッドの上で彼は「雨ニモマケズ」を書いている。詩の最終行を綴った隣の頁には，同じく鉛筆書きで，次の7行を，まるで刻むかのように書いている。

　　　　南無無邊行菩薩
　　　　　南無上行菩薩
　　　南無多寶如來
南無妙法蓮華経
　　　南無釈迦牟尼佛
　　　　南無浄行菩薩
　　　　　南無安立行菩薩

　このような文脈で読めば，「雨ニモマケズ」は一種の遺書，辞世の詩編ということになる。遺書において，「生き方」「生きる姿勢」を書き付けねばいられなかったところに，賢治の悲劇がある。痛切な思いは胸を打つ。この重みを託すにふさわしいのは，カタカナ漢字交り文と彼は考えたのであろう。経典は漢字書きで，その解説書はカタカナ漢字交り文だからである。

2. 『方丈記』は，なぜカタカナ漢字交り文で書かれたのか？

　鴨長明（1155？～1216）は『方丈記』（1212）を次のように書き始めている。

　　ユク河ノナガレハ，タエズシテ，シカモヽトノ水ニアラズ。ヨドミニウカブウタカタハ，カツキエ，カツムスビテ，ヒサシクトヾマリタルタメシナシ。世中ニアル人ト栖ト又カクノゴトシ。タマシキノミヤコノウチニ，棟ヲナラベテ，イラカヲアラソヘル。タカキ，イヤシキ人ノスマヒハ，世々ヲヘテツキセヌ物ナレド，是ヲマコトカト尋レバ，昔シアリシ家ハマレナリ。或ハコゾヤケテ，コトシツクレリ。或ハ大家ホロビテ，小家トナル。スム人モ是ニ同ジ。トコロモカハラズ，人モオホカレドイニシヘ見シ人ハ，二三十人ガ中ニ，ワヅカニ，ヒトリフタリナリ。朝ニ死ニ，タニ生マルルナラヒ，水ノアハニゾ似タリケル。不知，ウマレ死ル人，イヅカタヨリキタリテ，イズカタヘカ去ル。又不知，カリノヤドリ，タガ為ニカ心ヲナヤマシ，ナニヽヨリテカ目ヲヨロコバシムル。ソノアルジトスミカト無常ヲアラソフサマ，イハヾアサガホノ露ニコトナラズ。或ハ，露ヲチテ花ノコレリ。ノコルトイヘドモ，アサ日ニカレヌ。或ハ，花シボミテ露ナ

ヲキエズ,キエズトヘドモタ(ゆふべ)ヲマツ事ナシ。

　これは,鴨長明自筆本とされる「大福光寺本(だいふくこうじぼん)」によったものであるが,二重下線部に古典仮名遣いとは異なる仮名遣いがなされている。具体的に指摘すると次のようになる。

　　　大福光寺本　　　　古典仮名遣い
　　　アハ　　　　→　　アワ
　　　ヲチテ　　　→　　オチテ
　　　ナヲ　　　　→　　ナホ

「大福光寺本」の仮名遣いは「定家仮名遣い」になっており,鎌倉期のものにふさわしい仮名遣いである。

　波線部の「昔シ」の「シ」は,漢文訓読の際に,誤読を避ける目的で添えられる,いわゆる「捨(す)て仮名」であり,これもこの時期のもの,例えば『今昔物語集』などによく見られる,一種の送り仮名である。

　また,神田秀夫(かんだひでお)の指摘によれば,「ワ・ツ・マ・コ・テ・キ・ユ・メ・セ」などのカタカナとして,鎌倉中期までしか使用されなかった古体のカタカナが使用されているという。このことの一部は,下に示す図版で確認できる。

　「大福光寺本」は,本文の一部に意味不明の所もあるが,鴨長明自筆と考えて間違いないだろう。

　図2として,「大福光寺本」の冒頭部を示す。

　ところで,鴨長明は,半生の記とも自省の記とも,さらには辞世の書とも読める,重い内容の文章を,なぜカタカナ漢字交り文で書いたのであろうか？

　鴨長明が敬慕していた慶滋保胤(よししげのやすたね)(？～1002)は「池亭記(ちていき)」を著している。その美文は『本朝文粋(ほんちょうもんずい)』(1066年以前)に収められているが,次のようなものである。

　　　　池亭記　　　　　　　　　　　　　　　　　　　慶保胤(けいほういん)
　予二十余年以来,歴見東西二京,西京人家漸稀,殆幾幽墟矣。人者有去無来,屋者有壊無造。其無処移徙,無憚賎貧者是居。或楽幽隠亡命,当入山帰田者不去。若自蓄財貨,有心奔営者,雖一日不得住之。往年有一東閣。

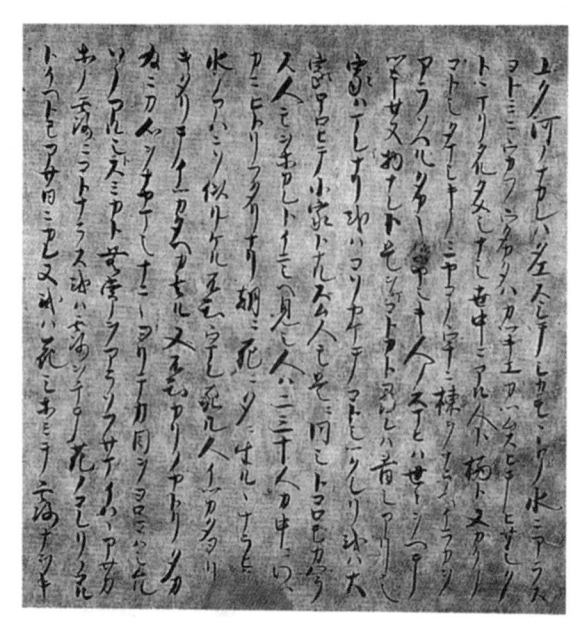

図2. 方丈記（大福光寺本）

華堂朱戸，竹樹泉石，誠是象外之勝地也。主人有事左転，屋舎有火自焼。其門客之居近地者数十家，相率而去。其後主人雖帰，而不重修。子孫雖多，而不永住。荊棘鎖門，狐狸安穴。夫如此者，天之亡西京，非人之罪明也。
［予二十余年以来，東西二京を歴見するに，西京は人家漸く稀にして，殆ど幽墟に幾し。人は去ること有りて来ることなし。屋は壊るること有りて造ることなし。その移徙するに処なく，賎貧を憚ることなき者はこれ居り。あるいは幽隠亡命を楽しみ，まさに山に入り田に帰るべき者は去らず。自ら財貨を蓄へ，奔営に心有るが若き者は，一日といへども住むことを得ず。往年一つの東閣有り。華堂朱戸，竹樹泉石，誠にこれ象外の勝地なり。主人事有りて左転せられ，屋舎火有りて自づから焼けぬ。その門客の近地に居る者数十家，相率ゐて去りぬ。その後主人帰るといへども，重ねて修はず。子孫多しといへども，永く住まはず。荊棘門を鎖し，狐狸穴に安んず。それかくの如きは，天の西京を亡ぼすなり，人の罪に非ざること明らかなり。］

鴨長明も，このように華麗な漢文で『方丈記』を書きたかったであろう。しかし，時代がそれを許さなかったのである。

3. カタカナ漢字交り文を選び取った『愚管抄』の著者慈円

天台僧慈円(じえん)（1155〜1225）は，四度，天台座主(ざす)を勤めた高僧で学識があり，歌集『拾玉集(しゅうぎょくしゅう)』を持つ，優れた歌人であり，一流の文化人であった。その彼が，漢文以外では書けないとされていた史論書『愚管抄』をカタカナ漢字交り文で書いている。

まず，これまでの歴史書が，どのような文体で書かれてきたのかを確認してみる。

書名	執筆時期	筆者・編者	使用文字	文体
古事記	712	太安万侶著	漢字	和漢混淆体
日本書紀	720	舎人親王撰	漢字	漢文体
続日本紀	797	藤原継縄・菅野真道ら撰	漢字	漢文体
日本後紀	840	藤原冬嗣・藤原緒嗣ら撰	漢字	漢文体
続日本後紀	869	藤原良房・藤原良相・伴善男・春澄善縄ら撰	漢字	漢文体
日本文徳天皇実録	879	藤原基経ら撰	漢字	漢文体
日本三代実録	901	藤原時平・大蔵善行ら撰	漢字	漢文体
栄花物語	11世紀前半？	赤染衛門編？	かな・漢字	和文日記体
大鏡	1086頃？	著者未詳。	かな・漢字	和文会話体
今鏡	1170？	藤原為経(寂超)	かな・漢字	和文日記体
水鏡	1169〜1190？	中山忠親？源雅頼？	かな・漢字	和文日記体
増鏡	1338〜1376	二条良基？	かな・漢字	和文日記体
吾妻鏡	1180〜1267	鎌倉幕府編纂	漢字	変体漢文日記体吾妻鏡体
愚管抄	鎌倉初期	慈円	カナ・漢字	表音主義言文一致体

『古事記』『日本書紀』については第1章で詳述したので，ここでは省略する。

『続日本紀』から『日本三代実録』までは、『日本書紀』の方針を継承したもので、想定読者を中国人にしたものであるから、当然、表記は漢字を用い、文体は漢文（中国語）となる。

寛平6年（894）、菅原道真の提議により、遣唐使は廃止された。その結果、『日本書紀』風の歴史書の必要性も消失してしまった。これ以後、漢字表記漢文体の歴史書は編纂されていない。

百年ほどのブランクを置いて、男が止めてしまったのなら、代りに女の私たちで歴史書を書いてしまおうということで書かれたのが『栄花物語』である。巻一「月の宴」から始められ、巻四十「紫野」で終る、堂々四十巻の歴史書である。第59代宇多天皇（在位887～897）から第69代堀河天皇（在位1086～1107）までの11代、220年に及ぶ歴史を紀伝体で綴ったものであるが、本質は、藤原道長の栄華を語ることにある。

編者と想定されている赤染衛門は中宮彰子サロンのメンバーであったので、史料は道長方で用意されていたものを使用したと思われる。想定読者は女性であったから、ひらがな中心の漢字交り文であり、文体は『紫式部日記』風の日記体和文である。

『大鏡』は、第55代文徳天皇（在位898～905）から第68代後一条天皇（在位1064～1083）までの14代176年間の歴史を紀伝体風にして、大宅世継と夏山繁樹という二人の老人の対話を若侍が聞き書きするという趣向で書いたものである。眼目は『栄花物語』と同様に、藤原道長の栄華のさまを批判的に伝えることにある。

文体は、老人の対話が中心であり、当時の言文一致体である。表記はひらがなが多く、分節機能を考慮して漢字が交えられている。

『今鏡』は、『大鏡』を受けて、後一条天皇から高倉天皇（在位1168～1180）までの13代146年間の事跡を老女の問わず語りの形式で書いたもので、ひらがな漢字交りの和文体である。

『水鏡』は、仏教的歴史観のもとに、神武天皇から仁明天皇までの54代の出来事を、73歳の老尼に神仙が語るという形式で、ひらがな漢字交りの和文体で綴ったものである。

『増鏡』は、『今鏡』の後を受け継いだもので、後鳥羽天皇（在位1183～

1198）から後醍醐天皇（在位1318〜1339）までの鎌倉時代15代百五十余の事跡を編年体で記したもの。高齢の尼が見聞を語るという形式で，ひらがな漢字交り文の和文体である。

『吾妻鏡(あずまかがみ)』は，鎌倉幕府自身が編纂した歴史書で，治承4年（1180）源頼政(みなもとのよりまさ)の挙兵に始まり，文承3年（1266）六代将軍宗尊親王(むねたか)の帰京までの87年間の事跡を，編年体で記録したもの。漢字だけを用いた独特の変体漢文の日記体で，この文体を吾妻鏡体とも称する。

慈円は，これらの歴史書を前提として，従来には存在しなかった史論書を書いた。神武天皇より順徳天皇(じゅんとく)（在位1210〜1221）までの事跡を，仏教的世界観で解釈し，日本の政治の変遷を「道理」の展開として説明する。

この画期的史論書を，彼は，学僧の書としては当然期待される漢文で書かずに，カタカナ漢字交り文で書いている。その理由を次のように述べる。

　　　今カナニテ書(かく)事タカキ様(やう)ナレド，世ノウツリユク次第トヲ，心ウベキヤ
　　　ウヲ，カキツケ侍(はべる)意趣ハ，惣ジテ僧モ俗モ今ノ世ヲミルニ，智解(ちげ)ノムゲ
　　　ニウセテ，学問ト云コトヲセヌナリ。　　　　　　　　　（巻第七）

昨今の世間を見ると，以前とはすっかり変わってしまい，学問に励むべき僧侶も世間の普通の人も，嘆かわしいことに，知恵をもって悟ろうという気持ちはさらさらなく，学問ということをしなくなってしまっている。そういう状態なので，カタカナ漢字交り文で，この書を認めたのであると慈円は述べる。そして，さらに言葉を継いで，次のようにも述べる。

　　　ムゲニ軽々(かろがろ)ナル事(こと)バ共(ども)ノヲ、クテ，ハタト・ムズト・キト・シヤクト・
　　　キヨトナド云(いふ)事ノミヲホクカキテ侍(はべ)ル事ハ，和語(わご)ノ本体ニテハコレガ侍ベ
　　　キトヲボユルナリ。（中略）
　　　真名(まな)ノ文字ニハスグレヌコトバノムゲニタゞ事(こと)ナルヤウナルコトバコソ，
　　　日本国ノコトバノ本体ナルベケレ。ソノユヘハ，物ヲイヒツゞクルニ心ノ
　　　ヲホクコモリテ時(とき)ノ景気(けいき)ヲアラハスコトハ，カヤウノコトバノサワサワト
　　　シラスル事ニ侍(はべ)ル也(なり)。（中略）
　　　愚痴無智(ぐちむち)ノ人ニモ物ノ道理ヲ心ノソコニシラセントテ，仮名(かな)ニカキツクル

オ,法ノコトニハタゞ心ヲエンカタノ真実ノ要ヲ一トルバカリナリ。
(巻第七)

　この書では,「ハタト・ムズト・キト・シヤクト・キヨト」など,やたらに軽々しい言葉を多く用いているが,それは,これらの感性語（擬態語）が日本語の本体と考えるからである。感性語は漢字にはしにくく,つまらぬ話し言葉のようではあるが,こういう感性語こそ日本語の本体なのである。そのわけは,その時の様子,実感をはっきりわからせるのに,これらの感性語はすぐれているからである。

　教養の無い人にも,物の「道理」を心の底までわからせようとして,カタカナで書いたのだが,仏法関係では理解するために手段として真実という要だけにしぼって書いている。

　慈円は,仮名遣いにこだわっていない。助詞の「を」を「オ」と書いて平気である。驚くことに,言葉を「事バ」とも書いている。「ヲヽク」と書き,「ヲホク」とも書く。めちゃくちゃな書き様であるが,内容は明快である。

　彼は,はっきりと書く。「愚痴無智」の人のことを考えて,「仮名」で書いたのだと。

　読み手の学力を考えると,とても漢文では書けない。また,連綿体を駆使する,くねくねとした仮名の連続の,だらだら文の和文も無理だろう。そこでカタカナ漢字交り文にしたのである。

　巻四に,慈円の時代認識が記されている。

　　　保元元年七月二日,鳥羽院ウセサセ給テ後,日本国ハ乱逆トイフコトハヲコリテ後ムサノ世ニナリニケルナリ。　　　(巻第四)

　保元元年（1156）,この年の7月に起こった内乱が,保元の乱である。この内乱を契機として武士の政界進出が始まり,平治の乱（1159）で,この傾向を強め,やがて平家政権が成立する。そして,治承4年（1180）に勃発した源平合戦により,政権は完全に武士の手に移ってしまい,鎌倉幕府の成立という次第になる。

　慈円の歴史眼は透徹しているのだ。保元の乱以後,「武者ノ世」になった。

この歴史認識が新しい文体を生み出したと考えて間違いないだろう。

4. 危険な書物,『愚管抄』─偽装工作としての言文一致体─

　それにしても,『愚管抄』は不思議な書物である。

　儒・老・仏,和漢に及ぶ該博な知識,透徹した歴史眼,論理展開の巧みさは,書き手が一流の知識人であることを証している。一方,前節で指摘したような,奔放な仮名遣いと稚拙なだらだら文は教養の欠片(かけら)も感じさせない。この矛盾した事実をどう考えるべきなのであろうか？

　歴史書は,事実を整理し記述したものであるが,それは本質的に批判の書にもなる。このことは,第6章で紹介した『史記』によって証明されている。

　『愚管抄』は単なる歴史書ではなく,史論書である。ということは,この書物の批判性を増強する結果となる。

　著者は,「武者ノ世」の由来を語り,その正当性に言及し,「武者ノ世」の無教養振りを嘆き,時に嘲笑している。また,承久の乱を企図している後鳥羽院を諌止してもいる。鎌倉幕府側にとっても後鳥羽院側にとっても気色の悪い書物なのである。

　こういう書物を,開幕間もない時期,特に,承久(しょうきゅう)の乱（1221）で,朝廷側と幕府側との最後の激突があった時期,鎌倉の幕府が京都の朝廷側の動きに神経を尖らせている時期には,危険この上もない書物であったに違いないのだ。

　著者はこの危険を回避する必要があった。そのため,仮名遣い,文字遣いで,乱暴狼藉ぶりを示し,稚拙なだらだら文で,無教養者を偽装したのであろう。

　この時期は,ワ行の「ヲ」とア行の「オ」が混同されて,一音節が減少するという言語現象が進行している時期なのである。社会も乱れていたが,言語も濫(みだ)れていた。しかし,だからといって,物書きが,一般人と同様に濫れた書き方をしてもよいというものではない。藤原定家(ふじわらのていか)はこの濫れをなんとかしようと,「定家仮名遣い」を考案している。慈円は定家と親交があったから,当然このことは知っていたはずである。本章で対象としている『方丈記』は,第2節で言及したように,「定家仮名遣い」によっており,助詞の「を」を「オ」と書くような,完全表音主義とでも評すべき乱暴はしていない。

　この乱暴振りは異常なのである。この異常さが結果として,過激な表音主義

言文一致体を生み出してしまった。

『愚管抄』の筆者が慈円であると判明したのは，大正9年（1921）に三浦周行が書いた「愚管抄の研究」（『日本史の研究』所収）によってである。慈円の偽装はみごとに成功したと言えよう。

5.『方丈記』の文体—漢文訓読文体に係助詞「なん」が混入する変則性—

『方丈記』の末尾は次のようになっている。

　　　　時ニ，建暦ノ二年，弥生ノヅゴモリゴロ，桑門ノ蓮胤，外山ノ庵ニシテ，コレヲシルス。

「蓮胤」とは鴨長明の法名である。この文により，筆者，執筆時期がわかる。冒頭の「ユク河ノナガレハ，タエズシテ，シカモモトノ水ニアラズ」という，気取り返った書き出しと呼応して，これはみごとな枝豆型の作品を形作っている。

『方丈記』の文体は基本的には漢文訓読体であり，『愚管抄』が時に呈するだらだら文はなく，短文を積み重ねる明晰な文章になっている。

しかし，漢文訓読文としてみると変則と考えられる文も混在している。

① 舞人ヲヤドセル，カリヤヨリイデキタリケルトナン。
② 心ウキワザヲナン見侍シ
③ 縁ヲ結バシムルワザヲナンセラレケル
④ 四万二千三百アマリナンアリケル
⑤ 又五カヘリノ春秋ヲナン経ニケル
⑥ ヲホキナルツジ風ヲコリテ六条ワタリマデフケル事ハベリキ
⑦ サルベキモノヽサトシカナドゾウタガヒハベリシ
⑧ 治承四年ミナ月ノ比ニハカニミヤコウツリ侍キ
⑨ 二年ガアヒダ世中飢渇シテアサマシキ事侍キ
⑩ 東大寺ノ仏ノミクシヲチナドイミジキ事ドモハベリケレド……

①〜⑤に見られる係助詞「ナン」は漢文訓読文では使用されない。また，②及び⑥以下に見られる「侍り」も漢文訓読文のものではない。

係助詞「ナン」は強調の働きを表すとされるが，同じ強調の係助詞「ゾ」が，内容目当ての強調であるのに対して，これは，読み手目当てのモダリティを表す。また，「侍り」の丁寧表現も読み手目当ての表現であるから，『方丈記』の文体が，整った言文一致体を心掛けてのものであることの証拠となる。

　鴨長明は『方丈記』において，新しい書き言葉としての言文一致体を開発してしまっていたということである。

■ 発展問題

(1) 『方丈記』の冒頭部には対句表現がある。これらを抜き書きし，対句表現が多いということの意味について考えてみよう。
　＊第2章の「仮名序」の文体の特徴参照。

(2) 「雨ニモマケズ」に対句表現があるかどうか確認してみよう。あるとすれば，それは何を意味するか，他の賢治の詩，「春と修羅」などと比較しながら考えてみよう。

(3) 『銀河鉄道の夜』に対句があるかどうか調べてみよう。2の問題とあわせて，文体の観点から，対句の意味について考えてみよう。

(4) 『愚管抄』にも，「ナン」や「ハベリ」があるかどうか調べてみよう。

(5) 『方丈記』の作品としての構成がどのようになっているか調べてみよう。また，『池亭記』の構成と対比して，どのようなことが言えるか考えてみよう。

■ 参考文献

1) 木挽社編『宮沢賢治』(「新潮日本文学アルバム」新潮社，1984)
2) 入沢康夫監修『宮沢賢治「銀河鉄道の夜」の原稿のすべて』(宮沢賢治記念館刊行，1997)
3) 青木伶子編『広本・略本方丈記総索引』(武蔵野書院，1965)
4) 神田秀夫校注・訳『方丈記』(「新編古典文学全集」小学館，1995)
5) 三木紀人『方丈記』(「新潮古典集成」1987)
6) 大曾根章介・金原　理・後藤昭雄校注『本朝文粋』(「新古典文学大系」岩波書店，1992)

7）岡見正雄・赤松俊秀『愚管抄』(「古典文学大系」岩波書店，1967)
8）小池清治『日本語はいかにつくられたか？』(ちくま学芸文庫，筑摩書房，1995)

第9章　『徒然草』の文体は明晰か？

【雅文体・和漢混淆体・漢文訓読体】

キーワード：和文体・雅文体・擬古文体，和漢混淆体，漢文訓読体，文体模写（パスティーシュ），誤用，文体指標，金閣寺型作品

　『徒然草』が書かれたと推定される元徳2年（1330）の頃は驚天動地の時代であった。
　15代，150年ほど続いた鎌倉幕府（1192？〜1333）は，文永11年（1274）及び弘安4年（1281）の二度にわたる元寇により，屋台骨に狂いが生じ，やがて新田義貞（1301〜1338）や足利尊氏（1305〜1358）らの活躍によって倒されてしまう。こうして成就した建武の中興（1333）ではあるが，後醍醐天皇（在位1318〜1339）による親政政府も，わずか2年半で呆気なく崩壊し，建武3年（1336）には南北朝時代に突入する。そして，同時に，足利尊氏によって室町幕府（1336〜1573）が開幕される。
　このように国体が二転も三転もする動乱期に，吉田兼好（1283頃〜1352頃）は，「つれづれなるままに，日暮らし硯に向かひて，心にうつりゆくよしなし事を，そこはかとなく書きつくれば，あやしうこそ，ものぐるほしけれ」と，澄まし返って閑文字を弄んでいるかのように見えるのだが，実はそうではない。
　兼好は新時代にふさわしい，明晰な文体を求めて，文体改革戦線で孤独な戦いを必死に戦っていたのである。
　『徒然草』の文体は，雅文体（擬古文体）と漢文訓読文体，和漢混淆体の三種類の文体の混成作品である。
　雅文体は，和文体にしては稀有な切れ味を示す『枕草子』の文体の文体模写（パスティーシュ）によってなされようとしている。漢文訓読体はカタカナ漢字交り文で表記されるのが普通であるが，兼好は，ひらがな漢字交り文で認め

ている。彼の文体改革は『枕草子』の文体模写から始められたのであるから，これは当然の帰結なのだ。

　文体の相違は，伝えようとするメッセージと密接に関連する。雅文体（擬古文体）は王朝的 雅(みやび)の世界への憧れと関連し，漢文訓読体は仏典・漢籍への傾倒と関連し，和漢混淆体は自在な個性的主張とに関連するという具合である。

　『徒然草』が『枕草子』を座右に置いて執筆されたものであろうということは，多くの研究者の指摘するところである。

　『枕草子』と『徒然草』はひらがな漢字交り文という共通点を有するが，決定的相違がある。それは，『枕草子』が清少納言の生得の日常語を基礎として書かれた言文一致体であるのに対して，『徒然草』は兼好法師が意識して学びとった，300年以上も前の平安朝の貴族の，女性の言葉で書かれた点である。端的に言えば，『枕草子』の文体は和文体であり，『徒然草』の文体は雅文体，擬古文体であった。

　小林秀雄(こばやしひでお)（1902～1983）は『徒然草』の文体を評して，「正確な鋭利な文体は稀有のものだ。」と述べているが，これは，たぶん褒め過ぎだろう。兼好は，和文の有する，だらだら文の欠点を克服しようとしたが，和文の有する不透明さを克服しきっていない。

　込み入った思想をも語り得る，歯切れのよい，明晰な，ひらがな漢字交り文は漢文訓読体，和漢混淆体から生まれた。これは，当然，男も使える文体なのである。

　金閣寺は，第1層平安朝風寝殿造り，第2層和風仏殿造り，第3層唐様(からよう)禅宗仏殿造りである。『徒然草』は言葉による金閣寺であった。兼好は室町文化を先取りしている。

　ここでも，国体の変革期に新しい文体が発生したことが証明された。

1. 小林秀雄「徒然草」—「あの正確な鋭利な文体は稀有のものだ。」は本当か？—

　小林秀雄は「徒然草」という小品を昭和17年（1942）8月に書いている。偶然なのであろうが，小林も，国家が国運を懸けて，国家総動員法（公布，1938）のもとに，太平洋戦争（1941～1945）を戦っているという大騒乱の最

中に,『徒然草』に正対していたのである。おそらく,彼は意識していなかったであろうが,このような時期には,誰でもどこか昂奮しているものだ。冷静な批評家も平静を保つことが困難なことであったろう。
　小林はこう書いている。

　　「つれづれ」といふ言葉は,平安時代の詩人等が好んだ言葉の一つであつたが,誰も兼好の様に辛辣な意味をこの言葉に見付け出した者はなかつた。彼以後もない。「徒然わぶる人は,如何なる心ならむ。紛るゝ方無く,唯独り在るのみこそよけれ」兼好にとつて徒然とは「紛るゝ方無く,唯独り在る」幸福並びに不幸を言ふのである。(中略) 兼好は,徒然なる侭に,徒然草を書いたのであつて,徒然わぶるまゝに書いたのではないのだから,書いたところで彼の心が紛れたわけではない。紛れるどころか,眼が冴えかへつて,いよいよ物が見え過ぎ,物が解り過ぎる辛さを,「怪しうこそ物狂ほしけれ」と言つたのである。(中略)
　　文章も比類のない名文であつて,よく言はれる枕草子との類似なぞもほんの見掛けだけの事で,あの正確な鋭利な文体は稀有のものだ。一見さうは見えないのは,彼が名工だからである。「よき細工は,少し鈍き刀を使ふ,といふ。妙観が刀は,いたく立たず」,彼は利き過ぎる腕と鈍い刀の必要とを痛感してゐる自分の事を言つてゐるのである。物が見え過ぎる眼を如何に御したらいいか,これが徒然草の文体の精髄である。(中略)
　　鈍刀を使つて彫られた名作のほんの一例を引いて置かう。これは全文である。
　　「因幡の国に,何の入道とかやいふ者の娘容美しと聞きて,人数多言ひわたりけれども,この娘,唯栗のみ食ひて,更に米の類を食はざりければ,斯る異様の者,人に見ゆべきにあらずとて,親,許さざりけり」
　　　　　　　　　　　　　　　　　　　　　　　　　　　(四十段)
　　これは珍談ではない。徒然なる心がどんなに沢山な事を感じ,どんなに沢山な事を言はずに我慢したか。

　溜め息が出るほど,格好のいい文章だ。凄みがあると評してもいい。ただし,小林の「刀は切れ過ぎた」のではないかと思う。この短い大演説が利いたため

か,「『徒然草』の文章は明快だ」という伝説が生まれてしまった。小林秀雄の遥かな後輩,橋本治は,「兼好法師の文章は,よく『近代の日本語の先祖』というような言われ方をします。つまり,兼好法師の文章は,現代人でもそのまんま読めるんです。」と,絶賛している。

小林も橋本も『徒然草』の全文を読んでいるのだろうか？ 全文を読んで,なお,かつ,このような感想を有したとすれば,二人とも読解力がないと判定せざるをえない。

たとえば,小林が「名作」と折り紙をつけた「四十段」にも問題がある。「人数多言ひわたれども……」と兼好は書いているが,これは明らかにおかしい。

・あまた　　＝①多く。たくさん。
　　　　　　　②（程度について）非常に。甚だしく。
・言ひわたる＝①言い続けて日を経過する。
　　　　　　　②（男女の間などで）長い間言い寄る。

「あまた」は個体や事態の数量に関する副詞である。一方,「言いわたる」の「―わたる」は動作の反復または継続を意味する補助動詞であり,「言ひわたる」は,「ずっと言い続ける／ずっと言い寄り続ける」の意味なのだ。したがって,「数多」と「言ひわたる」は共存しえない。兼好は「人数多言ひ寄れども……」と書くべきであった。

ついでに言えば,「妙観が刀はいたく立たず。」（第229段）もおかしい。「腕が立つ」ということはある。「筆も立つ」。しかし,「刀が立つ」という慣用句は存在しない。兼好はなにか勘違いをしているのだろう。誤用である。

そもそも,序段の「ものぐるほしけれ」にも問題がある。言い立てると切りがないのだが,序段については,次節において詳述する。

誤用の文体に及ぼす影響は,その存在により雑音や濁りが生じて,文章の明晰度を低くするというものである。四十段の文章には誤用がある。したがって,小林が絶賛するほどの出来ではない。

結論をあらかじめ述べておく。兼好にとって,古典語は後天的に習得したものである。『徒然草』の文体としての欠点のすべては,ここに原因がある。擬古文体の胡散臭さの発生源は,古典語運用の未熟さにある。人は生得の言語,

習熟しきった言語で書かない限り，透明度の高い，明晰な文章を書くことができない。明晰な文体を支えるものの一つは使用言語についての熟練度である。

2. 序段「ものぐるほしけれ」の意味は？

『徒然草』の代表的伝本として，正徹本（図3），光弘本（図4），陽明文庫本（図5），常縁本（図6）等がある。いずれも，ひらがな漢字交り文であることを，まず確認しておく。

次に，「ものぐるほしけれ」についての解釈の相違を検討する。

a1 西尾　實　訳「ふしぎなほど，いろいろな思いがわいてきて，ただごとではないような感興を覚える。」　　　　　　　　　　　　　(1957)
b1 冨倉徳次郎訳「われながら妙に狂いじみたものができてゆくように思われるよ。」　　　　　　　　　　　　　　　　　　　　(1960)
a2 臼井吉見　訳「まるで憑かれたかのように，感興にひきこまれるのは，われながらへんな気がする。」　　　　　　　　　　　(1962)
c1 安良岡康作訳「妙にわれながらばかばかしい気持がすることである。」
　　　　　　　　　　　　　　　　　　　　　　　　　　　　　　(1967)

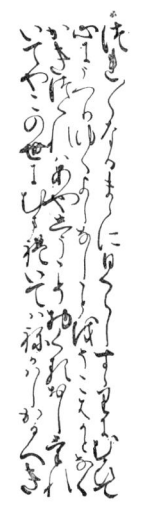

図3．正徹本 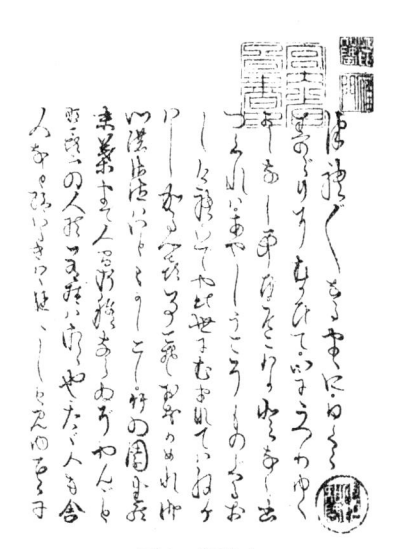　　　　　図4．光弘本

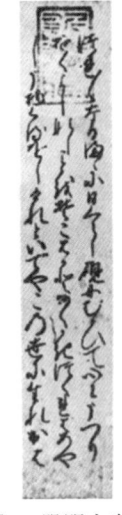

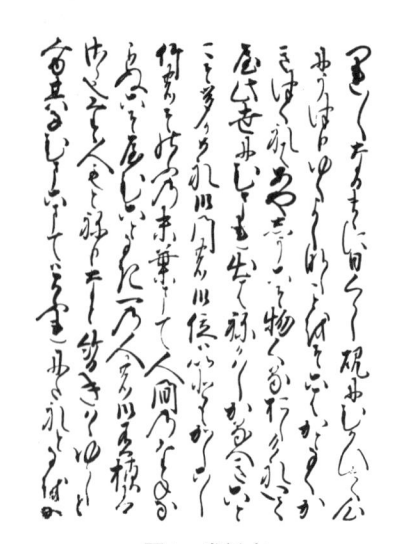

図5. 陽明文庫本　　　図6. 常縁本

b2 冨倉徳次郎・貴志正造訳「気違いじみている。常軌を逸している。」
(1975)

b3 木藤才蔵 訳「妙に気違いじみた気持ちがすることである。」 (1977)

b4 桑原博史 訳「ほんとうに変に常軌を逸しているようにも感じられる。」
(1977)

c2 小松英雄 訳「変てこで，ばかみたいな気分になってくる。書いた自分
　　　　　　　　があきれかえるような，とりとめのない事柄ばかりだ。」
(1983)

b4 久保田 淳 訳「奇妙に狂気じみているよ。」 (1989)

d 永積安明 訳「我ながらあやしくも，もの狂おしい気持ちがする。」
(1995)

　序段のキーワードとも解せられる「ものぐるほしけれ」の解釈について，定説というものがない。少なくとも，a説「感興を覚える」，b説「気違いじみている」，c説「ばかばかしい」，d説「もの狂おしい（頭が変になる）」と四通りの解釈が成立し得るということである。
　これでは，兼好の真意がどこにあったのか分からない。即ち，序段の文章の

朝倉日本語講座〈全10巻〉
北原保雄監修／最新の研究成果に基づく高度な内容を平易に論述

2. 文字・書記
林 史典編
A5判 280頁 〔近刊〕(51512-X)

〔内容〕日本語の文字と書記／現代日本語の文字と書記法／漢字の日本語への適応／表語文字から表音文字へ／書記法の発達(1)(2)／仮名遣いの発生と歴史／漢字音と日本語（呉音系，漢音系，唐音系字音）／国字問題と文字・書記の教育／他

3. 音声・音韻
上野善道編
A5判 304頁 定価4830円(本体4600円)(51513-8)

〔内容〕(現代日本語の)音声／(現代日本語の)音韻とその機能／音韻史／アクセントの体系と仕組み／アクセントの変遷／イントネーション／音韻を計る／音声現象の多様性／音声の生理／音声の物理／海外の音韻理論／音韻研究の動向と展望／他

4. 語彙・意味
斎藤倫明編
A5判 304頁 定価4620円(本体4400円)(51514-6)

語彙・意味についての諸論を展開し最新の研究成果を平易に論述。〔内容〕語彙研究の展開／語彙の量的性格／意味体系／語種／語構成／位相と位相語／語義の構造／語彙と文法／語彙と文章／対照語彙論／語彙史／語彙研究史

5. 文法 I
北原保雄編
A5判 288頁 定価4410円(本体4200円)(51514-6)

〔内容〕文法について／文の構造／名詞句の格と副／副詞の機能／連体修飾の構造／名詞句の諸相／話法における主観表現／否定のスコープと量化／日本語の複文／普遍文法と日本語／句構造文法理論と日本語／認知言語学からみた日本語研究

6. 文法 II
尾上圭介編
A5判 320頁 定価4830円(本体4600円)(51516-2)

〔内容〕文法と意味の関係／文法と意味／述語の形態と意味／受身・自発・可能・尊敬／使役表現／テンス・アスペクトを文法史的にみる／現代語のテンス・アスペクト／モダリティの歴史／現代語のモダリティ／述語をめぐる文法と意味／他

7. 文章・談話
佐久間まゆみ編
A5判 320頁 定価4830円(本体4600円)(51517-0)

最新の研究成果に基づく高度な内容を平易に論述した本格的な日本語講座。〔内容〕文章を生み出す仕組／文章の働き／文章・談話の定義と分類／文章・談話の重層性／文章・談話における語彙の意味／文章・談話における連文の意義／他

8. 敬語
菊池康人編
A5判 304頁 定価4830円(本体4600円)(51518-9)

〔内容〕敬語とその主な研究テーマ／狭い意味での敬語と広い意味での敬語／テキスト・ディスコースを敬語から見る／「表現行為」の観点から見た敬語／敬語の現在を読む／敬語の社会差・地域差と対人コミュニケーションの言語の諸問題／他

9. 言語行動
荻野綱男編
A5判 280頁 定価4725円(本体4500円)(51519-7)

〔内容〕日本人の言語行動の過去と未来／日本人の言語行動の実態／学校での言語行動／近隣社会の言語行動／地域社会と敬語表現の使い分け行動／方言と共通語の使い分け／日本語と外国語の使い分け／外国人とのコミュニケーション／他

10. 方言
江端義夫編
A5判 280頁 定価4410円(本体4200円)(51520-0)

方言の全体像を解明し研究成果を論述。〔内容〕方言の実態と原理／方言の音韻／方言のアクセント／方言の文法／方言の語彙と比喩／方言の表現，会話／全国方言の分布／東西方言の接点／琉球方言／方言の習得と共通語の獲得／方言の歴史／他

シリーズ〈日本語探究法〉
小池清治編集

1. 現代日本語探究法
小池清治著
A5判 160頁 定価2625円（本体2500円）(51501-4)

基礎から論文まで。〔内容〕「日本」は「にほん」か「にっぽん」か／ラ抜き言葉が定着するのはなぜか／「それでいいんじゃない？」はなぜ肯定になるのか／父親はいつから「オトウサン」になったのか／夏目漱石はなぜ「夏目漱石」と署名したのか 他

2. 文法探究法
小池清治・赤羽根義章著
A5判 168頁 定価2625円（本体2500円）(51502-2)

〔内容〕与謝野晶子は文法を知らなかったのか？／「言文一致体」は言文一致か？／『夢十夜』（漱石）は一つの文章か？／飛んだのはシャボン玉か？屋根か？／真に文を完結させるものはなにか？／日本語で一番短い文はなにか？ 他

3. 音声・音韻探究法
湯澤質幸・松崎寛著
A5判 176頁 定価2940円（本体2800円）(51503-0)

〔内容〕音声と意味とはどういう関係にあるのか／美しい日本語とは何か オノマトペとは何か／外国人にとって日本語の発音は難しいか／五十音図は日本語の音の一覧表か／「バイオリン」か、「ヴァイオリン」か 他

5. 文字・表記探究法
犬飼 隆著
A5判 164頁 定価2625円（本体2500円）(51505-7)

〔内容〕『あ』という文字」と「『あ』という字」は同じことか／漢字は表意文字か、それとも表語文字か／漢字の部首は形態素か／「世界中」は「せかいじゅう」か「せかいぢゅう」か／横書きと縦書きはどちらが効率的か 他

7. レトリック探究法
柳澤浩哉・中村敦雄・香西秀信著
A5判 168頁 定価2625円（本体2500円）(51507-3)

〔内容〕事実は「配列」されているか／グルメ記事はいかにして読者を魅了しているか／人は何によって説得されるか／環境問題はなぜ注目されるのか／感情は説得テーマとどうかかわるか／言葉は「文字通りの意味」を伝達するか 他

8. 日本語史探究法
小林賢次・梅林博人著
A5判 164頁 定価2940円（本体2800円）(51508-1)

〔内容〕「古代語」から「近代語」へは、いつどのように変わったのか／古代語で9種類あった動詞の活用形式が現代語ではなぜ5種類になったのか／「係り結び」は現代語ではなぜなくなったのか／芭蕉の「旅」は現代の「旅」と同じか 他

9. 方言探究法
森下喜一・大野眞男著
A5判 144頁 定価2625円（本体2500円）(51509-X)

〔内容〕方言はどのようにとらえられてきたか／標準語はどのように誕生したか／「かたつむり」の方言にはどんなものがあるのか／方言もアイウエオの5母音か／「橋」「箸」「端」のアクセントの区別は／「京へ筑紫に坂東さ」とは何のことか 他

朝倉漢字講座〈全5巻〉
漢字の種々相を最新の知見をとり入れ体系化

1. 漢字と日本語
前田富祺・野村雅昭編
A5判 280頁 定価5040円（本体4800円）(51531-6)

中国で生まれた漢字が日本で如何に受容され日本文化を育んできたかを総合的に解説。〔内容〕漢字文化圏の成立／漢字の受容／漢字から仮名へ／あて字／国字／漢字と送り仮名／ふり仮名／漢字と語彙／漢字と文章／字書と漢字／日本語と漢字政策

3. 現代の漢字
前田富祺・野村雅昭編
A5判 264頁 定価5040円（本体4800円）(51533-2)

漢字は長い歴史を経て日本語に定着した。本巻では現代の諸分野での漢字使用の実態を分析。〔内容〕地名と漢字／人名と漢字／文学と漢字／書道と漢字／ルビと漢字／漢字のデザイン／若者と漢字／広告と漢字／マンガと漢字／クイズと漢字

5. 漢字の未来
前田富祺・野村雅昭編
A5判 264頁 定価5040円（本体4800円）(51535-9)

情報化社会の中で漢字文化圏での漢字の役割を解説。〔内容〕情報化社会と漢字／インターネットと漢字／多文字社会の可能性／現代中国の漢字／韓国の漢字／東南アジアの漢字／出版文化と漢字／ことばの差別と漢字／漢字に未来はあるか

現代民俗誌の地平
現代に生きる人々の生活と変化する民俗の世界を描く，新たな民俗誌の創造

1. 越　　　　　境
篠原　徹編
A5判 260頁 定価4830円（本体4600円）(50521-3)

様々な「越境」という現象を通して，現代の生活と民俗の世界を照射する。〔内容〕越境する民俗の現代的意味／越境都市―下関／都会の葬儀・古座の葬儀／遠洋漁業／山あてとGPS／山に生きる女性たち／もう一つの農の風景―市民農園／他

2. 権　　　　　力
赤坂憲雄編
A5判 232頁 定価4830円（本体4600円）(50522-1)

これまで民俗学ではほとんど扱われてこなかった「権力」というキーワードに取り組む意欲作。〔内容〕ムラの選挙と民主主義／ムラと農協の有機的関係／王権にまなざされた島／民謡の出現とメディア／同族神の地政学／狩猟・市場経済・国家／他

3. 記　　　　　憶
岩本通弥編
A5判 256頁 定価4830円（本体4600円）(50523-X)

語りの根拠である「記憶」を問い直し，現代における記憶の扱いを介して今の暮らしのあり方を描く。〔内容〕阪神・淡路大震災と慰霊／記憶の暴力／記憶から声へ／都市祭礼をめぐる語り／トポグラフィティ／白川郷の記憶／フォークロリズムス／他

歴 博 万 華 鏡
国立歴史民俗博物館監修
B4判 212頁 定価29925円（本体28500円）(53012-9)

国立で唯一，歴史と民俗を対象とした博物館である国立歴史民俗博物館（通称：歴博）の収蔵品による紙上展覧会。図録ないしは美術全集的に図版と作品解説を並べる方式を採用せず，全体を5部（祈る，祭る，飾る，装う，遊ぶ）に分け，日本の古い伝統と新たな創造の諸相を表現する項目を90選定し，オールカラーで立体的に作品を陳列。掲載写真の解説を簡明に記述し，文章は読んで楽しく，想像を飛翔させることができるように心がけた。巻末には詳細な作品データを付記

朝倉国語教育講座〈全6巻〉
国語教育実践・研究のための羅針盤

1. 国 語 教 育 入 門
倉澤栄吉・野地潤家監修
A5判 232頁 定価3675円（本体3500円）(51541-3)

国語科教育の基礎基本をQ&A形式で国語教師の自立に役立つよう実践例を解説。〔内容〕教室へようこそ／話したがりや，聞きたがりやの国語教室／書く喜びを分かち合う国語教室／文学に遊ぶ国語教室／説明・論説に挑む国語教室／他

3. 話 し 言 葉 の 教 育
倉澤栄吉・野地潤家監修
A5判 212頁 定価3360円（本体3200円）(51543-X)

相手とのコミュニケーションを取る上で必須の話し言葉の学習を実践例を示し解説。〔内容〕話し言葉学習の特質／話し言葉の教育の歴史的展望／話し言葉学習の機会と場／話し言葉学習の内容・方法・評価／話し言葉教育を支える教師の話し言葉

5. 授 業 と 学 力 評 価
倉澤栄吉・野地潤家監修
A5判 228頁 定価3360円（本体3200円）(51545-6)

国語科教育の進め方と学力評価の方法を実践例を通じて具体的に解説。〔内容〕国語科授業構築・研究の基本課題／国語科授業の成果と試行／原理と方法／構築と展開／集積と深化／評価研究の意義と方法／学習者把握をめざす評価の開発／他

図説人類の歴史〈全10巻〉
アメリカ自然史博物館監修 "The Illustrated History of Humankind" の翻訳

1. 人類のあけぼの（上）
G.ブレンフルト編　大貫良夫監訳　片山一道編訳
B4変判　144頁　定価9240円（本体8800円）（53541-4）

〔内容〕人類とは何か？／人類の起源／ホモ・サピエンスへの道／アフリカとヨーロッパの現生人類／芸術の起源／[トピックス] オルドワイ峡谷／先史時代の性別の役割／いつ言語は始まったか？／ネアンデルタール人／氷河時代／ビーナス像他

2. 人類のあけぼの（下）
G.ブレンフルト編　大貫良夫監訳　片山一道編訳
B4変判　144頁　定価9240円（本体8800円）（53542-2）

〔内容〕地球各地への全面展開／オーストラリアへの移住／最初の太平洋の人々／新世界の現生人類／最後の可住地／[トピックス] マンモスの骨で作った小屋／熱ルミネッセンス年代測定法／移動し続ける動物／誰が最初のアメリカ人だったか？他

3. 石器時代の人々（上）
G.ブレンフルト編　大貫良夫監訳　西秋良宏訳
B4変判　144頁　定価9240円（本体8800円）（53543-0）

〔内容〕偉大なる変革／アフリカの狩猟採集民と農耕民／ヨーロッパ石器時代の狩猟採集民と農耕民／西ヨーロッパの巨石建造物製作者／青銅器時代の首長制とヨーロッパ石器時代の終焉／[トピックス] ナトゥーフ文化／チロルのアイスマン他

4. 石器時代の人々（下）
G.ブレンフルト編　大貫良夫監訳　西秋良宏訳
B4変判　144頁　定価9240円（本体8800円）（53544-9）

〔内容〕南・東アジア石器時代の農耕民／太平洋の探検者たち／新世界の農耕民／なぜ農耕は一部の地域でしか採用されなかったのか／オーストラリア—異なった大陸／[トピックス] 良渚文化における新石器時代の玉器／セルウィン山脈の考古学他

5. 旧世界の文明（上）
G.ブレンフルト編　大貫良夫監訳　西秋良宏訳
B4変判　144頁　定価9240円（本体8800円）（53545-7）

〔内容〕メソポタミア文明と最古の都市／古代エジプトの文明／南アジア文明／東南アジアの諸文明／中国王朝／[トピックス] 最古の文字／ウルの王墓／太陽神ラーの息子／シギリヤ王宮／東南アジアの巨石記念物／秦の始皇帝陵／シルクロード他

6. 旧世界の文明（下）
G.ブレンフルト編　大貫良夫監訳　西秋良宏訳
B4変判　144頁　定価9240円（本体8800円）（53546-5）

〔内容〕地中海文明の誕生／古代ギリシャ時代／ローマの盛衰／ヨーロッパの石器時代／アフリカ国家の発達／[トピックス] クノッソスのミノア神殿／古代ギリシャの壺彩色／カトーの農業機械／アングロサクソン時代のイングランド地方集落他

7. 新世界の文明（上）—南北アメリカ・太平洋・日本—
G.ブレンフルト編　大貫良夫監訳・編訳
B4変判　144頁　〔近刊〕（53546-5）

〔内容〕メソアメリカにおける文明の出現／マヤ／アステカの誕生／アンデスの諸文明／インカ族の国家／[トピックス] マヤ文字／ボナンパクの壁画／メンドーサ絵文書／モチェの工芸品／ナスカの地上絵／チャン・チャン／インカの織物他

8. 新世界の文明（下）—南北アメリカ・太平洋・日本—
G.ブレンフルト編　大貫良夫監訳・編訳
B4変判　144頁　〔近刊〕（53546-5）

〔内容〕日本の発展／南太平洋の島々の開拓／南太平洋の石造記念物／アメリカ先住民の歴史／文化の衝突／[トピックス] 律令国家と伊豆のカツオ／草戸千軒／ポリネシア式遠洋航海カヌー／イースター島／平原インディアン／伝染病の拡大他

ISBN は 4-254- を省略

（定価・本体価格は2005年2月20日現在）

朝倉書店
〒162-8707　東京都新宿区新小川町6-29
電話　直通 (03) 3260-7631　FAX (03) 3260-0180
http://www.asakura.co.jp　eigyo@asakura.co.jp

明晰度はきわめて低いということだ。

「小林秀雄先生, まさか, 序段は読んだのでしょうね?」と言いたくなる。因みに, 小林の読みは, b説であるようだ。

ところで, 正解はどの説なのであろうか? あるいはこれらとは別の解釈が成立するのだろうか? 兼好が古典語を『枕草子』を中心に学んだことは確実である。「ものぐるほし」という形容詞が『枕草子』ではどうなっているかを知ることが正解への近道であろう。

- c 御前に参りてままの啓すれば, また笑ひさわぐ。御前にも, 「など, かく物狂ほしからむ」と笑はせたまふ。　　　(僧都の御乳母のままなど)
- c 「宣方は『いみじう言はれにたり』と言ふめるは」と仰せられしこそ, 物狂ほしかりける君とこそおぼえしか。　　　(宰相の中将斉信)
- c 「白山の観音, これ消えさせたまふな」と祈るも, 物狂ほし。
　　　(職の御曹司におはします頃, 西の廂にて)
- c 夜も起きゐて言ひなげけば, 聞く人, 物狂ほしと笑ふ。　　(同上)
- d さしもやあらざらむとうちたゆみたる舞人, 御前に召すと聞こえたるに, 物にあたるばかり騒ぐも, いといと物狂ほし。　　(なほめでたき事)
- c 昨日は車一つにあまた乗りて, 二藍の同じ指貫, あるは狩衣など乱れて, 簾解きおろし, 物狂ほしきまで見えし君達の, 斎院の垣下にとて, 日の装束うるはしうして, 今日は一人づつさうざうしく乗りたる後に, をかしげなる殿上童乗せるもをかし。　　　(見物は)
- d 牛の鞦の香の, なほあやしう, 嗅ぎ知らぬものなれど, をかしきこそ物狂ほしけれ。　　　(いみじう暑き頃)

どうやら, あまり深刻な状態を意味している気配はないようだ。笑いの対象になっている。c説の「ばかばかしい」, d説の「物狂おしい(頭が変になる)」が妥当な説ということになりそうである。

ところで, 「ものぐるほしけれ」の問題は, 正確には語義の曖昧性であり, 文体からくる曖昧性ではない。次に, 文体から生ずる曖昧性について述べよう。

3. わけのわからない友人論・交友論

第12段は「友人論」「交友論」である。これが難解である。

　おなじ心なら¹ん人と，しめやかに物語して，をかしきことも，世のはかなき事も，うらなくいひ慰ま²んこそうれしかるべきに，さる人あるまじければ，ᴬつゆ違はざら³んと向ひゐたら⁴んは，ひとりあるここちやせ⁵ん。

　たがひに言は⁶んほどの事をば，「げに」と聞かひあるものから，いささか違ふ所もあら⁷ん人こそ，「我はさやは思ふ」など，ᴮあらそひにくみ，ᶜ「さるから，さぞ」ともうち語らはば，つれづれ慰ま⁸めと思へど，げには，すこしかこつかたも我とひとしからざら⁹ん人は，大方のよしなしごと言は¹⁰んほどこそあら¹¹め，まめやかの心の友には，はるかに隔たる所のありぬべきぞ，わびしきや。

ひらがな漢字交りの和文の欠点の一つが，言文一致体の必然として露呈する，話し言葉的だらだら文にあることは，4章で詳述した。第12段は驚くことに2文で構成されている。典型的だらだら文なのである。これが，この文章の明晰度を著しく低下させている。

もう一つの欠点は過度の省略がなされがちとなることにある。言文一致体の文章は，うっかりすると，この欠点を含有してしまう。

上に引用した文章には，少なく見積もっても，A，B，Cの前に省略がある。この省略が明晰度を極端に落としている。

Aの前には，「あきらめるほかない。しかし」のような表現が，Bの前には，「……と言って面白いのだが，それも度が過ぎると」のような表現が，Cの前には，「しかし」などの表現が省略されている。これでは，まるで，暗号のようになってしまう。

最後の欠点は同一語の反復使用である。この文章には，推量，仮定の助動詞「ん」が11回も使用されている。仮定に仮定を重ねては何を言っているのかわからなくなるのも当然だ。このようなことを書いていては，たしかに「ものぐるほし」くなる。

兼好は，和文体の欠点をしかと自覚していなかったようである。だから，小

林のように，手放しで，『徒然草』の文体を褒め上げることは間違いなのだ。

しかし，このような，だらだら文，過度の省略，同一語の反復使用は例外的である。概ね，短文を重ねる，歯切れのよい，『枕草子』の随想的章段の文体に学んでいる。

4. 滑稽とも，悲惨とも言える二葉亭四迷による『枕草子』の文体模写

二葉亭四迷も文体の発達に大いに寄与した人である。その彼が『新編浮雲』全3巻を世に出した後，言文一致体についての失敗感，敗北感に苛まれていた。この苦しさから逃れるため，言文一致運動の旗頭であった彼が，なんと文語文を代表する『枕草子』の文体に学ぼうとして文体模写に励むのである。滑稽と言うべきか悲惨と評すべきか，言葉を失う。

　　清少納言が筆つきまねんとおもひおこして枕草紙をとりいで、よむに言葉のつゞけざまいといとをかしうてまねやすからずなんある。されど本居の翁の筆つきはさしもあらぬにや
　　いと小さき童のきりかぶろといふかしらのつきたりしが紅き白き糸もてかゞりたる鞠などもちていとうれしとおもひがほに頬なんどに押しあてたるいみじう愛けしましてえみたるは愛らしなどいふは世の常なり

（『落葉のはきよせ』二籠目）

これは，『枕草子』の「うつくしきもの」などを思い浮かべて，文体模写を試みたものであろう。『枕草子』には「愛けし」「愛らし」という形容詞がないなど，文体模写としての精度は低いのであるが，二葉亭四迷が，和文の典型，散文表現の模範として『枕草子』の文体を選んだということは間違いない。どうやら『枕草子』の文体は，人に，まねてみようという気を起こさせる魅力を有している文体であるようだ。

5. 『徒然草』の雅文体

まず，『徒然草』の冒頭文にあらわれる単語が『枕草子』ではどのように使用されているか調べてみよう。
①つれづれなる

枕 「過ぎにし方恋しきもの」
　　また，をりからあはれなりし人の文，つれづれなる日，さがし出でたる。
　「心ゆくもの」
　　つれづなるをりに，いとあまりむつましうもあらぬまらうどの来て……
　「頭中将のすずろなるそら言を聞きて」
　　二月のつごもり方，いみじう雨降りてつれづれなるに……
　「五月の御精進のほど」
　　一日より，雨がちに曇りすぐす。つれづれなるを……
　「正月寺に籠りたるは」
　　つれづれなるに，傍らに貝をにはかに吹き出でたるこそ，いみじう驚かるれ。「つれづれなるもの」
　　つれづれなるもの　所去りたる物忌。馬下りぬ双六。除目に司得ぬ人との家。雨うち降りたるは，まいていみじうつれづれなり。
　「この草子」（跋文）
　　この草子，目に見え心に思ふ事を，人やは見むと思ひて，つれづれなる里居のほどに，書きあつめたるを，あいなう人のために便なき言ひ過ぐしもしつべき所々もあれば，よう隠しおきたりと思ひしを，心よりほかにこそ洩り出でにけれ。

②ままに
　枕 「かたはらいたきもの」
　　にくげなるちごを，おのが心地のかなしきままに，うつくしみかなしがり……

③日暮らし
　枕 「関白殿，二月二十一日に，法興院の」
　　講はじまりて，舞ひなどす。日暮らし見るに，目もたゆく苦し。

④あやしうこそ
　枕 「五月ばかり，月もなういと暗きに」
　　あやしうこそありつれ。

⑤ものぐるほしけれ
　　枕　「いみじう暑き頃」
　　　さやうなるに，牛の鞦の香の，なほあやしう，嗅ぎ知らぬものなれど，
　　　をかしうこそものぐるほしけれ。

　さすが，藤原為世門下和歌四天王の一人，古典を読みこなしている兼好である。『枕草子』の語彙を確実に使用している。
　清少納言は跋文において，「つれづれなる里居」の折に，『枕草子』を書いたと書いている。兼好は，冒頭において，「つれづれなるままに」書いたと書く。『徒然草』の書名は『枕草子』からの戴きものであるのだろう。
　次に，第1段では，清少納言，その人の名が出てくる。

　　　法師ばかり羨ましからぬものはあらじ。「人には木のはしのやうに思はるるよ」と清少納言が書けるも，げにさることぞかし。

　　枕　「思はむ子を」
　　　思はむ子を法師になしたらむこそ，心苦しけれ。ただ木の端などのやうに思ひたるこそ，いとほしけれ。

　兼好は『徒然草』を書く際に，『枕草子』を座右の書としていたのであろう。第19段には，『枕草子』の書名まで出てくる。

　　　また，野分の朝こそをかしけれ。いひつづくれば，みな源氏物語・枕草子などにことふりにたれど，おなじ事，また，今さらに言はじとにもあらず。

　どうやら，『徒然草』の一部は，『枕草子』の文体模写と判断してよい。したがって，表記方法は当然，ひらがな漢字交りということになる。
　ただし，『枕草子』と『徒然草』との間には，約300年の歳月が流れている。この間，日本語は大きく変化した。清少納言にとって，和文は言文一致体であったが，兼好にとっては言文一致体ではなかった。『徒然草』は生得の言語による作品ではなく，後天的に習得した言語による作品なのである。『徒然草』

の言語を古典語と比較すると種々の問題が出てくることも確かなのである。

6. 『徒然草』が擬古文である理由

第8段に，次のような表現が出てくる。

> 久米の仙人の，物洗ふ女の脛（はぎ）を見て，通（つう）失ひけんは，誠に，手足はだへなどの<u>きよらに</u>肥えあぶらづきたらんは，外の色ならねば，さもあらんかし。

この「きよらに」は変だ。『源氏物語』で「きよら」が使用されるのは，光源氏，冷泉帝（れいぜい），朱雀帝（すざく），藤壺中宮，紫の上など超一流の美男美女に対してである。光源氏のお子である夕霧にさえ，紫式部は二流の美を意味する「きよげ」を用い，「きよら」を使用することは控えている。そういう超一級の美を表すのが古典語における「きよら」なのであるから，「物洗ふ」庶民の女に使用するはずがない。兼好はそのことを知らなかったようだ。

第16段には，次のような表現がある。

> おほかた，ものの音には，笛・篳篥（ひちりき）。常に聞き<u>たき</u>は，琵琶（びわ）・和琴（わごん）。

助動詞「たし」は，平安時代後期に使われ始めた語である。『枕草子』や『源氏物語』であれば，「常に聞か<u>まほしき</u>は」とあるべきところである。

> 枕　「ねたきもの」
> 　　見<u>まほしき</u>文などを，人の取りて，庭に下りて見たるが，いとわびしくねたく…

ところが，『徒然草』では「まほし」を使用する一方，「たし」が多用されている。

- ・あり<u>たき</u>事は，まことしき文の道。作文（さくもん）。和歌。管弦の道。（第1段）
- ・わが食ひ<u>たき</u>時，夜中にも暁にも食ひて……（第60段）
- ・（乗馬や早歌を）　いよいよし<u>たく</u>覚えて，嗜（たしな）みけるほどに（第188段）

助動詞で言えば，可能の助動詞「る・らる」や過去・回想の助動詞「き」

「けり」の用法なども変なものがあるが，例示はもう十分であろう。このような語彙のレベルの誤用は罪の軽い方である。問題は，古典語の要の一つ，係り結びの用法において誤用があることである。

7. 『徒然草』における係り結びの誤用

『徒然草』には古典語の特徴である係り結びにおいてさえも誤用がある。その誤用の在り方は，「ぞ」「なん」などの係助詞なしで連体形で結ぶという誤用である。次にその具体例を示す。

　ア　回想の助動詞「けり」を「ける」とする誤用
　　①「子孫あらせじと思ふなり」と，侍りけるとかや。　　（第6段）
　　②返す返す感ぜさせたまひけるとぞ。　　（第48段）
　　③感涙をのごはれけるとぞ。　　（第145段）
　　④その人，古き典侍なりけるとかや。　　（第178段）
　　⑤まことに，ただ人にはあらざりけるとぞ。　　（第184段）
　　⑥あへて凶事なかりけるとなん。　　（第206段）
　　⑦亀菊に教へさせたまひけるとぞ。　　（第225段）
　　⑧興ありて，人ども思へりけると，ある人，北山太政入道殿に語り申
　　　されたりければ……。　　（第231段）
　　⑨「興あらん」とて，はかりたまひけるとぞ。　　（第238段）
　＊「ける」を「けり」とする誤用もある。格助詞「が」がある場合は連体形となる。
　　　・この文，清行が書けりといふ説あれど……。　　（第173段）

　イ　回想の助動詞「き」を「し」とする誤用
　　①その人，ほどなく失せにけりと聞き侍りし。　　（第32段）
　　②かく柔らぎたる所ありて，その益もあるにこそと覚え侍りし。
　　　　　　　　　　　　　　　　　　　　　　　　　（第141段）
　　③をかしく覚えしと，人の語りたまひける，いとをかし。
　　　　　　　　　　　　　　　　　　　　　　　　　（第231段）

ウ　完了の助動詞「つ」を「つる」とする誤用
　　①いつよりも，ことに今日は尊く覚え侍りつると感じ合へりし返事に
　　　　　　　　　　　　　　　　　　　　　　　　　　　　（第125段）

エ　伝聞の助動詞「なり」を「なる」とする誤用

　　①奥山に，猫またといふものありて，人を食ふなると人の言ひけるに
　　　　　　　　　　　　　　　　　　　　　　　　　　　　（第89段）

オ　補助動詞「侍り」を「侍る」とする誤用
　　①李部王の記に侍るとかや。　　　　　　　　　　　　　（第132段）
　　②九の巻のそこそこの程に侍ると申したりしかば　　　　（第238段）

第160段は，兼好の動詞の終止形に関する意識を現す興味深い文章である。

　　門に額かくるを，「打つ」といふはよからぬにや。勘解由小路二品禅門
　は，「額かくる」とのたまひき。「見物の桟敷打つ」もよからぬにや。「平
　張打つ」などは，常のことなり。「桟敷かまふる」などいふべし。「護摩た
　く」といふもわろし。「修する」「護摩する」などいふなり。「行法も，法
　の字を清みていふ，わろし。濁りていふ」と，清閑寺僧正おほせられき。
　常にいふ事に，かかる事のみ多し。

　平安時代末期，院政期（開始，1086）頃より，用言の連体形が終止法を獲得する，連体形の終止形同化という言語現象が発生し，勢いを増していく。兼好の頃には，この現象がすべての動詞に及ぶという段階に入っていたことを上記の文章は語っていると判断される。二重下線を施したものは，古典語としては連体形であるが，兼好はこれらを終止形と意識していたのだろう。
　彼の生得の言語は，古典語とは質の異なる言語であったということになる。

8.　和漢混淆体で書かれた段——和語と漢文訓読語彙——

　平安時代，漢文訓読専用の語彙，漢文訓読語が男性語として日本語の中に位置を占めるようになった。その結果，語彙は，男女共用の和語語彙と男性専用

8. 和漢混淆体で書かれた段―和語と漢文訓読語彙―

の漢文訓読語彙に二分されるようになる。

『徒然草』には，和語と漢文訓読語彙が共存する。対応する語彙と所属する段とを下の表に示す。

和語	多かり	1, 13, 15, ＊19, 30, 80, 137, 140, 141, 142, 174, 240
漢文訓読語彙	多シ	7, 9, 14, ＊19, 38, 67, 122, 123, 130, 160, 166
和語	いと	1, 3, 10, 15, 19, 25, 29, 30, 32, 39, 44, 56, 57, 67, 68, 102, 104, 105, 106, 107, 109, 116, 120, 124, 125, 128, 137, 139, 141, 142, 145, 150, 168 170, 175, 184, 189, 190, 191, 208, 209, 221, 231, 236, 238, 240
	いとど	59, 73
漢文訓読語彙	甚ダ	92, 132, 155, 166
	甚ダシク	107
和語	様に	1, 14, 42, 51, 53, 56, 59, 60, 66, 70, 73, 81, 82, 84, 107, 116, 137, 142, 175, 188, 194, 213, 230, 231, 234
漢文訓読語彙	如ク	73, 74, 77, 106, 166, 175, 183, 217

＊第19段には，「多かり」という和文系の語彙と「多シ」という漢文訓読系の語彙が共存している。兼好にはこういう区別ができなかったという可能性がある。

漢文訓読語彙「多シ」が使用されている第7段の文章は，次のようなものである。

　　あだし野の露消ゆる時なく，鳥部山の烟立ち去らでのみ住みはつる習ひならば，いかにもののあはれもなからん。世は定めなきこそいみじけれ。
　　命あるものを見るに，人ばかり久しきはなし。かげろふの夕を待ち，夏の蝉の春秋を知らぬもあるぞかし。つくづくと一年を暮すほどだにも，こよなうのどけしや。飽かず惜しと思はば，千年を過ぐすとも，一夜の夢の心地こそせめ。住み果てぬ世に，みにくき姿を待ちえて何かはせん。命長ければ辱多し。長くとも，四十に足らぬほどにて死なんこそ，めやすかるべけれ。
　　そのほど過ぎぬれば，かたち恥づる心もなく，人に出で交らはん事を思ひ，夕の陽に子孫を愛して，さかゆく末を見んまでの命をあらまし，ひたすら世をむさぼる心のみ深く，もののあはれも知らずなのゆくなん，あさましき。

『源氏物語』「桐壺」にも見られる「命長ければ辱多し」の成句の中で,「多シ」が使用されている。表現技法としては,対句が3例ほどあり,基調文体は漢文訓読体としてよいのだが,この文章の末尾において,読み手,聞き手への働きかけ,即ち,モダリティーを表す,係助詞「なん」による係り結び表現が用いられている。これは,和文専用のもので,漢文訓読においては,決して用いられることがなかった表現なのである。

漢文訓読文体を基調としながら,和文の表現が交じる文体を和漢混淆体という。『徒然草』には,この種の文章が漢文訓読体のものに匹敵するほど存在する。

なお,『徒然草』を代表する文章の一つ,第19段には,「多かり」と「多シ」が共存し,典型的和漢混淆体の文体となっている。

・すべて,思ひ捨てがたきこと多し。
・とりあつめたる事は,秋のみぞ多かる。

漢文訓読語彙「甚ダ」が使用されている第132段の文章は,次のようなものである。

　　鳥羽の作道は,鳥羽殿建てられて後の号にはあらず。昔よりの名なり。元良親王,元日の奏賀の声,甚だ殊勝にして,大極殿より鳥羽の作道まで聞こえけるよし,李部王(りほうわう)の記に侍るとかや。

漢文訓読体を基調としながら,この文章においては,丁寧語「侍り」が使用されている。これも和漢混淆体である。「侍り」という,聞き手,読み手に対する配慮を表す表現,即ち,モダリティーに関する語は,純粋な漢文訓読では決して使用されない。

おそらく,兼好の日常言語としては,「なん」も「侍り」も使用されることがなかったものなのであろう。新しい文体を作り出すために,動員されたものと推測する。

9. 漢文訓読体の文章

最後に,漢文訓読体のみで書かれた文章を検討する。

ある人，弓射ることを習ふに，もろ矢たばさみて的に向ふ。師のいはく，「初心の人，二つの矢を持つことなかれ。後の矢を頼みて，はじめの矢に等閑(なほざり)の心あり。毎度ただ得失なく，この一矢に定むべしと思へ」といふ。わづかに二つの矢，師の前にて，一つをおろかにせんと思はんや。懈怠(けだい)の心，みづから知らずといへども，師これを知る。このいましめ，万事にわたるべし。

　道を学する人，夕には朝あらんことを思ひ，朝に夕あらんことを思ひて，かさねてねんごろに修せんことを期(ご)す。いはんや，一刹那(いっせつな)のうちにおいて，懈怠(けだい)の心ある事を知らんや。何ぞ，ただ今の一念において，ただちにする事の甚だかたき。

漢文訓読系表現（男）	←→	和文系表現（男女）
イハク	←→	いふやう
持ツコトナカレ	←→	な持ちそ／持つな
定ムベシ	←→	定めむ
前ニテ	←→	前で
イヘドモ	←→	いへ／いへど
ワタルベシ	←→	わたらむ
学スル	←→	まねぶ／まなぶ／ならふ
修セン	←→	おさむ／ならふ／まなぶ
期ス	←→	おきつ／待ち設く
イハンヤ	←→	ましてや
ニオイテ	←→	で
何ゾ	←→	いかに
タダチニ	←→	すぐ／すぐに
甚ダ	←→	いと／いとど

　このほか「毎度／得失／懈怠／万事／一刹那」も勿論漢文訓読系の語彙である。

　第92段には対句もあり，典型的な漢文訓読体の文体で書かれたものということができる。

10. 文体の分布とその意味

　三種類の文体が，どのように分布しているのか調べてみよう。

雅文体の段，167段（68.4％），和漢混淆文体の段，40段（16.4％），漢文訓読文体の段，37段（15.2％）の構成になっている。

『徒然草』は，『枕草子』の文体模写から始められたが，それに終ることなく，漢文訓読体，和漢混淆体へと筆が及んでいる。文体の明晰さということを求めると，漢文訓読体や和漢混淆体に頼らざるをえないというのが兼好の実感であったろう。

従来，これらの文体はそれぞれ別個に機能してきたのであるが，『徒然草』において融合し，必要に応じて，同一作品においても，自在に使用し得るということが示された。

室町幕府第3代将軍足利義満（あしかがよしみつ）（1358～1408）は応永4年（1397）に金閣寺（鹿苑寺）を建築している。この建物の第1層は平安時代風の寝殿造り，第2層は和風仏殿造り，第3層は唐様禅宗仏殿造りとなっている。即ち，和風，和漢混淆風，中国風の混成建築物なのである。

兼好は義満が建てた金閣寺の60年以上も前に，言葉による金閣寺を構築していた。換言すると，『徒然草』は金閣寺型作品であり，兼好は室町文化を先取りしていたのだ。

■ 発展問題

(1) 『徒然草』第72段は『枕草子』の文体模写の雅文体であるが，『枕草子』では絶対にお目にかかれない表現がある。どの表現か？　また，このような表現がなされる理由はどのようなものか考えてみよう。

　　賤（いや）しげなるもの。居たるあたりに調度の多き。硯に筆の多き。持仏堂（じぶつだう）に仏の多き。前栽（せんざい）に石・草木の多き。家の内に子孫（こうまご）の多き。人にあひて詞の多き。願文（ぐわんもん）に作善（さぜん）おほく書きのせたる。
　　多くて見苦しからぬは，文車（ふぐるま）の文，塵塚の塵。

(2) 『徒然草』第74段は漢文訓読体によって書かれている。文体指標となる表現を列挙してみよう。また，雅文体に書き改めてみよう。

　　蟻のごとくに集まりて，東西に急ぎ，南北に走る。高きあり，賤しきあり。老いたるあり，若きあり。行く所あり，帰る家あり。夕に寝ねて，朝に起く。

いとなむところ何事ぞや。生をむさぼり，利を求めて止む時なし。

　身を養ひ，何事をか待つ。期する処，ただ老と死とにあり。その来たる事速かにして，念々の間に止まらず。これを待つ間，何の楽しびかあらん。惑へる者は，これを恐れず。名利におぼれ，先途の近き事をかへりみねばなり。愚かなる人は，またこれを悲しぶ。常住ならんことを思ひて，変化の理を知らねばなり。

(3)　『徒然草』第125段の文体は和漢混淆体である。雅文体の文体指標と漢文訓読体の文体指標を列挙してみよう。また，どちらかの文体に統一することを試みてみよう。

　人におくれて四十九日の仏事に，ある聖を請じ侍りしに，説法いみじくして，　みな人，涙を流しけり。導師帰りて後，聴聞の人ども，「いつよりも，ことに今日は尊く覚え侍りつる」と感じ合へりし返事に，ある者のいはく，「何とも候へ，あれほど唐の狗に似候ひなん上は」と言ひたりしに，あはれもさめてをかしかりけり。さる導師のほめやうやはあるべき。

■ 参考文献

1)　『小林秀雄集』(「現代日本文學大系60」筑摩書房，1969)
2)　橋本　治『これで古典がよくわかる』(ちくま文庫，2001)
3)　小松英雄『徒然草抜書　解釈の原点』(三省堂，1983)
4)　山極圭司『徒然草を解く』(吉川弘文館，1992)
5)　西尾　實校注『方丈記　徒然草』(「日本古典文学大系30」岩波書店，1957)
6)　冨倉徳次郎編『徒然草・方丈記』(「日本古典鑑賞講座18」角川書店，1960)
7)　臼井吉見訳『徒然草』(「古典日本文学全集11」筑摩書房，1962)
8)　安良岡康作『徒然草全注釈　上』(角川書店，1967)
9)　冨倉徳次郎・貴志正造編『方丈記・徒然草』(「鑑賞日本古典文学18」1975)
10)　木藤才蔵校注『徒然草』(「新潮日本古典集成」新潮社，1977)
11)　桑原博史『徒然草の鑑賞と批評』(明治書院1977)
12)　久保田　淳校注『徒然草』(「新日本古典文学大系」岩波書店，1989)
13)　永積安明校注・訳『徒然草』(「新編日本古典文学全集」小学館，1995)
14)　松村博司監修『枕草子総索引』(右文書院，1967)
15)　時枝誠記編『徒然草総索引』(至文堂，1955)

第10章 『おくのほそ道』の新しさを生み出したものは何か？

【まだら文体・音楽的散文】

キーワード：印刷文化，推敲過程，視覚的推敲，視覚的文体素，文芸思潮，主要文芸ジャンル，演劇・舞台芸術，演劇化，曽我物・道成寺物，男時・女時，趣向文芸，本歌取，パロディー・文句取，まだら文体，音楽的散文

　近世は印刷文化の時代であった。
　天正19年（1591），イエズス会巡察使アレッサンドロ＝ヴァリニャーノ（1539～1606）は，当時の西欧諸国に比して劣ることのない識字率を誇る日本での布教活動においてこそ有効であると判断し，印刷機械と鉛活字一式，印刷者ヨハンネス＝バプティスタ＝ペケ外一名等を帯同し，初めは島原半島の加津佐の地で，ついで天草において，いわゆるキリシタン版を開版させている。イエズス会は後に印刷の地を長崎に移し，かな漢字交りの刊本やカタカナ本をも刊行している。
　文禄二年（1593），豊臣秀吉（1537～1598，あるいは，1536～1598）は朝鮮出征の戦利品として銅活字を持ち帰り，『古文孝経』や『錦繍段』『勧学文』などを出版した，いわゆる慶長勅版・元和勅版の端緒を作っている。
　徳川家康（1542～1616）は政治姿勢を源頼朝（1147～1199）に学んでいる。頼朝は戦乱に荒れた武士の心を和らげるために，『新勅撰和歌集』（1235）の編纂を企画し，和歌を奨励している。家康はこれに習い，世を武の世の中から，文の世の中にするために，最初は伏見版，ついで駿河版と称される書物の出版を開始している。
　民間もこれに習い，本阿弥光悦（1558～1637）らによる嵯峨本と称される印刷物が『伊勢物語』『源氏物語』などの古典を出版するようになりやがて，寛永期（1624～1644）以後，活字版から木版による整版本の時代となり，出版業が成立して，漢籍・仏典・古典等が大量に廉価で供給されるようになる。

かくして，近世は印刷文化の時代となって，文学的知識が庶民に普及した。

写本を中心としたこれまでの文学享受から板本・版本による享受に変化したということは，視覚的文体素が一変したということを意味する。戦国時代，安土桃山時代を経て，江戸幕府の時代となり，国体意識が変化した。また，鎖国政策の実施という形でナショナリズムが浸透した。近世の文体変革もナショナリズムがもたらしたものであったことになる。

松尾芭蕉（1644〜1694）の該博な文学的知識は，近世の印刷文化によって培われたものである。向井去来の別荘落柿舎の一間で芭蕉が身近に置いた書籍は，「白氏集・本朝一人一首・世継物語・源氏物語・土佐日記・松葉集」（『嵯峨日記』成稿1691，刊行1753）であった。これらは恐らく去来所持のものであったのだろう。芭蕉の前には，彼と同様の過程を経て，豊かな文学的教養を有するに至った多くの（連衆・門人）が存在したのである。芭蕉はこのような読者を信頼して，言語的空間で思い切り遊ぶことができた。

印刷文化を支えるものとして無視することができないものは紙である。上質の紙が安価で提供されることを前提として，印刷文化は可能となる。

紙の生産は，従来の楮に加え，室町時代には雁皮を，江戸時代には三椏を原料とする技術が開発された。さらに，織田信長（1534〜1582）が採用した楽市政策が独占的，閉鎖的であった製紙産業を活性化させ，近世には，紙が米とともに諸藩の財政を支えるものにまで成長している。

紙が潤沢になったことと印刷文化の発展は文学作品の生成過程に次のような変革をもたらしたものと考えられる。

  写本時代 構想→思考（内言化・推敲）→執筆（外言化）→定稿
  版本時代 構想→思考（内言化）→執筆（外言化）→推敲→定稿
        →清書（版下）→印刷

写本時代においても，推敲は当然なされたのであるが，紙の貴重さのゆえに，推敲は頭の中，内言化の段階における推敲が中心であり，不十分なものとなりがちであった。

潤沢な紙と印刷文化は，作品が完成するまでの過程に，視覚的推敲という過程を組み入れることを可能とし，やがて必須のものとしたのである。

もっとも，凡手が推敲しても，文章の質はさほど向上しない。しかし，芭蕉のように表現に命をかけた名手が推敲すれば文章は彫琢され珠玉のものとなる。芭蕉の職業は俳諧の宗匠であった。俳諧の宗匠は，とりもなおさず推敲の専門家であるということである。印刷文化は芭蕉が活躍する場を整えてくれていたのである。

　芭蕉は擬古文を主として『徒然草』より学んだと思われるが，吉田兼好が払拭しきれなかった，だらだら文による曖昧性を芭蕉が完全に払拭しえたのは，短文を重ねるという漢文訓読体を中心的文体とするほかに，推敲という過程を組み入れたことによる結果と考えて間違いないだろう。

　文体史上の芭蕉の手柄は，韻文のものであった推敲の過程を散文に導入したところにある。そして，その推敲の特徴はリズム感を重視するところにあった。『おくのほそ道』は音楽的散文なのである。

　日本文芸思潮を観察すると，そこには時代の好みというものがあり，主要ジャンルというものの存在を確認しうる。古代は和歌の時代，中古は物語の時代，中世前期（鎌倉時代）は説話の時代，中世後期（室町・安土桃山時代）から近世は演劇・舞台芸術の時代，近代は小説の時代，現代は映像の時代ということになる。

　芭蕉も時代の文芸思潮の埒外(らちがい)に立つことはできなかったようだ。『おくのほそ道』の紀行文としての新しさの一つは劇仕立ての紀行文というところにある。江戸から白河へ，更に東北・北陸から中部への道程は演劇空間であり，芭蕉・曽良同行二人が演ずる歌枕巡礼を主目的とした行脚劇の長大な舞台であったのだ。

　また，日本文芸思潮を男時(おどき)・女時(めどき)の観点で通覧してみると，次のようになる。

　上代は，開発期，伸張期ととらえることのできる男時である。古代国家・律令制国家の創設期であり，創設のための騒乱が続いた。文学的には，中国文学以外には遺産と称すべきものはなく，ほとんど無から生み出さねばならなかった。その結果，独自でオリジナルなものが文学として生産された。

　中古は，充実期，熟成期ととらえることのできる女時である。遣唐使の廃止により，和風文化の熟成がうながされた。女時は教養主義の時代でもあり，オ

リジナルなものよりも,教養を感じさせるものが尊ばれた。和歌の世界で言えば,本歌取が主要技法となっている。

中世は,前期は封建社会の創設期であり,後期はその組み替え期である。元寇や応仁の乱に象徴される騒乱期であり,男時である。文学的には,今様,絵巻物,説話文学,戦記文学,平曲,幸若舞曲,謡曲などの新しい文学形態が開発され,男時の特徴である,オリジナル性が尊ばれた。

近世は,封建制国家の完成期であり,充実期,熟成期ととらえることのできる女時である。鎖国政策と260年余の平和により日本文化の熟成がなされた。近世は中古と同様に教養主義の時代である。文芸的には,前代までに蓄積された文芸的遺産に趣向を加えて成立する趣向文芸の時代であった。『おくのほそ道』は俳諧的趣向によって制作された,典型的趣向文芸である。

近代は,明治維新より始まる近代国家の建設期,発展期であり,男時である。台湾出兵(1871),日清戦争,(1894～1895),日露戦争(1904～1905),第一次世界大戦(1914～1918),第二次世界大戦(1939～1945)など戦争の連続であった。文学的には小説の時代で,西欧文学の影響を強く受け,オリジナル性が尊ばれるようになっている。

現代は昭和20年(1945)8月15日の終戦以後より今日までで,文芸思潮としては,映像文化の時代,60年余の平和が続く女時である。オリジナル性を尊ぶ点は近代を受け継いでおり,これまでの女時とは趣を異にしている。これは,近世と近代との間にあった文化の断絶とでも称すべき激変の後遺症が癒され切っていないためだろう。

1.『おくのほそ道』の推敲(1)―松島の句が存在しないのはなぜか？―

芭蕉は,歌枕巡礼の紀行文『おくのほそ道』の「発端」において,「松島の月先心にかかりて」と記し,この旅の第一の目的地を松島としている。しかるに,その松島の章段には随行者河合曽良(1649～1710)の句はあるものの,肝心な芭蕉本人の句は書かれていない。『おくのほそ道』の章段構成の特徴は,肝心要の要所に句を配するところにあるのだが,これは,一体どういうことなのであろうか？

『おくのほそ道』には62の句が配されている。そのうち,曽良の句が11句,

美濃国の商人低耳の句が1句含まれているので，芭蕉の句はちょうど50句になり作為性が感じられる。

芭蕉に随行した曽良は『随行日記』のほかに，旅中に句作された発句などを記録した『俳諧書留』を残している。これには芭蕉の旅中の句として114句ほどが記録されている。芭蕉は『おくのほそ道』執筆に際してかなり厳しい選句作業，推敲を施したと考えてよい。

採録されている句においても，『俳諧書留』と同形のものは少なく，ほとんどが推敲形となっている。次に『おくのほそ道』の句とこれに対応する『俳諧書留』等の句とを最初の10句ほど対比することにする。

	『おくのほそ道』（西村本）	『俳諧書留』等
①	草の戸も住替る代ぞひなの家	ナシ ＊草の戸もすみかはるよや雛の家 　　　　　　　　　（「真跡短冊」等）
②	行春や鳥啼魚の目は泪	ナシ ＊鮎の子のしら魚送る別哉（『泊船集』等）
③	あらたうと青葉若葉の日の光	あなたふと木の下闇も日の光 ＊あらたふと木の下闇も日の光 　　　　　　　　　　（「真跡懐紙」） ＊あなたふと青葉若葉の日の光 　　　　　　　　　　（『野坡本』等）
④	暫時は滝に籠や夏の初	ナシ ＊しばらくは滝に籠や夏の初（『鳥の道』）
⑤	夏山に足駄を拝む首途哉	夏山や首途を拝む高あしだ
⑥	木啄も庵はやぶらず夏木立	木啄も庵は破らず夏木立 ＊木啄も庵はくらはず夏木立（『野坡本』）
⑦	野を横に馬牽むけよほととぎす	野を横に馬牽むけよほととぎす
⑧	田一枚植て立去る柳かな	ナシ ＊水せきて早稲たはぬる柳哉（『野坡本』）
⑨	風流の初やおくの田植うた	風流の初やおくの田植歌

| ⑩ | 世の人の見付ぬ花や軒の栗 | 隠家やめにたたぬ花を軒の栗
＊かくれがやめだたぬ花を軒の栗
（「真跡懐紙」等） |

 さすがに、「句調はずんば舌頭に千転せよ」（『去来抄』「同門評」）と弟子に教えた芭蕉である。すさまじいばかりの推敲で、初案形を保つものは、「野を横に」の句一句のみである。
 ところで、歌枕の地であり、芭蕉の句が期待されるにもかかわらず『おくのほそ道』には句が記載されていないという章段は松島の章段だけではない。最初の歌枕の地「室の八島」や「白河の関」でも同様なのである。
 では、これらの地において句作がなされなかったかというとそうではなく、実際には発句があった。『俳諧書留』には、室の八島の場合は5句、白河の関では1句あったが、すべて削除されているのである。

　　　室八島
　糸遊に結つきたる煙哉
　あなたふと木の下暗も日の光
　入かかる日も糸遊の名残哉
　鐘つかぬ里は何をか春の暮
　入逢の鐘もきこえず春の暮
　いまの白河もこえぬ　　　　　　　　白河関
　早苗にも我色黒き日数哉（初案）　　西か東か先早苗にも風の音（改案）

 これらと同様に、実は、松島においても芭蕉は「島々や千々に砕けて夏の海（『蕉翁句集』）」という句を作っていた。しかし、厳しい推敲の結果、これを削除してしまったというのが事実であったということなのである。
 松島の章段のクライマックスは次のようになっている。

　　松島や鶴に身をかれほととぎす　　　　　曽良
　予は口をとぢて、眠らんとしていねられず。旧庵をわかるる時、素堂、松島の句あり。原安適、松がうらしまの和歌を贈らる。袋を解てこよひの

友とす。且(かつ), 杉風(さんぷう)・濁子(ぢょくし)発句あり。

　発句には挨拶句の側面がある。松島という土地への挨拶は曽良の「松島や」の句で十分であろう。芭蕉の「島々や」の句では挨拶句としては不十分だ。この句なら象潟でもいいわけなのだから。
　曽良の句と，山口素堂(やまぐちそどう)や原安適(はらあんてき)，杉山杉風(すぎやまさんぷう)，中川濁子(なかがわぢょくし)らの漢詩・和歌・発句の存在のほのめかしとに挟まれた「予は口をとぢて，眠らんとしていねられず」の表現は，芭蕉が句作に悶悶と苦しんだ様を浮き彫りにしている。あざやかな悶え様(よう)だ。これは，「師のいはく，絶景に向かふ時は奪はれてかなはず。(『三冊子』)」の実践であろう。句がないということが，逆に松島の絶景を保証するという表現なのである。芭蕉は意識的に『おくのほそ道』において松島での句を記さなかった。
　推敲という技の究極のものは削除という形をとる。紫式部は『源氏物語』の主要技法として省筆・黙説法(レディサンス)を採用した。この省筆に相当するものが芭蕉の『おくのほそ道』においては削除であった。

2. 『おくのほそ道』の謎—大垣(おおがき)が終焉の地であり，かつ，大垣で旅が終らぬ不思議—

　『おくのほそ道』は不思議な作品である。
　『おくのほそ道』と名付けながら，実際の旅は，江戸より松島・平泉を目指して北上する旅にとどまっていない。芭蕉の足は，「おくのほそ道」を通り過ぎて，出羽(でわ)の象潟(きさがた)へ向かい，さらに象潟より佐渡(さど)・金沢(かなざわ)・福井(ふくい)へと日本海側を南下する。果ては，中部地方の美濃(みの)大垣に至り，この地を終焉の地としている。すなわち，「おくのほそ道」を目指しての旅ではなかったという不思議である。
　次に，不思議なことは，美濃大垣の地で旅は終らず，伊勢参宮へと向かっているにもかかわらず，『おくのほそ道』はここ大垣で大尾を向かえてしまうことである。紀行文の終りが旅の終りとなっていない。紀行文と旅に明らかなずれがあることだ。なんとも不思議である。
　これらの謎を解くには，芭蕉にとって旅とはなんであったのか，紀行文とはなんであったのかということを考える必要があるだろう。

40歳を過ぎた芭蕉は，ものに憑かれたように旅に出続けている。なぜなのだろうか？

　貞享元年（1684）8月から翌年4月までの約九か月，上方・更科への旅をし，『野ざらし紀行』（『甲子吟行』）を著している。芭蕉41歳から42歳へかけての旅であった。

　貞享4年（1687）8月に，2泊3日程度の小さな旅を行い，下旬には『鹿島紀行』（『鹿島詣』）を著している。芭蕉44歳のことであった。

　同年10月には江戸を発ち，郷里伊賀上野で越年し，翌年4月下旬に入京するまで約六か月にわたる旅をし，『笈の小文』を著している。芭蕉44歳から45歳にかけてのことである。

　貞享5年（1688）8月，木曽路を巡り，信州更科の月を観賞して，翌年江戸に帰り，『更科紀行』を著している。芭蕉45歳から46歳にかけてのことであった。

　元禄2年（1689）3月，江戸を発ち，東北・北陸を経て，8月下旬，美濃大垣に至る約五か月の旅をしている。この時のことを後に記したものが『おくのほそ道』である。芭蕉46歳のことであった。

　このあと，伊勢参宮の後，大津の膳所に腰を下ろして『幻住庵記』を著したり，京都嵯峨野の向井去来の別荘「落柿舎」で『嵯峨日記』を著したりして，一年ほどを過ごし，元禄4年（1691），江戸に戻り第三次芭蕉庵に入っている。

　元禄7年（1694）5月，能書家柏木素龍に清書させた『おくのほそ道』（素龍本）を携え郷里伊賀上野へ帰省し兄半左衛門にこれを贈り，近畿各地を巡り大阪に向かう。10月12日，大阪にて，「旅に病んで夢は枯れ野をかけ巡る」を辞世の句として，客死している。享年51歳であった。

　芭蕉の人生はきれいに4期に区切ることができる。

　第1期は正保元年（1644）の誕生から寛文12年（1672）の江戸出府までの28年間で，松尾金作・藤七郎・忠右衛門・宗房の時代で，社会へ出るまでの学習期である。釈迦の人生で言えば，学生期と称することができる。

　第2期は，江戸出府以後から延宝8年（1680）に深川に退隠するまでの8年間で，松尾桃青と号し，俳諧の宗匠として点業に励んだ時期である。釈迦の人

生で言えば，社会活動をする止住期，または家住期である。

第3期は深川退隠以後から貞享元年（1684）8月に苗村千里を伴って『野ざらし紀行』の旅に出るまでの4年間で，俳号に泊船堂や芭蕉を加えた時期である。釈迦の人生で言えば，隠棲期である。

第4期は先に述べた旅の連続の末に大阪で客死するまでの11年間で，俳号に風羅坊などを加えた時期である。釈迦の人生で言えば，遊行期である。

このようにして見ると，芭蕉の旅は釈迦の生涯をまねての遊行期の旅，死を求めての旅であったと言える。客死は彼の不運の結果ではなく，本望であったのだ。

『野ざらし紀行』において，芭蕉は，「野ざらしを心に風のしむ身かな」と行路病死を覚悟した一句を冒頭に据え，死を求めての旅，すなわち，遊行期の旅の始まりであると宣言している。また，美濃大垣の門下谷木因のもとでは，「死にもせぬ旅寝の果てよ秋の暮」とも詠む。

しかし，この深刻さは『野ざらし紀行』の後半以後は影を潜め，再浮上するのは『おくのほそ道』である。

『おくのほそ道』「発端」において，「古人も多く旅に死せるあり」と述べ，客死した杜甫・李白・西行・宗祇らの列に連なる覚悟を表明し，一方，「旅立ち」の章段においては，「上野・谷中の花の梢，又いつかはと心ぼそし」と死への不安をもらし，「草加」の章段では，「若生て帰らばと，定めなき頼の末をかけ」てもいる。

これらに照応する表現が末尾の「大垣」の章段の「其外したしき人々，日夜とぶらひて，蘇生のものにあふがごとく」なのである。

ここまで来て，初めて『おくのほそ道』が大垣で終焉する謎が解ける。

大垣の地は『野ざらし紀行』において，「死にもせぬ」と存命の喜びを味わった地であった。『おくのほそ道』においても，この地は「蘇生のものにあふがごとく」の地であったのである。大垣は，死ぬまで続けられる遊行期の中で，一応の区切りを付けるにふさわしい地であったということなのであった。

さらに，遊行期の旅の宿命として，旅は死ぬまで続けられねばならない。旅を，存命・蘇生の地で終らせることはできないのだ。そこで，「伊勢の遷宮お

がまんと、又舟にのりて、蛤のふたみにわかれ行秋ぞ」ということになる。この表現は、「旅立ち」の章段の「むつまじきかぎりは宵よりつどひて、舟に乗りて送る。」に呼応する表現である。

「伊勢の遷宮おがまんと、又舟にのりて」は、旅立ちの表現であり、決して終焉の表現ではない。『おくのほそ道』の終り方は『源氏物語』の終り方に似ている。未完の完という形式なのだ。紀行文の終りと旅の終りの不一致は未完の完という形式に由来するものであった。

3.『おくのほそ道』の推敲（2）―演劇化を目指しての推敲―

芭蕉は『笈の小文』（1691成稿？）において、自らの紀行文の位置付けをしている。

　抑、道の日記といふものは、紀氏・長明・阿仏の尼の、文をふるひ情を尽くしてより、余は皆俤似かよひて、其糟粕を改る事あたはず。まして浅智短才の筆に及ぶべくもあらず。其日は雨降、昼より晴て、そこに松有、かしこに何と云川流れたりなどいふ事、たれもたれもいふべく覚侍れども、黄奇蘇新のたぐひにあらずは云事なかれ。されども其所々の風景心に残り、山館野亭のくるしき愁も、且ははなしの種となり、風雲の便りともおもひなして、わすれぬ所々、跡や先やと書集侍るぞ、猶酔る者の孟語にひとしく、いねる人の譫言するたぐひに見なして、人又妄聴せよ。

「道の日記」、すなわち紀行文というものは、紀貫之の『土佐日記』、鴨長明の『東関紀行』、阿仏尼の『十六夜日記』に尽くされているが、自分も駄文を承知の上で書くというのである。この謙退の辞には、前代未聞の紀行文をものするぞという、なみなみならぬ意気込みが感じられる。

ところで、平成8年（1996）11月、門人竹田野坡に伝えられた芭蕉自筆の草稿本『おくのほそ道』（中尾本）が発見された。それには70数箇所の貼紙・訂正がほどこされている。今日の光学的技術は貼紙の下の草稿原稿の有様をはっきりとらえ、補筆・訂正の状況が明らかになっている。芭蕉は『おくのほそ道』執筆に際して、視覚的推敲を無数に行っているのだ。次に推敲の実際を幾つか見てみよう。

	草稿本文 （中尾本下書き）	自筆本本文（中尾本）	推敲作業
①	月日は百代の過客にして立帰年も又旅人也	にして行かふ年も……	貼紙、語彙交換
②	やや年暮,……	年も暮……	行間補入
③	矢立の初として猶行道すすまず	矢立の初として行道猶	削除、位置交換
④	早加と云宿までたどりつきて	早加にたどりて	抹消、語彙交換
⑤	痩骨の肩にかかりたる物	肩にかかれる物	抹消、語彙交換

　これらは補筆・訂正と称すべきものである。次に発句にかかわる貼紙の部分を検討する。

	草稿本文（中尾本下書）	自筆本本文（中尾本）	推敲作業
⑥	芦野の里に清水流るるの柳有田の畔に残る此所の郡守常にかたりきこえ給ふをいつくの程にやとおもひ侍しにけふこの柳のかけにこそ立寄侍つれ	又清水流るる柳は芦野の里にありて，田の畔に残る此所の郡守故戸部某の此柳見せばやなど折々にの給ひきこえ給ふを……立寄侍つれ	貼紙、全面改訂
⑦	水せきて早稲たはぬる柳陰	田一枚植て立去柳かな	貼紙、改作
⑧	目にたたぬ花を頼に軒の栗	世の人の見付ぬ花や軒の栗	貼紙、改作
⑨	笠嶋はいつこさつきのぬかり道又狂歌して曽良に戯ふる旧あとのいかに降けむ五月雨の名にもある哉みのわ笠しま	笠嶋はいづこさ月のぬかり道 岩沼宿	貼紙、本文削除
⑩	塚もうこけ我泣声は秋の風いまた残暑はなはたなりしに旅のこころをい……	塚もうごけ我泣声は秋の風	貼紙、本文削除
⑪	露清し遊行のもてる砂の上	月清し遊行のもてる砂の上	貼紙、語彙交換

　⑥においては、「見せばや」の直接話法が際立つ。後述する『おくのほそ道』

の演劇化に役立っている。なお，草稿本文の「きこえ給ふ」を「の給ひきこえ給ふ」と改めているが，古典語としては，両方とも誤りである。「きこえ」は謙譲語であるから，この表現では，芭蕉自らを尊敬したことになってしまう。因みに，『おくのほそ道』には古典語としては誤用とみなされるものがすくなくない。

⑦の「水せきて……」は叙景の句であるが，「田一枚」には，早乙女にせよ，芭蕉にせよ，いずれにしても人物が描かれることになる。これも演劇化に役立つものである。

⑧も「世の人」と人物を言語化することで演劇化している。

⑨⑩の本文削除は，表現の単純化，明快化を図ったものであろう。

⑪は露ではなく，それに映った月に焦点をあて，神域の輝きを放つ清浄感を強調したものとしている。

芭蕉は，第1節において検討したように，発句において念入りな推敲をした。これと同様，あるいはそれ以上に徹底して散文についても推敲しているということが了解されたことと思う。そして，その推敲の目指す主たる方向は，叙景・叙事から演劇化へというものであった。

4.『おくのほそ道』の演劇的要素

いわゆる「曽我物(そがもの)」「道成寺物(どうじょうじもの)」と呼ばれている演芸ジャンルにより，時代の好み，好尚というものを確認してみよう。

時代	曽我物		道成寺物	
	作品名	ジャンル	作品名	ジャンル
中世前期	曽我物語	軍記物語	大日本国法華験記 今昔物語集 道成寺絵巻	説話 説話 絵巻
中世後期	元服曽我 小袖曽我 十番斬 和田宴	能 能 幸若舞 幸若舞	道成寺	能
近世	根源曽我物語	古浄瑠璃	定家	古浄瑠璃

夜討曽我	古浄瑠璃	三世道成寺	歌舞伎（1701）
世継曽我	近松	用明天皇職人鑑	近松（1705）
曽我会稽山	近松	傾城道成寺	歌舞伎（1731）
曽我十番斬	歌舞伎（1655）	道成寺現在蛇鱗	歌舞伎（1742）
兵根源曽我	歌舞伎（1697）	百千鳥娘道成寺	舞踊（1744）
傾城嵐曽我	歌舞伎（1708）	京鹿子娘道成寺	舞踊（1753）

　松尾芭蕉が江戸で俳諧の宗匠として活動を始めた時期は，浄瑠璃・歌舞伎が隆盛を迎えようとしていた時期であったことがわかる。「流行」は明らかに，演劇・舞台芸術に向かっていたのである。

　河合曽良『俳諧書留』の「那須野」の項は次のように書かれている。

　　みちのく一見の桑門，同行二人，なすの篠原を尋て，猶，殺生石みんと急侍るほどに，あめ降り出ければ，先，此処にとどまり候

　　落くるやたかくの宿の時鳥　　　翁
　　木の間をのぞく短夜の雨　　　　曽良

　「一見の桑門」「急侍るほどに」「とどまり候」などの表現は，謡曲の文体である。

　『おくのほそ道』「草加」の章段の前半の文章は次のようなものである。

　　ことし，元禄二とせにや，奥羽長途の行脚只かりそめに思ひたちて，呉天に白髪の恨を重ぬといへ共，耳にふれていまだ見ぬさかひ，若生て帰らばと，定なき頼の末をかけ，其日漸早加と云宿にたどり着にけり。

　「行脚」「思ひたちて」「いまだ見ぬ」「たどり着にけり」などの表現は，謡曲での常套的表現である。

　特に「たどり着にけり」という表現が，「早加と云宿までたどりつきて」（中尾本下書き）「早加にたどりて」（中尾本本文）という推敲過程を経てのものであると判明してみると，芭蕉が謡曲の文体を間違いなく目指していたとわかるのである。

　『おくのほそ道』には謡曲の詞章を彷彿とさせるものが多い。典拠と考えうる曲目を挙げると次のように多くを数える。

　　忠度・鵜飼・錦木・八嶋・賀茂・松風村雨・融・船橋・弓八幡・殺生

石・西行桜・遊行柳・黒塚（安達原）・錦戸・江口・田村

芭蕉が，『おくのほそ道』に謡曲・能の雰囲気を取り込もうとしたことは明白であろう。

5. 『おくのほそ道』冒頭文——李白「春夜宴桃李園序」のパロディーからの脱却——

近世は女時であった。女時は教養主義の時代で，オリジナルなものより，読者の文芸的教養を前提とした趣向文学が好まれた。読者は原典との差異を計量し，作者の筆の冴えを楽しんだのである。

近世文学最初期の作品，『尤草紙』（寛永九年，1632）は『枕草子』のパロディーである。たとえば，次のように書かれている。

　　短き物の品々
　猩々のうたひ。さる舞。上手の談義。いとま状。猫の面。うづらの尾。ちやぼの脚。夏の夜。冬の日。電光。朝露。

また，『伊勢物語』の逐語的パロディーである『仁勢物語』（寛永十六年，1639頃）は次のように書き始められている。

　　をかしき男，頬被りして，奈良の京春日の里へ，酒飲みに行きたり。その里に，いとなまぐさき魚，腹赤といふありけり。この男，買うてみにけり。
　　［昔，男，初冠して，奈良の京春日の里に，しるよしして，狩りにいにけり。その里に，いとなまめいたる女はらから住みけり。この男，かいま見てけり。］　　　　　　　　　　　　　（『伊勢物語』「序段」）

芭蕉が最も愛用した俳号の一つは「桃青」である。「桃」は李白の「李」（スモモ）に対応し，「青」は李白の「白」（シロ）に対応したものであることは，周知の事実である。芭蕉は李白に心酔していた。かくて，畢生の紀行文『おくのほそ道』の冒頭文は李白の詩文の文句をとることにより始められる。

　　月日は百代の過客にして，行かふ年も又旅人也。舟の上に生涯をうかべ，

馬の口とらえて老をむかふる物は、日々旅にして旅を栖とす。古人も多く旅に死せるあり。予もいづれの年よりか、片雲の風にさそはれて漂泊の思ひやまず。　　　　　　　　　　　　　（『おくのほそ道』「発端」）

　夫天地者万物之逆旅、光陰者百代之過客、而浮世若夢。為歓幾何。古人秉燭夜遊、良有以也。況陽春召我以煙景、大塊仮我以文章。
　　　　　　　　　　　（李白「春夜宴桃李園序」、『古文真宝後集』）

『古文真宝集』は近世の文人が愛読した漢詩集であったから、「万物の逆旅」は芭蕉の専用ではなかった。

　されば天地は万物の逆旅、光陰は百代の過客、浮世は夢目覚（まぼろし）といふ。時の間の煙、死すれば何ぞ、金銀、瓦石にはおとれり。黄泉の用には立ちがたし。しかりといへども、残して子孫のためとはなりぬ。
　　　　　　　　　　　　　　　（井原西鶴『日本永代蔵』一ノ一）

　それ天地は万物の逆旅光陰は百代の過客、爰のかりかねの枕の夢、なをまた我夢の覚めぎは、定つて百日也。　（井原西鶴『新可笑記』二ノ六）

　天地は万物の逆旅、光陰は百代の過客、予も其独にかまへて、虚無の外駅に生れ出でし。　　　　　（大淀三千風『日本行脚文集』三）

ところで、パロディーはもとより、原典があって成立するものであるから、自立性はなく、また知的作業が中心であるため、感心させることはできるが、感動させることは不可能に近いという限界がある。芭蕉はこういうパロディーの限界、危うさに気付いていた。

井原西鶴（1642〜1693）や大淀三千風（1639〜1707）のものは「天地は万物の逆旅、光陰は百代の過客」と対句の形で書いているために、完全に李白の詩句の引用となってしまっている。また、西鶴の場合は刹那主義、享楽主義に繋がる表現になっており、意味的にも李白のそれに一致し、パロディー・文句取であることは紛れようがない。

ところが、芭蕉の場合は、「天地」を「月日」と書き換え、後半は「行かふ年も又旅人也」と書き換えてしまったために、李白の詩句とは異なったものになっている。意味的にも、刹那主義・享楽主義とは正反対の悟りの境地を表す

表現に変質しているのだ。

　『おくのほそ道』冒頭の表現は，李白の詩句によりながらも，パロディーではなく，自己の思想を述べるための道具だてであり，芭蕉独自の表現になっているのである。西鶴・三千風は文学知識をひけらかすもの，衒学的匂いが感じられるが，芭蕉のものは格調の高さこそ感じられるものの，衒学的匂いは感じられない。

　言い換えると，西鶴・三千風の表現は李白の詩句についての知識を読者に期待するものであるのに対して，芭蕉の表現は李白の詩句を知らなくともよいという性質のものであるということなのだ。その結果，『おくのほそ道』の表現はパロディーが宿命的にもってしまう付属性から解放され，自立的表現になっているのである。

　『おくのほそ道』には由緒ある表現が無数にあるが，基本的には冒頭部の「月日は百代の過客」と同様に，必ず変形が加えられ，芭蕉の内側から湧き出たものとして使用されているのであり，パロディー・文句取の危うさ・俗っぽさから逃れている。

　『去来抄』「故実」には，次のような表現がある。

　　先師曰，「世上，俳諧の文章を見るに，或は漢文を仮名に和らげ，或は和歌の文章に漢章を入，詞あしく賤くいひなし，或人情をいふとても，今日のさかしきくまぐま迄探り求め，西鶴が浅ましく下れる姿あり。我徒の文章は慥に作意をたて，文字は譬ひ漢章をかるとも，なだらかに言つづけ，事は鄙俗の上に及ぶとも懐かしくいひとるべし」と也。

　芭蕉はたとえ詞句を漢詩からとったとしても，書き方によっては，それがかえって優雅さを損なうことになると述べ，西鶴の文章を批判している。パロディー・文句取の危うさを指摘しているのである。肝心なことは，漢詩の詩句を使用したとしても内側から湧き出たように自然に書き出すこと，卑俗なことでも露骨さを避けて奥ゆかしく書くことなのだと諭している。『おくのほそ道』の文体は意識的に磨きがかけられているということだ。

6.『おくのほそ道』の「まだら文体」——音の詩人芭蕉, リズミカルな音楽的散文——

　芭蕉は, 発句の中に漢語を組み入れることによって, 新風を打ち立てた詩人であった。彼は, 散文においても, 和文調の中に漢語, 対句を取り入れ, 漢文訓読体のなかに, 和語や和文的表現を取り込んでいる。その結果,『おくのほそ道』の文体は和文調と漢文調がまだら模様のようになっている。

　名文中の名文とされる, 次の文章なども同様である。

　　　　［松島］
　　抑ことふりにたれど,　　　　　　　　　　　　　　和文調
　　松島は扶桑第一の好風にして,……　　　　　　　　漢文調
　　欹ものは天を指, ふすものは波に匍匐　　　　　　　漢文調
　　あるは　　　　　　　　　　　　　　　　　　　　和文調
　　二重にかさなり, 三重にたたみて, 左にわかれ, 右につらなる。漢文調
　　　　［平泉 ─ 高館］
　　三代の栄耀一睡の中にして, 大門の跡は一里こなたに有。漢文調
　　秀衡が跡は田野に成て, 金鶏山のみ形を残す。　　　漢文調
　　先高館にのぼれば, 北上川, 南部より流るる大河也。　漢文調
　　衣川は和泉が城をめぐりて, 高館の下にて大河に落入。漢文調
　　康衡が旧跡は, 衣が関を隔て南部口をさし堅め, 夷をふせ　漢文調
　　ぐとみえたり
　　偖も義臣すぐつて此城にこもり, 功名一時の叢となる。漢文調
　　「国破れて山河あり, 城春にして草青みたり」と　　漢文調
　　笠打敷て, 時のうつるまで泪を落し侍りぬ。　　　　和文調
　　　　　　夏草や兵どもが夢の跡
　　　　　　卯の花に兼房みゆる白毛かな　　曽良

　芭蕉の関心は, 実は, 和文調, 漢文調にはなかった。彼が最も注意を払ったのは音感であった。

　『おくのほそ道』の文体を特徴付ける最大のものは, 詞句の長短の配置の妙である。芭蕉は「音の詩人」とも称され, 聴覚の優秀さを示す佳句が多い。

夜 窃(ひそか)に虫は月下の栗を穿(うが)つ　　　（『東日記』）
芭蕉野分して盥(たらひ)に雨を聞く夜かな　　　（『武蔵曲』）
櫓の声波をうつて腸(はらわた)氷る夜やなみだ　　　（『武蔵曲』）
古池や蛙飛び込む水の音　　　（『春の日』）
ほろほろと山吹ちるか滝の音　　　（『笈の小文』）

　芭蕉は研ぎ澄まされた音感で『おくのほそ道』の散文の長短のリズムを刻んでいる。

　　月日は　百代(はくたい)の　過客(くわかく)にして，行(ゆき)かふ年も　又旅人也。
　　　4　　　5　　　　6　　　　　7　　　　　　8
　　舟の上に　生涯をうかべ，馬の口をとらえて　老(おい)をむかふる物は，
　　　6　　　　8　　　　　　10　　　　　　　10
　　日々旅にして，　旅を栖とす。
　　　7　　　　　　8

　『源氏物語』も音読されることを前提して執筆されていた。『おくのほそ道』も全く同様に音読されることを前提としてしている，リズミカルな音楽的散文なのである。
　芭蕉の推敲は，散文においても「舌頭(ぜっとう)に千転(せんてん)」することであった。

■ 発展問題

(1) 次の各作品の出発点と帰着点を確認し，『おくのほそ道』と比較してみよう。
    a　土佐日記
    b　更級日記
    c　東関紀行
    d　十六夜日記
    e　東海道中膝栗毛

(2) 芭蕉自筆本とされる中尾本の冒頭部分である。次の諸点について活字と比較しどのようなことが言えるか，考えてみよう。
    a　漢字について
    b　仮名について
    c　符号について

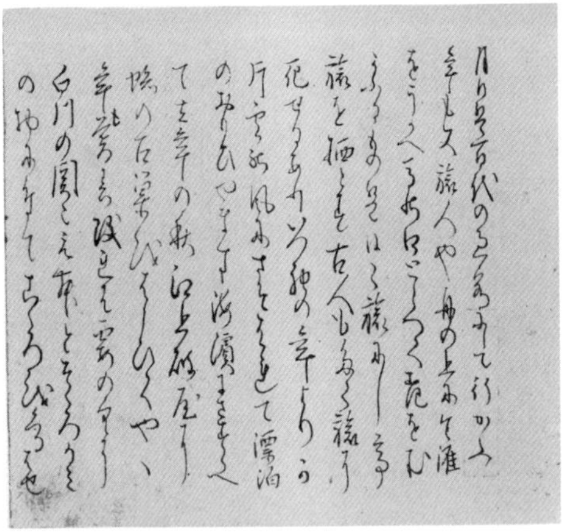

月日は百代の過客にして行かふ年も又旅人也舟の上に生涯をうかへ馬の口とらへて老をむかふるものは日々旅にして旅を栖とす古人も多く旅に死せるありいつれの年よりか片雲の風にさそはれて漂泊のおもひやます海浜にさすらへて去年の秋江上破屋に蜘の古巣をはらひてやゝ年も暮春立れは霞の空に白川の関こえむとそゝろかみの物に付てこゝろをくるはせ

図7.『奥の細道』

■ 参考文献

1) 彌吉光長『江戸時代の出版と人』(「彌吉光長著作集3」日外アソシエーツ，1980)
2) 長友千代治『近世の読書』(「日本書誌学学大系」青裳堂書店，1987)
3) 長友千代治『江戸時代の書物と読書』(東京堂出版，2001)
4) 中嶋　隆「板本時代の＜写本＞とは何か」(「國文學　解釈と教材の研究」42巻11号，1997)
5) 山本　和『紙の話』(木耳社，1977)
6) 堀　信夫「俳文集としての『おくのほそ道』」(「國文學　解釈と教材の研究」34巻6号，1989)
7) 目崎徳衛「紀氏・長明・阿の尼をめぐって―紀行文学の先蹤―」(同上)
8) 伊藤博之「古典と芭蕉―『おくのほそ道』をめぐって―」(「国文学　解釈と鑑賞」58巻5号，1993)
9) 山下一海「『おくのほそ道』―文芸と人生―」(同上)
10) 上野洋三「芭蕉自筆本「奥の細道」考」(「国文学　解釈と鑑賞」63巻5号，至文堂，1998)
11) 山下一海「旅の詩人芭蕉」(同上)
12) 麻生磯次訳注『現代語訳対照　奥の細道　他四編』(旺文社文庫，1970)
13) 萩原恭男校注『芭蕉おくのほそ道　付曽良旅日記　奥細道菅菰抄』(岩波文庫，1979)
14) 久富哲雄『おくのほそ道　全訳注』(講談社学術文庫，1980)
15) 堀切　実『おくのほそ道―永遠の文学空間―』(「NHK文化セミナー・江戸文芸を読む」日本放送出版協会，1996)
16) 堀切　実『俳道―芭蕉から芭蕉へ―』(富士見書房，1990)
17) 堀切　実編『「おくのほそ道」解釈事典―諸説一覧―』(東京堂出版，2003)
18) 尾形　仂『おくのほそ道評釈』(「日本古典評釈全注釈叢書」角川書店，2001)
19) 杉浦正一郎・宮本三郎・荻野清校注『芭蕉文集』(「日本古典文学大系」岩波書店，1959)
20) 白石悌三・上野洋三『芭蕉七部集』(「新日本古典文学大系」岩波書店，1990)
21) 上野洋三・櫻井武次郎編『芭蕉自筆　奥の細道』(岩波書店，1997)
22) 寿岳文章「かみ」(『國史大辭典3』吉川弘文館，1983)
23) 服部幸雄「そがもの」(『國史大辭典8』吉川弘文館，1987)
24) 服部幸雄「どうじょうじもの」(『國史大辭典10』吉川弘文館，1989)

第11章　二葉亭四迷著『新編　浮雲(うきぐも)』は言文一致か？

【言文一致体】

キーワード：言文一致体，言文一致運動，枕詞，商品としての作品，欧文脈，新しい書き言葉体　思弁癖，心理小説，三角関係，金銭関係

　二葉亭四迷(ふたばていしめい)（1864～1909）が『新編　浮雲』を書くことによって，言文一致体の生みの親となったのは明治20年（1887）6月から明治22年（1889）8月にかけてのことであった。

　明治21年（1888）には，杉浦重剛(すぎうらしげたけ)・三宅雪嶺(みやけせつれい)・志賀重昂(しがしげたか)・井上円了(いのうええんりょう)などの国粋主義者たちが思想団体「政教社(せいきょうしゃ)」を創立し，雑誌「日本人(にっぽんじん)」を創刊しているから，言文一致運動は国粋主義，ナショナリズムの高揚とほぼ時を同じくして産声を上げたことになる。

　明治22年（1889）2月11日には，『大日本帝国憲法(だいにっぽんていこくけんぽう)』が発布され，近代国家日本の骨格が明文化され，ナショナリズムは最高の盛り上がりを示していたのだ。

　夏目漱石(なつめそうせき)（1867～1911）が『吾輩(わがはい)は猫(ねこ)である』を書くことによって，言文一致体の育ての親となったのは，明治38年（1905）1月から明治39年（1906）年8月にかけてのことであった。

　当時，生まれて間もない近代国家日本は老大国ロシアと生死を懸けた血みどろの戦いを戦っていた。「泰平(たいへい)の逸民(いつみん)」の平和で呑気(のんき)な日常生活の叙述は，日(にち)露戦争（1904/2～1905/9）の真最中(まっさいちゅう)になされていたのである。このアイロニカルとでも称すべき対照は，漱石のしたたかな反戦主義の表れであったと評しうる。彼も，9章で述べた吉田兼好(よしだけんこう)と同様に，騒乱の世の中において，新しい文体を作り上げるために孤独な戦いをしていた。

　ところで，日本の勝利を決定的なものとした日本海海戦は明治39年の5月の

ことであったから，処女作の最終節を書き上げつつあった漱石の耳には，戦勝を祝う提灯行列の歓呼の響きが伝わっていたことであろう。

このように見てくると，言文一致体という文体がナショナリズムと密接な関係にあることが明瞭になる。やはり，ナショナリズムが新しい文体を生み出すと考えてよい。

1. なぜ，二葉亭四迷は『新編　浮雲』を「千早振る」と書き起こしたのか？

　　　　新編　浮雲　第一篇

　　　　　　　　　　　　　　　　　　　　　　春のや主人
　　　　　　第一回　アアラ怪しの人の挙動　　二葉亭四迷　　合作
千早振る神無月も最早跡二日の余波となった二十八日の午後三時頃に神田見附の内より塗渡る蟻，散る蜘蛛の子とうようよぞぞよ沸出でて来るのは孰れも頤を気にし給ふ方々，しかし熟々見て篤と点検すると是れにも種々様々あるもので……

近代日本文学の出発点となった『新編　浮雲』を二葉亭四迷は「千早振る」という古色蒼然たる枕詞により書き起こしている。「浮雲はしがき」において記しているように，「是はどうでも言文一途の事だ」と思い立って，文体革命の旗印を高く掲げたはずの二葉亭四迷の筆先から，真っ先に枕詞が出てくるのはなんともいえず不思議なことだ。

この不思議について，二葉亭四迷の研究者の一人，関良一は『新編　浮雲』第一篇の名目上の執筆者「坪内雄蔵」（坪内逍遙1859〜1935）の顔を立ててのものと推測している。逍遙の最近作『諷誡　京わらんべ』（明治19年3月）の第二回「割烹店の密談」の冒頭は次のようになっている。

千早振　神田橋のにぎにぎしきハ。官員退省の時刻とやなりけん。頭に黒羅紗の高帽子を戴き。右手に八字做す鬚を捻りて。頬に手車を急がしたまふハ。知らず何の省の鯰爵さまやら。……

「千早振」に始まり，官員の退省時の賑わいの描写にいたるところは，『新編

浮雲』の冒頭にそっくりである。逍遥は『新編　浮雲』の第一読者であり，二葉亭四迷の援助者でもあったから，関の推測は十分考えられるものではあるが，次の二つの点で納得できない。

第一点は，『諷誡　京わらんべ』の「はしがき」において，「春のや主人おぼろ」（坪内逍遥のペンネームの一つ）自身が「今にして之(これ)を見れハ十日の菊の歎(たん)なきをたもたず」と時代遅れの作品，古めかしい文体を自認していることである。

第二点は，「おべっか」や「ごますり」を死ぬほど嫌う「内海文三(うつみぶんぞう)」の生みの親である二葉亭四迷が，いくら恩顧を蒙っている先輩とは言え，逍遥に，見え見えのごますりに相当することを，ぬけぬけとやるだろうかという疑問である。おそらく二十三歳の青年二葉亭四迷には死んでも出来ぬことであったろう。

そういう訳(わけ)で，二葉亭四迷が「千早振る」と書き起こした理由は別に求めねばならない。

『二葉亭四迷―日本近代文学の成立―』（岩波新書，1970）において，小田切(おだぎり)秀雄(ひでお)は次のように述べている。

> 言いまわしの戯作的なところ—"千早振る神無月も最早跡二日の余波となった"，とか，"熟々見て篤と点検すると，是れにも種々……"，とか，"之を召す方様の鼻毛は延びて蜻蛉をも釣るべしといふ"，というたぐいの表現は，江戸時代いらいの小説文体としてこのころなお一般的だったもので，抹消的なところで読むものをおもしろがらせようとするこの手のやり方は，作者がこの作品で主人公たちをつき放し風刺をふくむ描き方をしてゆこうとしていることと必ずしもわかちがたい関係にあることではない。また，この作品がおこなっている文章上の革命と必然的な関係にあるものでもない。かえって，文章革命とはおよそ逆の，古い文体への妥協かまたは抜け切れぬ古さの側面だ。
>
> 　　　　　　（前掲書「Ⅳ『浮雲』のおもしろさと，問題と」）

小田切は「千早振る」などの表現を，「古い文体への妥協かまたは抜け切れぬ古さの側面」と断定しているのであるが，「言文一途の事だ」と思い立った

ばかりの二葉亭四迷が，果たして，開巻早々の冒頭の第一句において，いきなり「妥協」するだろうか。また，「古い側面」を読者の眼前に晒す愚を行うだろうか。疑問は，まだ解けない。

2. 作品としての『新編　浮雲』と商品としての『新編　浮雲』―出版資本との妥協―

前節の議論は，『新編　浮雲』を二葉亭四迷の作品と前提した場合の議論であるが，『新編　浮雲』は作品である前に，商品であった。そのことは，次に掲げる図版に明らかである。商品としての『新編　浮雲』の著者は「坪内雄蔵」なのである。

この処置は，全くの無名の新人二葉亭四迷を著者としては商品として成立しなかったことを意味する。坪内逍遥は『新編　浮雲』を世に出すために書肆「金港堂」と交渉する必要があった。

著作者名，「千早振る」などの戯作調は，書肆「金港堂」との交渉の結果と考えると納得できる。これらは『新編　浮雲』を世に出すための「妥協」の産物であったのだ。

著者名を偽る行為は，オーストラリア産の牛肉を和牛と称し，北朝鮮産のアサリを有明海産のアサリと偽るようなもので，今日的観点からすれば詐欺行為，犯罪行為と断罪すべきものではあるが，当時の出版界では許される行為であっ

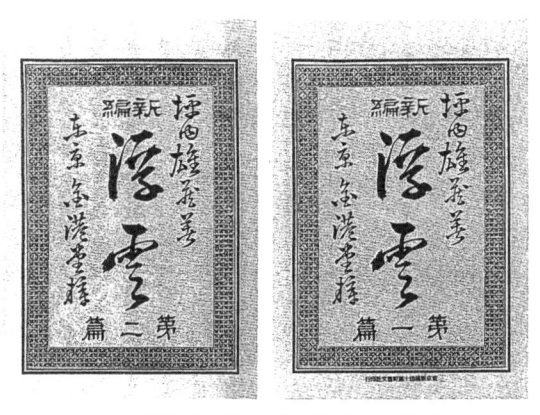

図7.『浮雲』第一篇・第二篇　表紙

たのであろう。

　儒教的倫理観の持ち主,「正直」をモットーとする青年長谷川辰之助は羊頭を懸げて狗肉を売るに等しい「妥協」案を涙を呑んで受け入れたに違いない。「千早振る」の枕詞は,長谷川辰之助が二葉亭四迷になるために呑んだ苦汁であった。二葉亭四迷は『新編　浮雲』の主人公「内海文三」が大人になる前に,資本主義社会の大人になっていたのである。私たちは,長谷川辰之助の下した苦しい決断,坪内逍遥の粘り強い交渉,金港堂の示した度量に感謝すべきなのであろう。これらによって,まがりなりにも,とにかく日本近代文学の出発点となる作品を手に入れることができたのであるから。

3. 枕詞の意味—言文一致体は言文一致ではない！—

　こういう訳で,冒頭の「千早振る」の解釈は複雑なものになってしまった。しかし,二葉亭四迷はこの「妥協」をマイナスとばかりには考えていなかったようだ。逆に,これを奇貨居くべしと考えたように思われる。

　冒頭の第一句に「千早振る」を置くことは,「言文一途」を鵜呑みにするなという警告をなすことを意味する。「言文一致体」は言文一致ではない。

　「言」は音声言語の姿であり,「文」は書記言語の姿である。伝達手段が異なれば当然その姿は別のものになる。一致するはずがないのである。

　「千早振る」の表現に戸惑いを覚え,あれこれ詮索することは「言文一致体」の真相に迫る第一歩となる。不思議なことなのだが,これまでの文学研究者は「千早振る」の意味に気付いていないようである。

・歯磨の函と肩を比べた赤間の硯（擬人法）　　　　　　第一篇第一回
・机の下に差入れたは縁の欠けた火入れ　これには摺附木の死体が
　横ツてゐる。（擬人法）　　　　　　　　　　　　　第一篇第一回
・ズングリ,ムックリとした生理学上の美人（誇張法）　第一篇第一回

　これら欧文脈のレトリカルな表現は,明治期の日本語の口頭言語のものとは到底考えられない。現在でも同様で,もしこれらを口にすれば,日本語としては自然さを失い,きわめてキザったらしいものになってしまう。書記言語であればこそ許される表現なのである。

3. 枕詞の意味—言文一致体は言文一致ではない！—

おそらく，二葉亭四迷も最初は「言文一途」は「文」を「言」に一致させることと考えて，新案特許とばかりはりきったことであろう。しかし，「千早振る」の苦汁を呑むことにより，「言」と「文」は一致するものではないのだなと気付かされたに違いない。そこで，「言」の太い軛（くびき），制約から解放されてしまった。「言」は「言」，「文」は「文」と認識したとき，表現は自由の翼を獲得するのである。

- 浪に漂ふ浮草のうかうかとして月日を重ねたが（序詞） 第一篇第二回
- 袖に露置くことはありながら（隠喩） 第一篇第二回
- 虚有縹緲（きょゆうひょうびょう）の中（なか）に漂（ただよ）ひ（四字熟語） 第一篇第二回
- 瓊葩繍葉（けいはしゅうよう）の間（四字熟語） 第一篇第二回
- 和気香風（わきこうふう）の中（うち）に（四字熟語） 第一篇第二回
- 清光素色（せいこうそしょく）（四字熟語） 第一篇第三回
- 亭々咬々（ていていこうこう）（四字熟語） 第一篇第三回
- 水に流れては金漱艶（きんれんえん）……玻璃（はり）に透（とほ）りては玉玲瓏（ぎょくれいろう）（対句） 第一篇第三回
- 涼風一陣（りょうふういちじん）　吹到（ふきいた）る毎（ごと）に…（漢文訓読体） 第一篇第三回
- 今一言（ひとこと）……今一言（ひとこと）の言葉の関を蹂えれば先は妹（いも）背山（せやま）（道行文） 第一篇第三回
- 蘆垣（あしがき）の間近き人を恋ひ初めてより昼は終日（ひめもす）夜は終夜（よもすがら）（清元風） 第一篇第三回
- 文三は拓落失路（たくらくしつろ）の人（四字熟語） 第二篇第七回
- 開巻第一章の第一行を反復読過（とっくわ）して見ても（四字熟語） 第二篇第七回
- 衣香襟影（いかうきんえい）は紛然雑然（ふんぜんざつぜん）として千態万状（せんたいばんじょう）（四字熟語） 第二篇第七回
- 嬉笑（きせう）にも相感じ　駑罵（どば）にも相感じ（対句） 第二篇第八回
- 歌人のいはゆる箒木（ははきぎ）で，ありとは見えて，どうも解らぬ（雅俗折衷） 第二篇第八回
- 利害得喪（りがいとくそう）（四字熟語） 第三篇第十三回
- 悶々（むしゃくしゃ）する／諍論（いひあ）ツて／徐々萎縮（そろそろいぢけ）だした／龍動（ロンドン）（当て字） 第三篇第十三回
- 圧制家（でぽっと）　利己論者（いごいすと）（外来語） 第三篇第十八回
- 聞くごとにお政はかつ驚き，かつ羨んで（対句） 第三篇第十八回
- 死灰（しかい）の再び燃えぬうちに（成句） 第三篇第十九回

・私欲と淫欲とが爍（れき）して出来（でか）した（和漢混淆）　　　第三篇第十九回

　もう好き勝手である。どこを押せば「言文一途」の音が出るのであろうか。どう考えても，これらが日常の話し言葉であったとは考えられない。『新編　浮雲』の「言文一途」の実態は以上のようなものなのである。
　言い換えると，二葉亭四迷が『新編　浮雲』で創出した文体，「言文一致体」とは言文一致のものではなく，「新しい書き言葉体」であったということになる。
　明治39年（1906），43歳になった二葉亭四迷は「余が言文一致の由来」という文章を発表している。その中で，彼は次のように述べている。

>　自分の規則が，国民語の資格を得てゐない漢語は使はない，たとへば，行儀作法（ぎゃうぎさはふ）といふ語は，もとは漢語であつたらうが，今は日本語だ，これはいい。しかし挙止閑雅（きょしかんが）といふ語は，まだ日本語の洗礼を受けてゐないから，これはいけない。磊落（らいらく）といふ語も，さつぱりしたといふ意味ならば，日本語だが，石がころがつてゐるといふ意味ならば日本語ではない。日本語にならぬ漢語は，すべて使はないといふのが自分の規則であつた。

　「国民語」とは，今日の言葉に言い換えると「全国共通語」ということになる。その「国民語」で書けば，確かに，日本全国で共通に理解することができ，平易な文体になるのは自明のことであるから，二葉亭四迷の立てた規則は立派な規則ということになる。ただし，問題は「国民語の資格を得てゐ」る，「得てゐ」ないの判定を誰がするのかというところにある。二葉亭四迷の教育は四書五経の素読という漢文教育から始められている。したがって，彼の漢語に関する知的水準は当時の国民のそれより遥か上にあった。
　虚有縹緲（きょうひやうびやう）／瓊葩繡葉（けいはしうえふ）／和気香風（くわきかうふう）／清光素色（せいくわうそしょく）／亭々皎々（ていていけうけう）／拓落失路（たくらくしつろ）／反復読過（はんぷくとつくわ）／衣香襟影（いかうきんえい）／紛然雑然（ふんぜんざつぜん）／千態万状（せんたいばんじゃう）／利害得喪（りがいとくさう）
　二葉亭四迷はこれらを「国民語」と判定して使用したのであるが，彼の常識は国民にとっては非常識であった。その結果，やさしいはずの言文一致体がやたら難しいものになってしまった。『新編　浮雲』は，失敗すべくして失敗した作品である。

全国民が日常生活で使用する「国民語」とは，明治20年代の始めにおいては，虚妄の概念に過ぎず実態がなかった。実態が無い「国民語」で二葉亭四迷は自らの作品，処女作を構築しようとした。『新編　浮雲』が未完に終わる失敗作であった理由の一つはここにある。

4. 思弁癖の内海文三と思弁癖の猫—二葉亭四迷と夏目漱石の共通点—

　明治41年（1908），45歳になった二葉亭四迷は「予が半生の懺悔」という文章を発表している。彼は，ここに「半生」と書いてはいるけれども，翌年の明治42年（1909）5月10日に，ロシアからの帰国の途中，インド洋ベンガル湾において享年46歳で逝去しているから，この文章は，最晩年のものと言ってよい。

> 兎に角，作の上の思想に，露文学の影響を受けた事は拒まれん。ベーリンスキーの批評文なども愛読してゐた時代だから，日本文明の裏面を描き出してやらうと云ふやうな意気込みもあつたので，あの作が，議論が土台になつてゐるのも，つまりそんな訳からである。文章は，上巻の方は，三馬，風来，全交，饗庭さんなぞがごちや混ぜになつてゐる。中巻は最早日本人を離れて，西洋文を取つて来た。つまり西洋文を輸入しようといふ考へからで，先づドストエフスキー，ガンチヤロフ等を学び，主にドストエフスキーの書方に傾いた。それから下巻になると，矢張り多少はそれ等の人々の影響もあるが，一番多く真似たのはガンチヤロフの文章であつた。

また，明治30年（1897）には「作家苦心談」を発表しているが，その冒頭部において，『浮雲』の文章実験について，次のように述べている。

> 一体『浮雲』の文章は殆ど人真似なので，先づ第一回は三馬と饗庭さん（竹の舎）のと，八文字屋ものを真似てかいたのですよ。第二回はドストエフスキーと，ガンチャロッフの筆意を模して見たのであって第三回は全くドストエフスキーを真似たのです。

「下巻／第三回」における影響関係が異なっているが，10年以上も昔のことなので，記憶が曖昧なものになってしまったのであろう。

ここで，注意して置きたいことは，いずれにせよ，『新編　浮雲』の影にドストエフスキーが確実に存在したということである。

　想の上に於ては露国の小説家中ドストイフスキー（Dostievsky）が一番好きであつた。どういう点で好きかといふと第一は無論あの人の心理解剖であるが，今一つはあの人の一種の宗教趣味であつた。

（「予の愛読書」明治39年（1906））

ところで，『罪と罰』の主人公，「ロジオン・ロマーヌイチ・ラスコーリニコフ」は23歳の元学生であり，『新編　浮雲』の主人公，「内海文三」も23歳の青年である。

ラスコーリニコフが金貸しの老婆殺しの下見をしたあと，地下の安酒場で最初に出逢った人物，セミョーン・マルメラードフは官制改革でリストラされた経験を有する安月給の「九等官」であり，一方，文三は物語冒頭において，太政官制から内閣制への変更に伴う官制改革の煽りを受けて官職を失うという運命を背負わされている。

なんのことはない，人物造型において，二葉亭四迷はドストエフスキーの影響を最初から受けていたのだ。

ラスコリーニコフに限らず，ドストエフスキーの作品に現れる人物の特徴は，強烈な思弁癖をもっているところにある。内海文三も思弁癖をもって，その性格上の特徴とする。

「イヤ妄想ぢや無いおれを思つてゐるに違いない」……ガ……そのまた思ツてゐるお勢が，そのまた死なば同穴と心に誓つた形の影が，そのまま共に感じ共に思慮し共に呼吸生息する身の片割が，従兄弟なり親友なり未来の……夫ともなる文三の鬱々として楽しまぬを余所に見て，行かぬと云ツても勧めもせず平気で澄まして不知顔でゐる而已か文三と意気が合はねばこそ自家も常居から嫌ひだと云ツてゐる昇如き者に伴はれて物見遊山に出懸けて行く……

「解らないナ，どうしても解らん」

解らぬままに文三が想像弁別の両刀を執ツて，種々にしてこの気懸りなお

4．思弁癖の内海文三と思弁癖の猫—二葉亭四迷と夏目漱石の共通点— 153

勢の冷淡を解剖して見るに，何か物があつて其中に籠つてゐるやうに思はれる，イヤ籠つてゐるに相違ない，が何だか地体は更に解らぬ，依てさらに又勇気を振起して唯此一点に注意を集め傍目も触らさず一心不乱に茲処を先途と解剖して見るが，　　　　　　　　　　（第二篇第八回）

あきれ果てたウジウジぶりである。当の「お勢」はこのような文三を，「何故アア不活発だろう」と簡単明瞭に突き放している。

　心理の上から観れバ，智愚の別なく人咸く面白みハ有る。
　　　　　　　　　　　　　　　　　　　　　（第三篇第十三回）

第三篇に至り，二葉亭四迷は日本近代文学の方法をはっきりと自覚したようだ。彼は，心理小説への道を開拓したのである。

二葉亭四迷が脂汗を流して開拓したものを，まっすぐに受けとったのは夏目漱石である。彼は，思弁癖のある猫を登場させている。『吾輩は猫である』の面白さは種々あるが，その最大のものは，猫の展開する思弁の猛烈さである。

今朝見た通りの餅が，今朝見た通りの色で椀の底に膠着して居る。白状するが餅といふものは今まで一辺も口に入れた事がない。見るとうまさうにもあるし，又少しは気味がわるくもある。前足で上にかかつて居る菜つ葉を掻き寄せる。爪を見ると餅の上皮が引き掛かつてねばねばする。嗅いで見ると釜の底の飯を御櫃へ移す様な香がする。食はうかな，やめ様かな，とあたりを見回す。幸か不幸か誰も居ない。御三は暮も春も同じ様な顔をして羽根をついて居る。小供は奥座敷で「何と仰やる御猿さん」を歌つて居る。食ふとすれば今だ。もし此機をはづすと来年迄は餅といふものの味を知らずに暮して仕舞はねばならぬ。吾輩は此刹那に猫ながら一の真理を感得した。「得難き機会は凡ての動物をして，好まざる事をも敢てせしむ」吾輩は実を云ふとそんなに雑煮を食ひ度はないのである。……此煩悶の際我輩は覚えず第二の真理に逢着した。「凡ての動物は直覚的に事物の適不適を予知す」真理は既に二つ迄発明したが餅がくつ付いて居るので毫も愉快を感じない。……第三の真理が驀地に現前する。「危きに臨めば平常な

し能はざる所のものを為し能ふ。之を天祐といふ」幸に天祐を享けたる吾輩が一生懸命餅の魔と戦つて居ると，何だか足音がして奥より人が来る様な気合である。ここで人に来られては大変だと思つて，愈(いよいよ)躍起となつて台所をかけ回る。足音は段々近付いてくる。ああ残念だが天祐が少し足りない。とうとう小供に見付けられた。　　　　　　　　　　　　　　（二）

　やむをえず，中略したが，中略するのが惜しまれた。この言葉の爆発は，文三が示した思弁の枠を遥かに踰えるものとなっている。夏目漱石は二葉亭四迷の頼もし過ぎるくらいの後継者である。

　　呑気(のんき)と見える人々も，心の底を叩いて見ると，どこか悲しい音がする。
　　　　　　　　　　　　　　　　　　　　　　　　　　（十一）

　「猫，恐るべし。」この名無しの猫は，心理分析の大家であった。この面でも，夏目漱石は二葉亭四迷の跡継ぎである。
　『新編　浮雲』の主要テーマは「お勢」「文三」「昇」の三角関係であり，「文三」の困窮という経済問題であった。職業作家となって以後の『虞美人草(ぐびじんそう)』に始まり，『明暗(めいあん)』で終わる夏目漱石の小説群のテーマは『道草(みちくさ)』を除くと全て，三角関係と金銭問題なのだ。
　夏目漱石は二葉亭四迷の遺産をまるまる受領している。
　名無しの猫ばかりではない。三四郎(さんしろう)（『三四郎』）も代助(だいすけ)（『それから』）も宗助(そうすけ)（『門』）も，そして津田（『明暗』）も，皆「内海文三」の後裔である。

■ 発展問題

(1) Aは「浮雲はしがき」，Bは第三篇第十三回の「前書き」である。a〜fの観点について比較してみよう。

A　薔薇(ばら)の花は頭に咲て活(かつ)人は絵となる世の中独り文章而已(のみ)は黴(かび)の生へた陳奮翰(ぶんかん)の四角張りたるに頬返しを附けかね又は舌足らずの物言を学びて口に涎(よだれ)を流すは拙し是はどうでも言文一途(げんぶんいつと)の事だと思立ては矢も楯もなく文明の風改良の熱一度に寄せ来るどさくさ紛れお先真闇(まぎ)三宝荒(さきまつくらさんぼうくわうじん)神さまと春のや先生を頼み奉り欠硯(かけすずり)に朧(おぼろ)の月の雫(しづく)を受けて墨摺流(すみすりなが)す空のきほひ夕立の雨の一しきりさらさらさつと書流せばアラ無情始末にゆかぬ浮雲めが艶(やさ)しき月の面影を思ひ懸なく閉籠(とぢこめ)て黒白(あやめ)も分かぬ烏夜玉(うばたま)のやみらみつちやな小説が出来しぞやと我ながら肝(きも)を潰(つぶ)して此書の巻端に序するものは
　　　　明治丁亥(ひのとゐ)初夏　　　　　　　　　　　　　　　二葉亭四迷

B　浮雲第三篇ハ都合に依ツて此雑誌へ載(の)せる事にしました。
　固と此小説ハつまらぬ事を種に作ツたものゆゑ，人物も事実も皆つまらぬもののみでせうが，それは作者も承知の事です。
　只々(ただ)作者はつまらぬ事にはつまらぬといふ面白味が有るやうに思はれたからそれで筆を執ツてみた計(はか)りです。

　　a　符号（句読点）
　　b　センテンスの長さ（平均字数）
　　c　形容詞の終止形・連体形
　　d　助詞（副助詞）
　　e　助動詞（打消しの助動詞・過去の助動詞・丁寧の助動詞）
　　f　レトリック（枕詞・序詞）

(2) 次の表現は『新編　浮雲』のものである。それぞれ，明治期の日本語の話し言葉と考えられるかどうか，判定しなさい。
　　a　アアラ怪(あや)しの人の挙動(ふるまひ)／風変りな恋の初峯入(はつみねいり)／言ふに言はれぬ胸の中(うち)
　　b　卯(う)の花くだし五月雨(さみだれ)のふるでもなくふらぬでもなく生殺しにされるだけに藻(も)に住む虫の我から苦んでいた
　　　　どうせ一度は捨小舟の寄る辺ない身にならうとも知れぬ
　　c　寒喧(かんけん)の挨拶／啀皆(がいさい)の怨(うらみ)／添睫(すいたい)の蛇(じや)／意馬(いば)の絆(たづな)／扇頭(せんとう)の微風／満眸(まんぼう)の秋色

d 抑揚頓挫／風格牟神／桜杏桃李／愉快適悦／閭巷猥瑣／新知故交／我慢勝他

　　e 損毛／啌然／須臾／流読／千悔／胸臆／幽妙／窮愁／醜穢／軽忽／隔晩／淫褻

(3) 『新編　浮雲』の文体は単一ではなく，種々の文体の混成である。第一篇，第二篇，第三篇の冒頭の回の地の文を調査し，文体の相違を指摘しなさい。

(4) 森鷗外の言文一致体の小説『半日』（明治42年，1907），『雁』（明治44年，1909）の中の表現である。話し言葉として不自然な表現を指摘しなさい。
　　a 主人は側に，夜着の襟に半分ほど，赤く円くふとつた顔を埋めて寝てゐる娘を見て，微笑んだ。夜中に夢を見て唱歌を歌つてゐたことを思ひ出したのである。
　　b 博士はその時妙な心持がしたのだ。
　　c 博士は此時こんな事を考へてゐる。
　　d 容貌は其持主を何人にも推薦する。
　　e きのふ「時間」の歯で咬まれた角が潰れ，「あきらめ」の水で洗はれて色の褪めた「悔しさ」が，再びはつきり輪郭，強い色彩をして，お玉の心の目に現はれた。
　　f あきらめは此女の最も多く経験してゐる心的作用で，かれの精神は此方角へなら，油をさした機関のやうに，滑かに働く習慣になつてゐる。
　　g 常に自分より大きい，強い物の迫害を避けなくてはゐられぬ虫は，mimicry を持つてゐる。女は嘘を衝く。

(5) a 友人との会話を3分間録音し，それを正確に文字化してみよう。
　　b 会話内容を簡潔にまとめて書いてみよう。（シナリオ風にする。）
　　c aとbとを比較して，どのような相違があるか，指摘してみよう。
　　d 言文一致体，口語体の意味について考えてみよう。

■ 参考文献

1) 関　良一「『浮雲』考」(「国語」昭和29年，東京教育大学，1954，『日本文学研究資料叢書　坪内逍遥・二葉亭四迷』有精堂，1983)
2) 関　良一「『浮雲』の発想—二葉亭論への批判—」(「日本文学」昭和36年6月，立教大学，1961，中村光夫編『明治文学全集　17　二葉亭四迷・嵯峨の屋おむろ集』筑摩書房，1971)
3) 関　良一「『浮雲』の成立」(『近代文学鑑賞講座』第一巻，角川書店，1967)
4) 関　良一「『浮雲』と啓蒙的小説観」(長谷川泉編『講座日本文学の争点』5—近代編，明治書院，1969)
5) 和田繁二郎「二葉亭四迷『浮雲』の構想」(「國語と國文学」1969)
6) 宮沢章夫編集解説『坪内逍遥』(坪内祐三編集『明治の文学』第4巻，筑摩書房，2002)
7) 畑　有三注『二葉亭四迷集』(「日本近代文学大系」第四，角川書店，1971)
8) 小田切秀雄『二葉亭四迷—日本近代文学の成立—』(岩波新書，1970)
9) 十川信介『二葉亭四迷論』(筑摩書房，初版1971，増補版1984)
10) 中村光夫『二葉亭四迷伝』(講談社，1966)
11) 青木稔弥・十川信介校注『坪内逍遥・二葉亭四迷集』(「新日本古典文学大系」明治編18，岩波書店，2002)
12) 桶谷秀昭『二葉亭四迷と明治日本』(文藝春秋，1986)
13) 『二葉亭四迷全集』第9巻 (岩波書店，1953)
14) 『二葉亭四迷全集』第15巻 (岩波書店，1954)
15) 竹盛天雄・安藤文人注解『吾輩は猫である』(「漱石全集」第一巻，岩波書店，1993)
16) 飯田晴巳『明治を生きる群像—近代日本語の成立—』(おうふう，2001)
17) 小池清治『日本語はいかにつくられたか？』(ちくま学芸文庫，1995)
18) 小池清治・鄭　譚毅「『言文一致運動』の展開に見る日本・中国の相違」(「宇都宮大学国際学部研究論集』第12号，2001)

第12章　夏目漱石はなぜレトリックにこだわったのか？

【三位一体の作品】

キーワード：Idea, Rhetoric, 和英混淆文, 漢英混淆文, 文学, 文芸, 三位一体の作品, 擬人法, 迂言法(ペリフラシス), 対義結合(オクシモロン)

1. Idea, Rhetoric 論争——漱石の野心——

　26歳の二葉亭四迷が23歳の内海文三をもてあまして、『新編　浮雲』を中途半端なままに、ほうり出してしまったのは明治22年（1889）8月のことであった。この年の12月31日の大晦日、あと一日で23歳になる、帝国大学生夏目漱石は松山で病気静養中の親友正岡子規に一通の見舞状を書く。その中で、漱石は彼の文学的野心を吐露し、早熟にも俳句や小説の創作に熱中している子規に忠告を与えている。

　　故に小生の考にては文壇に立て赤幟を万世に翻さんと欲せば首として思想を涵養せざるべからず　思想中に熟し腹に満ちたる上は直に筆を揮つて其思ふ所を叙し沛然驟雨の如く勃然大河の海に瀉ぐの勢なかるべからず文字の美　章句の法抔は次の次の其次に考ふべき事にて Idea itself の価値を増減スル程の事は無之様ニ被存候　御前も多分此点に御気がつかれ居るなるべれど去りとて御前の如く朝から晩まで書き続けにては此 Idea を養ふ余地なからんかと掛念仕る也　勿論書くのが楽なら無理によせと申訳にはあらねど毎日毎晩書て書き続けたりとて小供の手習と同じことにて此　original idea が草紙の内から霊現する訳にもあるまじ　此 Idea を得るの楽は手習にまさること万々なること小生の保証仕る処なり（余りあてにならねど）伏して願はくは（雑談にあらず）御前少しく手習をやめて余暇を以て読書に力を費し給へよ……併し此 Idea を得るより手習するが

1. Idea, Rhetoric 論争―漱石の野心―

面白しと御意遊ばさば夫迄なり一言の御答もなし　只一片の赤心を吐露して歳暮年始の礼に代る事しかり　穴賢

　御前此書を読み冷笑しながら「馬鹿な奴だ」と云はんかね兎角御前のcoldnessには恐入りやす

　　　十二月三十一日　　　　　　　　　　　　　　　　　　　漱石
　子規　御前

　青年漱石は「文壇に立ち赤幟を万世に翻さん」の野心を抱いていたようだ。この野心を実現するためには，「思想を涵養」し，「original idea」を得るのが第一だと述べ，実作に熱中している子規の若書きぶりに苦言を呈している。

　これに対して子規も負けずに反駁文を奏したようであるが，残念ながら伝存していない。恐らく，子規は，漱石が軽視した「文字の美　章句の法」，一言で言えばレトリックの重要性を述べ立てたのであろう。漱石は，早速翌年一月に「文章論」を書き上げ，子規に送付している。

　僕一己ノ文章ノ定義ハ下ノ如シ
　文章 is an idea which is expressed by means of words on paper
　故ニ小生ノ考ニテハ Idea ガ文章ノ Essence ニテ words ヲ arange スル方ハ Element ニハ相違ナケレド Essence ナル Idea 程大切ナラズ……
　Best 文章 is the best idea which is expressed in the best way by means of words on paper　（中略）
　去リ乍ラ Rhetoric ヲ廃セヨト云フニ非ズ Essence ヲ先ニシテ form ヲ後ニスベク Idea ヲ先ニシテ Rhetoric ヲ後ニセヨト云フナリ（時ノ先後ニアラズ軽重スル所アルベシト云フ意ナリ）（中略）
　是ヨリ mathematically ニ Idea ト Rhetoric ノ Combination ヨリ如何ナル文章ガ出来ルカ御目ニ懸ケン

　1　case　Idea　　= best
　　　　　　Rhetoric = 0　　　make up no 文章
　　　唖抔ハ best Idea ガアルトモ Rhetoric ナキ為メ any speech ガ出来ヌ如シ但シコレハ文章ノ例ニアラズ

```
2  case  Idea    = 0
         Rhetoric = best   no 文章   imaginary case
3  case  Idea    = best
         R       = best   best 文章
4  case  Idea    = bad
         R       = bad    bad 文章
5  case  Idea    = best
         R       = bad    Ordinary 文章
6  case  Idea    = bad
         R       = best   bad 文章
```

(下略)

　明治時代の帝国大学文科大学英文学科の学生が書く手紙とはこういうものかと恐れ入る。これは和英混淆文と称すべき文体ではないか。単語レベルにとどまらず，文法レベルまで英文化している。

　これに比べれば，MR.Children（俗称ミスチル）の「虹の彼方へ」の歌詞「この胸の Raindrops」「ゆずれない My soul」や「Walkin on the rainbow」「The future in my eyes wishes come true」などは，単語レベル，文レベルのはめ込み型借用で，可愛らしいものだ。

　ところで，漱石は繰り返し文章における Idea の重要性を述べ，Rhetoric に対する優位性を述べ立てているが，幸いなことに，漱石のレポートに対する子規の反論は残っている。明治23年（1890）1月18日付，夏目金之助宛書簡がそれである。子規は和英混淆文に対抗して，読めるかと言わんばかりに，猛烈な漢英混淆文で反駁文を認めている。

　Rhetoric 軽　而　Idea 重乎，突如而来　未有無 Rhetoric 之文章也　冒頭足下　謂　Idea good　而　Rhetoric bad　則不過　good idea　為　bad rhetoric 幾分所変也，引用他書翰来甚称書牘体，而何不謂　Good idea expressed by bad rhetoric　与　Bad idea expressed by good rhetoric　其価値略相等耶，詰得痛快若由正当論理学的法則論之，両者未可比較也，詰難

1. Idea, Rhetoric 論争—漱石の野心—

無復余蘊，況於文学尤重　Rhetoric 乎（下略）

　子規は冒頭，レトリック不在の文章などは存在しないと反駁する。さらに，漱石の論理的不備を突いて快哉を叫んでいる。

　この論争の決着は興味深い。奇妙なことに，その後の文筆活動において，二人は論敵の主張したことを，我がものとして実践しているのである。すなわち，Rhetoric を重視した子規はこのあと，Rhetoric を抑えて「写生」という方向へ向かい，一方，Rhetoric を軽視した漱石は，「漱石のレトリック癖」と評されるほどに，Rhetoric を重視するようになってしまうのである。

　残念なことに漱石が作家となる直前の明治37年（1905），正岡子規は享年37歳で他界してしまっているので，感想を聞くことは不可能なのだが，もし存命であったなら，「金やん，あんな事言ってらぁ。昔，吾輩が口酸っぽうして言うとったことじゃろがなもし。」と呟いたかも知れない。

　漱石の文筆活動については次節以降に述べることにし，ここでは子規について略述する。

　　若鮎の二手になりて上りけり
　　赤蜻蛉筑波に雲もなかりけり
　　鶏頭の十四五本もありぬべし
　　柿くへば鐘が鳴るなり法隆寺
　　いくたびも雪の深さを尋ねけり

　　くれなゐの二尺伸びたる薔薇の芽の針やはらかに春雨のふる
　　瓶にさす藤の花ぶさみじかければたたみの上にとどかざりけり
　　わが病める枕辺近く咲く梅に鶯なかばうれしけんかも
　　病みこもるガラスの窓の窓の外の物干竿に鴉なく見ゆ
　　うらうらと春日さしこむ竹籠の二尺の空に雲雀鳴くなり

　全て，見たまま，思ったとおりの素直な表現で，どこにもレトリックの気取りがない。いわゆる「写生」の俳句，「写生」の短歌である。ここには，レトリックの重要性を黒煙りをあげて説いた若き日の子規の面影はない。

2.「文学」から「文芸」へ—漱石の転向，漱石の覚悟—

夏目漱石は，帝国大学文科大学で明治36年（1903）9月から38年（1905）年6月まで，英文学の作品講読と並行して行った講義「英文学概説」をもとにして『文学論』（明治40年，1907）を刊行している。

この著は，多年に亘る「文学」研究の成果なのであるが，漱石はその内容に満足していなかったようである。大正3年（1914）11月25日に，学習院における講演「私の個人主義」において，彼は次のように述べている。

> 私の著した文学論はその記念といふよりも寧ろ失敗の亡骸（なきがら）です。然も畸形児の亡骸です。或（あるひ）は立派に建設されないうちに地震で倒された未成市街の廃墟のやうなものです。

文学研究を志した漱石は，まず「英文学に欺かれたるが如き不安」（『文学論』序）を覚え，読破を試みた「一切の文学書を行李の底に収め」（同前），心理的に，文学の必要，発達，頽廃の様を極め，また社会的に，文学の興隆，衰滅の相を究めんと誓ったが，この野望は果たせなかったようだ。

こういう血で血を洗うような苦闘の後，彼は「自己本位」という悟りの境地に達する。いわゆる「文学」を卒業してしまったのである。では，「文学」を卒業した漱石はどこに行ったのであろうか。

「私の個人主義」における用語を検討してみる。

・私は大学で英文学といふ専門をやりました。
・英文学はしばらく措いて第一文学とは何ういふものだか，是では到底解る筈がありません。
・遂に文学は解らずじまひだつたのです。
・此時私は初めて文学とは何んなものであるか，その概念を根本的に自力で作り上げるより外に，私を救ふ途はないのだと悟つたのです。
・然し私は英文学を専攻する。
・文学と科学
・私はそれから文芸に対する自己の立脚地を堅めるため，堅めるといふより新しく建設する為に，文芸とは全く縁のない書物を読み始めました。

漱石の用語は，「英文学」「文学」から「文芸」へと変化している。この変化は「自己本位」の悟りとともに現れており，「文学」とは異質な概念を表そう

2.「文学」から「文芸」へ—漱石の転向，漱石の覚悟—

としたものであろう。「文学」を卒業した漱石は，どうやら「文芸」の世界に活路を見出だしたようであるが，講演という性質上，詳しい説明はなく，はっきりとした結論を出す事ができない。

「文学」という用語から「文芸」へ転じたこと，及びその意味を理解するためには，漱石が職業作家として飛び立つ直前に行った，次の講演を吟味するほかなさそうである。

「文芸の哲学的基礎」は明治40年（1907）4月，東京美術学校でなされた講演速記に基づくもので，「東京朝日新聞」に明治40年5月4日から6月4日（休載日は，5月8，10，14，15日）まで，27回にわたって発表されたものである。その第21回から第24回の4回は「技巧論」と小見出しが付けられている。この「技巧論」において，漱石は文芸におけるレトリックの重要性を論じている。

> 茲に二つの文章があります。最初は沙翁の句で，次のはデフォーと云ふ男の句であります。之を比較すると技巧と内容の区別が自ら判然するだらうと思ひます。
> ・Uneasy lies the head that wears a crown.
> ・Kings have freqently lamented the miserable consecqenes of being born to great things, and wished they had been placed in the middle of the two extremes, between the mean and the great.
> 大体の意味は説明する必要もない迄に明瞭であります。即ち冠を戴く頭は安きひまなしと云ふのが沙翁の句で，高貴の身に生れたる不幸を悲しんで，両極の中，上下の間に世を送りたく思ふは帝王の習ひなりと云ふのがデフォーの句であります。　　　　　　　　　　　　　　　（第21回）

漱石は，シェイクスピアの『ヘンリー四世』中の表現とダニエル＝デフォーの内容的には近似する散文を例示し，これらを丁寧に読み解き，比較検討して次のように結論付けている。

> して見ると沙翁の句は一方に於て時間を煎じ詰め，一方では空間を煎じつめて，さうして鮮やかに長時間と広空間とを見せてくれて居ります。

恰も肉眼で遠景を見ると漠然として居るが，一たび双眼鏡をかけると大きな厖大なものが奇麗に縮まつて眸裡に印する様なものであります。さうして此双眼鏡の度を合はして呉れるのが即ち沙翁なのであります。是が沙翁の句を読んで詩的だと感ずる所以であります。

所がデフォーの文章を読んで見ると丸で違つて居ります。此男のかき方は長いものは長いなり，短いものは短いなりに書き放して毫も煎じ詰めた所がありません。遠景を見るのに肉眼で見て居ます。度を合はせぬのみか，双眼鏡を用ひ様ともしません。まあ知慧のない叙法と云つてよいでせう。

（中略）

是で二家の文章の批評は了ります。此批評によつて，我々の得た結論は何であるかと云ふと，文芸に在つては技巧は大切なものであると云ふ事であります。
　　　　　　　　　　　　　　　　　　　　　　　　　　　（第23回）

　夏目漱石は，「文学」という抽象概念の世界で，のたうち回ることをすっぱりやめてしまい，物を書く「文芸」という実世界で生きる事に覚悟を決めたと考えてよい。
　「文芸」とは「文」の「芸」で，表現の技のことである。作家は「文」の「芸」を職業とする。とすれば，作家のやるべきことの第一はレトリックに磨きを掛けることである。作家としての漱石がレトリックにこだわるのは当然のことであった。
　顧みると，この道は若くして死んでしまった親友正岡子規が夙に指し示してくれていた道なのであった。ここに回帰するまで，漱石は約18年を要したことになる。
　この間，彼は，西洋文学，心理学，社会学を始めとする多くの書物に接していたから，十分に「思想を涵養」し，「original idea」をも得ていた。そういうわけで，この18年間は，「道草」のように見えて，「道草」ではなかったのだ。
　38歳で小説を書き始めるということは，24歳で『新編　浮雲』を書き始めた二葉亭四迷に比較すると，かなり遅れをとったことになるが，この遅れは決して無駄ではなかった。
　夏目漱石は，「文芸の哲学的基礎」において，「ことばの職人」のシェークス

ピアの向こうを張って,「文の芸人」の漱石として生きる決意表明を行ったということである。

3.『虞美人草』の擬人法の意味—三位一体の作品—

漱石は,前節で紹介した「文芸の哲学的基礎」を朝日新聞に連載する傍ら,明治40年（1907）5月28日付の「朝日新聞」の「小説予告 虞美人草」において次のように記す。彼は「文芸の哲学的基礎」固めが済むや否や,踵を接するが如くに職業作家としての処女作執筆に向かっていたのである。

> 昨夜は豊隆子と森川町を散歩して草花を二鉢買つた。植木屋に何と云ふ花かと聞いて見たら虞美人草だと云ふ。折柄小説の題に窮して,予告の時期に後れるのが気の毒に思つて居つたので,好加減ながら,つい花の名を拝借して巻頭に冠らすことにした。純白と,深紅と濃き紫のかたまりが逝く春の宵の灯影に,幾重の花瓣を皺苦茶に畳んで,乱れながらに,鋸を欺く粗き葉の尽くる頭に,重きに過ぎる朶々の冠を擡ぐる風情は,艶とは云へ,一種,妖冶な感じがある。余の小説が此花と同じ趣を具ふるかは,作り上げて見なければ余と雖も判じがたい。
>
> 社では予告が必要だと云ふ。予告には題が必要である。題には虞美人草が必要でないかも知れぬが,一寸重宝であつた。聊か虞美人草の由来を述べて,虞美人草の製作に取りかかる。
>
> 五月二十八日

漱石は偶然,虞美人草を手に入れた。虞美人草とは別名,ヒナゲシ・ポピーのことである。与謝野晶子に,「ああ皐月 仏蘭西の野は 火の色す 君も雛罌粟 われも雛罌粟」（『夏より秋へ』大正3年,1914）という短歌があるが,この「雛罌粟」も虞美人草のことで,花言葉は「純愛」である。

ところで,植木屋が「ヒナゲシ」とか,「ポピー」とか「雛罌粟」とかと応えたとしたら,漱石の職業作家としての処女作は全く違ったものになっていたことであろう。

「虞美人草」という言葉は,漱石に三つのものを与えた。その一つは,言うまでもなく,作品のタイトルである。

二つ目はモチーフである。虞美人とは，楚の項羽の寵姫のこと。項羽は劉邦軍により垓下に囲まれた時，最後の宴において，「力山を抜き，気は世を蓋う。時利あらず……，虞や虞や汝をいかんせん」と歌い，嘆じたと伝えられている。死を覚悟して出陣した項羽の後を追うようにして，虞美人は自刃し，流れ出た血が滲んだ大地から咲き出た花が虞美人草であった。『虞美人草』のモチーフは，「女は純愛を守るために自裁するものだ」ということである。だから，『虞美人草』のヒロイン「藤尾」の運命は，漱石が散歩の途中で，植木屋から虞美人草を買い求めた時に定まっていたのだ。

　なお，作中に「クレオパトラ」が頻出する。クレオパトラも愛を守るために自決した女性であることは言うまでもないことだろう。この作品において，作家は，三人の女性の死を含ませていたのである。

　三つ目は主要レトリックである。虞美人草は，虞美人という人間と草という植物が一体となって出来た言葉である。これをレトリックに「翻訳」すると，擬人法ということになる。その結果，『虞美人草』には，これでもかというほどに擬人法が頻出するということになるのである。

　タイトルとモチーフと主要レトリックとが密接に関連する作品を「三位一体の作品」という時，この型の作品は，『虞美人草』において出現したということが出来る。漱石は文芸作品として処女作を世に送り出したのである。

　寄席の大喜利などで行われる話芸の一つに「三題噺」というものがある。客から任意に三つの題を出させ，即座に一つの噺を纏め上げ，落ちを付けて一席の落語とするものである。「三題噺」は「話芸」であるが，漱石は「文芸」として三位一体の作品を提示し，技の冴えと同時に「文芸」の在り方を世に示したかったのではなかろうか。

　三位一体の作品は『それから』（明治42年，1909），『門』（明治43年，1910），『道草』（大正4年，1915）と続き，『明暗』（大正5年，1916）まで書き継がれている。

　ところで，この作品で「虞美人草」という言葉が使用されている部分を確認しておく。

　…春に誇るものは悉く亡ぶ。我の女は虚栄の毒を仰いで斃れた。花に相手

3. 『虞美人草』の擬人法の意味—三位一体の作品—

を失つた風は，徒らに亡き人の部屋に薫り初める。

　藤尾は北を枕に寐る。薄く掛けた友禅の小夜着には片輪車を浮世しからぬ格好に，染め抜いた。上には半分程色づいた蔦が一面に這ひかかる。淋しき模様である。……

（中略）

逆さに立てたのは二枚折の銀屛である。一面に冴へ返る月の色の方六尺のなかに，会釈もなく，緑青を使つて，柔婉なる茎を乱るる許に描た。不規則にぎざぎざを畳む鋸葉を描いた。……落つるも銀の中と思はせる程に描いた。花は虞美人草である。落款は抱一である。…

（十九の一　第125回）

　ヒロイン藤尾の死の枕辺を飾る逆さ屛風の絵柄の一つとして「虞美人草」は登場する。この作品は127回の連載で終了しているので，最終回の2回ほど前に，そそくさと登場させていることになる。「虞美人草」の使用は，ここでの1回だけである。これで，作品全体を『虞美人草』とするのは無理であろう。『虞美人草』をタイトルとするためには，もう少し理由が必要だ。

　漱石は，先にも述べたごとく，この作品を擬人法で満ちあふれさせている。
① 恐ろしい頑固な山だなあ。　　　　　　　　　　　　　　　　（一）
② 行く人を両手に遮ぎる杉の根は…　　　　　　　　　　　　　（一）
③ 黒い靴足袋が三分一裏返しに丸く蹲踞て居る。……練歯粉と白楊子が挨拶してゐる。　　　　　　　　　　　　　　　　　　　　　　　　（三）
④ 長芋の白茶に寝転んでゐる傍に，一片の玉子焼が黄色く圧し潰され様として，苦し紛れに首丈飯の境に突き込んでゐる。　　　　　　　　　（三）
⑤ 愛嬌が示談の上，不安に借家を譲り渡した迄である。　　　　（四）
⑥ 過去は死んで居る。　　　　　　　　　　　　　　　　　　　（八）
⑦ 自然は対照を好む。　　　　　　　　　　　　　　　　　　（十二）

　④は，駅弁の描写である。滑稽といってよい。作者の真面目さを疑わしめる恐れのある表現で，真意を測りかねるものだ。そういう危険を冒してまで漱石は擬人法を酷使しているのだ。

　これも，おどろくに価することなのだが，直前に刊行された『文学論』にお

いて，なんと彼は，擬人法は嫌いだと書いている。
　第四編「投出語法」(Projective language)
　　a　例　雲足早し。木の葉の私語（ささやき）。引出しの手。縫針（ぬいばり）の目。鐘の舌。
　　b　元来余は所謂（いわゆる）抽象的事物の擬人法に接する度毎（たびごと）に，其（その）多くの場合が態（わざ）とらしく気取りたるに頗（すこぶ）る不快を感じ，延（ひ）いては此（この）語法を総じて厭（いと）ふべきものと断定するに至れり。

⑤⑥⑦は「所謂（いわゆる）抽象的事物の擬人法」である。「厭ふべきものと断定」したにもかかわらず，漱石はかくのごとく多用する。その理由は，ただ一つ，タイトルが『虞美人草』だからと考えるほかない。もしこれが，別名の「ヒナゲシ」「ポピー」「雛罌粟（コクリコ）」ででもあったとするならば，嫌いな擬人法を多用することはなかったろう。ここに漱石の三位一体へのこだわりを見ることがでる。漱石を突き動かすものは物ではない。言葉なのである。

　さて，モチーフについても吟味しておく。
　先の引用であきらかなように，女主人公藤尾は「虚栄の毒を仰（あお）いで斃（たお）れ」ている。この死は，愛を貫くためのものと解釈できる。ここに，「虞美人」の人生が反映されている。
　また，「藤尾」は生前，愛する「小野君」に英語を学んでいる。その際のテキストは，なんとシェークスピアの『クレオパトラ』なのだ。この作品には，かのクレオパトラが登場する。「虞美人草」はたったの1回だけだったが，「クレオパトラ」は19回も使用されている。

　　「この女は羅馬（ローマ）へ行く積（つもり）なんでせうか」
　　女は腑に落ちぬ不快の面持（おもも）ちで男の顔を見た。
　　小野さんは「クレオパトラ」の行為に対して責任を持たねばならぬ。
　　「行きはしませんよ。行きはしませんよ」と縁もない女王を弁護した様（よう）な事を云（い）ふ。
　　　　　　　　　　　　　　　　　　　　　　　　　　　　　　（二）

クレオパトラも辱（はずか）しめを避け，愛を守るために，自ら死を選んだ女性であった。
　「虞美人草」は，主要レトリックとして擬人法を導き出し，クレオパトラを登場させ，ヒロイン藤尾が愛のために死ぬという運命を決定付けてしまった。

天与の「虞美人草」に漱石はみごとな意味付けをしている。『虞美人草』はいうまでもなく，職業作家夏目漱石のデヴュー作なのである。最初の第一作から，彼は，タイトル・モチーフ・主要レトリックの三位一体の技法を高く掲げていた。

4. 『明暗』（大正5年，1916）の対義結合（オクシロモン）—水村美苗（みずむらみなえ）『続　明暗』について—

夏目漱石は大正5年5月16日から，最後の作品となる『明暗』を朝日新聞に掲載し始めるが，同年11月22日，第188回を執筆中，再発していた胃潰瘍の苦痛に耐え兼ね，遂に執筆を断念している。

もっとも，中断されたとは言え，この作品が三位一体の作品であることを思えば，モチーフは十分に推測しうる。

物事にはすべて「明暗」，二つの側面があるのだ。女心もそうである。清子（きよこ）の心変りもこの観点からとらえるべきものであり，むしろ，しつこく「心変り」を責める津田由雄（つだよしお）ののほうが精神的には幼く，問題があるのだというものであったろう。

作者は清子に，はっきりとこうも言わせている。

>「心理作用なんて六（む）づかしいものは私には解（わか）らないわ。ただ，昨夕（ゆふべ）はああで，今朝（けさ）は斯（か）うなの。それ丈（だけ）よ」　　　　　　（百八十七）

ところで，女心の移ろいやすさを責めるというモチーフはすでに『坊（ぼ）つちやん』（明治39年，1906）に現れている。

>食ひたい団子の食へないのは情ない。然し自分の許婚（いひなづけ）が他人に心を移したのは，猶情（なほ）ないだらう。うらなり君の事を思ふと，団子は愚か，三日位（ぐらゐ）断食しても不平はこぼせない訳だ。本当に人間程宛（あて）にならないものはない。あの顔を見ると，どうしたつて，そんな不人情な事をしさうには思へないんだが——うつくしい人が不人情で，冬瓜（とうがん）の水膨（みづぶく）れの様な古賀さんが善良な君子なのだから，油断が出来ない。　　　　　　　　　　　　　（七）

「バッタ事件」で田舎の中学生にからかわれた23歳の「坊つちゃん」は，次のように息巻いてもいる。

困つたつて負けるものか。正直だから，どうしていいか分らないんだ。世の中に正　直が勝たないで，外に勝つものがあるか，考へて見ろ。今夜中に勝てなければ，あした勝つ。あした勝てなければ，あさつて勝つ。あさつて勝てなければ，下宿から弁当を取り寄せて勝つ迄ここに居る。（四）

「坊つちやん」も，二葉亭四迷がこの世に送った世間知らずの23歳の「内海文三」の末裔であった。津田由雄は，この「坊つちやん」から精神的には少しも成長していない。

万物は流転し，人は時間ととも変化する。ある一定の時点にとどまることをしない。この自明の真理を理解せずに，人を責めるのは無理無体の技である。

『坊つちやん』を執筆した漱石は39歳であった。作者自身はこの子供っぽさから脱却した地平に立っていた。

　　二個の者が same space ヲ　ocupy スル訳には行かぬ。甲が乙を追ひ払ふか，乙が甲をはき除けるか二法あるのみぢや。甲でも乙でも構はぬ強い方が勝つのぢや。理も非も入らぬ。えらい方が勝つのぢや。上品も下品も入らぬ図々敷方が勝つのぢや。賢も不肖も入らぬ。人を馬鹿にする方が勝つのぢや。礼も無礼も入らぬ。鉄面皮なのが勝つのぢや。　　（中略）
　　——夫だから善人は必ず負ける。君子は必ず負ける。徳義心のあるものは必ず負ける。醜を忌み悪を避ける者は必ず負ける。礼儀作法，人倫五常を重んずるものは必ず負ける。勝つと勝たぬとは善悪，邪正，当否の問題ではない——power である——will である。　　（明治38，39年　断片33）

こういう酷薄な資本主義社会の論理を悟らなかった26歳の二葉亭四迷は『新編　浮雲』をほうり出さざるをえなかった。悟りを開いた夏目漱石は，『坊つちやん』を書き上げ，『明暗』を執筆した。

夏目漱石は，渾身の力を込めて，一生懸命「負けよう」としている。決して「勝とう」とはしない。

二葉亭四迷も夏目漱石も，「仁・義・礼智・信」の五常をよしとし，それらを全うする生き方を美しいと信じていたのだ。「文学」はこういう古風な若者たちによって，「近代文学」となった。だから，近代文学は若者のもの，青年

4.『明暗』（大正5年，1916）の対義結合—水村美苗『続　明暗』について—

のものとして存在したのである。

　ところで，『明暗』は「明」と「暗」という対義語が結合して出来上がった熟語である。これをレトリックに「翻訳」すると，対義結合(オクシモロン)ということになる。だから，漱石はこの作品の全身を対義結合で飾り立てているのである。

1　好んで斯ういふ場所へ出入したがる彼女に取つて，別に珍らしくもない此感じは，彼女に取つて，永久に新らしい感じであつた。だから又永久に珍らしい感じであるとも云へた。　　　　　　（四十五）

2　彼女はたゞ不明瞭な材料をもつてゐた。さうして比較的明瞭な断案に到着してゐた。　　　　　　　　　　　　　　　　（五十六）

3　今朝見たと何の変りもない室の中を，彼女は今朝と違つた眼で見回した。　　　　　　　　　　　　　　　　　　　　（五十七）

4　反逆者の清子は，忠実なお延より此点に於て仕合せであつた。
　　　　　　　　　　　　　　　　　　　　　　　　（百八十三）

5　此逼らない人が，何うしてあんなに蒼くなつたのだらう。
　　　　　　　　　　　　　　　　　　　　　　　　（百八十四）

6　表で認めて裏で首肯はなかつた津田の清子に対する心持は，何かの形式で外部へ発現するのが当然であつた。　　　　（百八十五）

7　「たゞ昨夕はあゝで，今朝は斯うなの。それ丈よ」　（百八十七）

8　眼で逃げられた津田は，口で追掛けなければならなかつた。
　　　　　　　　　　　　　　　　　　　　　　　　（百八十八）

　水村美苗は『明暗』の中断を惜しんで，『続　明暗』（第189回〜第288回，1988〜1990）を書き継ぎ，この作品を津田由雄の物語から津田延子の物語へ変身させて完了させている。興味深い作品であり，作者の精進ぶりが強く印象づけられる作品なのであるが，文体の面で難がある。漱石は前述したように，この作品を対義結合で満ちあふれさせているのであるが，水村はそのようには書いていない。対義結合が皆無というわけではないが，あきれるほど少ないのだ。パスティーシュに成功しかけているのに肝心のところで失敗している。惜しまれることだ。

- 互いに結婚で縛られた二人は互いの結婚で解き放たれ…（二百三十八）
- 自然はお延を殺そうとして憚らない代りに，お延を生かしても一向に平気であった。　　　　　　　　　　　　　　　　（二百八十八）

『続　明暗』に現れる対義結合は，このくらいである。どうやら，水村は，内容を重視するIdeaの人，「文学」の人であり，文体に命をかけるRhetoricの人，「文芸」の人ではなかったようだ。

■ 発展問題

(1) 明治22年12月31日付の漱石より子規宛の書簡において，漱石は子規に対して，具体的にどうせよと言っているか。

(2) 明治23年1月，漱石が書いた「文章論」における「文章」の定義と，他の人が下した文章の定義とを比較し，漱石の特徴について考えてみよう。

 a　夏目漱石の定義（「文章論」1889）
  文章 is an idea which is expressed by means of words on paper.
 b　時枝誠記の定義（『国語学大辞典』東京堂出版，1980）
  それ自身完結した統一ある言語表現。
 c　遠藤好英の定義（『国語学研究事典』明治書院，1977）
  それ自身完結した統一ある具体的表現の全体として，前後に文脈を持たない文章は，その内容について展開の相を示す。
 d　小出美河子の定義（『日本語学キーワード事典』朝倉書店，1997）
  語・文の上位にあり，作品の下位にある言語表現の単位。
 e　永野賢の定義（[「文章論の構想」『学校文法　文章論』朝倉書店，1959）
  文章は文の累積したものである。（中略）時間的・線条的な累和・連続として成立する流れである。（中略）全体として，意味の連絡，すじの統一がなければならない。
 f　森田良行（「文章論と文章法」「国語学」32輯，1958）
  文章は思考の表現であり，思考は流動展開を本質とするゆえ，文章は個々の表現の連接として形成され把握される。

(3) 本書における文体の定義と他の人の定義を比較して，気付いた点を述べなさい。

a　本書における文体の定義
　　　　文体とは，メッセージの効率的伝達を考えて採用される，視覚的文体素（文字・表記）と意味的文体素（用語・表現）とによる言語作品の装い，または，装い方をいいます。
　　　b　市川孝の定義（『国語学大辞典』）
　　　　言語表現の様相にもとづく特殊性。普通，書きことばについていう。文章表現のスタイル（style）。
　　　c　遠藤好英の定義（『国語学研究事典』）
　　　　広い意味での言語表現の特徴を文体という。言語表現の事実に基づいてその特徴を類型的に，あるいは個別的に捕らえたものである。
　　　d　中村明の定義（『日本語の文体』岩波セミナーブックス47，1993）
　　　　文体とは，表現主体によって開かれた文章が，受容主体の参加によって展開する過程で，異質性としての印象・効果をはたす時に，その動力となった作品形成上の言語的な性格の統合である。
（4）漱石の『三四郎』と鷗外の『青年』の文体の相違について調べてみよう。

■ 参考文献

1) 大岡　信編『子規と漱石』（「子規選集」9，増進会出版社，2002）
2)「特集　子規の転機」12-1（「俳句　α」毎日新聞社出版局，2003）
3)『漱石全集』第16巻（岩波書店，1995）
4)『漱石全集』第14巻（岩波書店，1995）
5)『漱石全集』第4巻（岩波書店，1994）
6)『漱石全集』第10巻（岩波書店，1994）
7)『漱石全集』第11巻（岩波書店，1994）
8) 柄谷行人・小池清治・小森陽一・芳賀　徹・亀井俊介『漱石をよむ』（岩波セミナーブックス48，1994）
9)『漱石全集』第2巻（岩波書店，1994）
10) 水村美苗『続　明暗』（「季刊　思潮」思潮社，1988～1990，筑摩書房，1990，新潮文庫，1990）
11)『漱石全集』第19巻（岩波書店，1995）
12) 小池清治「『虞美人草』をよむ」（『漱石全集』月報16，1995）
13) 小池清治「文学と言葉の間」（「国文学　言語と文芸」第116号，1999）
14) 小池清治「『吾輩は猫である』の猫はなぜ名無しの猫なのか？＝固有名詞論＝」（「宇都宮大学国際学部研究論集」第18号，2004）

第13章　文学の「写生」はあり得るか？―正岡子規の日本文学近代化戦略―

【文学と語学・レトリック】

キーワード：写生，スケッチ，美術と文学，西洋，19世紀，ハーバート・スペンサー，文体論，アントニオ・フォンタネージ，中村不折，正岡子規，俳句，短歌，叙事文，主意，材料，取捨選択，構成（結構布置），言文一致，「ホトトギス」，募集文，小品文，高浜虚子，写生文，夏目漱石，志賀直哉

　19世紀後半，開国した日本が近代化に向かうとき，日本文学もまた，近代文学として生き残る道を探ることを余儀なくされた。明治の文学者正岡子規は，同時代の哲学者ハーバート・スペンサーの『文体論』と，イタリア人画家アントニオ・フォンタネージが伝えたアカデミックな西洋美術の理論から，有用なアイデアを借用し，文学における「写生」概念を生み出した。

　子規は，世界で最も短い文学表現の一つである俳句を手始めとして，自らの写生論を構築した。そして，それを短歌，散文へと適用の範囲を拡げ，近代日本の文学理論としての写生論の完成に近づけていった。「写生」による子規の文学革新は，写生文につながる「叙事文」の提唱をもって，子規の死により半ばで途絶したが，後継者たちによって，それぞれに受け継がれ，発展していった。

　写生文（叙事文）にふさわしい文体として，子規は，平易な言文一致体を勧めている。これは，同時代の文体模索の動きに呼応したものであろう。

1. 美術の写生と文学の写生―写生？

　「写生」という言葉を聞いたとき，まず，何が頭に浮かぶだろうか？

　小学校のときのお絵かき大会？　絵具と絵筆と筆洗，画用紙と画板，それから，お弁当と水筒とおやつを持って出かけた写生遠足？　スケッチというカタカナ語？

　俳句という文学表現を連想する人は，どれほどいるだろうか？

俳句を作る人々，俳人の間では，「写生」という語は，何の説明もなく，ごく当たり前に，俳句用語として使われている。俳句において，「写生」は基本であり，かつ，非常に大切なものとして扱われている。俳句における「写生」は，技法でもあり，理念でもある。

一般的な言語感覚からすれば，このような用法は，特別なものであろう。

写生という語は，本来は美術の言葉である。にもかかわらず，近代の日本文学のなかで，重要なキーワードの一つとして，厳然たる位置を占めている。

なぜ，このような現象が起こってきたのか，明治日本における西洋受容の特質，美術と文学の関係から考えてみたい。

2. 正岡子規

正岡子規は，1867（慶応3）年，元号が明治に変わる前年に，伊予国（愛媛県）松山の士族の家に生まれた。旧制松山中学を経て上京し，東京大学に入学する。当時の男子にとってのエリートコースに乗り，国家有用の人材となることを夢見ていた。大学を中退した後，新聞記者となり，1902（明治35）年9月に脊椎カリエスで亡くなるまで，子規は，写生について考え，日本文学の近代化革新を進めた。

3. ハーバート・スペンサーの『文体論』

子規は，西洋の理論や思想を手がかりにして，文学の存在意義や，これからの日本文学のあるべき姿について考えた。子規に，大きな示唆を与えたものの一つが，ハーバート・スペンサー Herbert Spencer の『文体論』 Philosophy of Style であった。スペンサーは，子規と同時代のイギリスの哲学者である。進化論にもとづいた社会観，人間観を様々な視点から展開し，明治前半期の日本の知識人にとって必須の存在であった。『文体論』が翻訳されたのは，1877（明治10）年である。『文体論』を読んだ子規は，1889（明治22）年に，次のような感想を記している。

スペンサーの文体論(フイロソフイー, オヴ, スタイル)を読みし時 minor image を以て全体を現はす　即チ一部をあげて全体を現はし　あるはさみしくといはずして自らさみし

き様に見せるのが尤詩文の妙処なりといふに至て覚えず机をうつて「古池や」の句の味を知りたるを喜べり　　　　　（「〇古池の吟」,「筆まかせ」）

　子規は，スペンサーの『文体論』に，文学作品においては，何もかも事細かに描写するのではなく，特徴的な一部分を取り出して描き出し，読者の連想力や想像力をかき立てて，作品世界を膨らませるようにする方がよいという考えを見出した。そして，西洋から得た，その評価基準にもとづいて，日本伝統の文学である俳句を見直し，その価値を再評価したのである。

　スペンサーは，物事のすべてを，直接的にはっきりと読者に提示することが，すぐれた文学を生み出すわけではないことを次のように述べていた。

We are told that "brevity is the soul of wit." We hear styles condemned as verbose or involved.　　　　　　　　　　　（*Philosophy of Style*）

「簡潔さは機知の真髄である。」と言われている。文体が冗長であるとか，複雑であると，非難されるのを耳にする。　　　　　　　（『文体論』）

Whatever the nature of the thought to be conveyed, this skillful selection of a few particulars which imply the best, is the key to success.

（*Philosophy of Style*）

表現されるべき思想の特質がどのようなものであっても，残りのすべてを含意する二，三の事柄をこのように巧みに選ぶことが成功への鍵である。

（『文体論』）

To select from the sentiment, scene, or event described, those typical elements which carry many others along with them; and so, by saying a few things but suggesting many, to abridge the description; is the secret of producing a vivid impression.　　　（*Philosophy of Style*）

描写される心情，光景，出来事から，他の多くの要素を一緒に伴うような典型的な要素を選ぶこと，そうして，二，三のことを言いながら，多くのことを暗示して，描写を縮約することが，生き生きした印象を生み出す秘訣である。

（『文体論』）

子規は，このようなスペンサーの言葉に力を得て，「最簡短ノ文章ハ最良ノ文章ナリ」（「○スペンサー氏文題論」，「筆まかせ」），「俳句の方字数少なけれども意味深くして遥かに面白し」「こはスペンサー氏の心力省減説によりても知り得べき事」（「詩歌の起源及び変遷」）と述べている。委曲を尽くさない，省略された文学表現に価値を認め，そのような文学表現の代表である俳句（五七五，17文字の定型によって作られる短詩）の，近代日本での存在意義を確信したのである。

　そして，俳句が近代文学として再生するために，子規は，西洋の美術理論から，「写生」につながる諸要素を取り込んだ。子規が，スペンサーの『文体論』によって知った「取捨選択」という方法は，この西洋美術受容と重ね合わされて，子規の写生論の重要な柱の一つとなった。子規は，俳句に有効なスタイルとして「俳句二十四体」を考え，その一つに「絵画体」を挙げている。この俳論で子規は，日本の俳句において有効な表現効果として「印象明瞭」を提示している。これは，スペンサーが，簡潔な文学表現が生み出す効果的な表現効果として，『文体論』で述べていた"a vivid impression"「生き生きした印象」を，子規の言葉として言い換えたものであろう。

4. 西洋美術受容—画俳交流—

　子規の美術受容に大きな役割を果たしたのが，子規の一つ年上の画家中村不折である。不折は，1894（明治27）年に，挿絵画家として，子規が勤める日本新聞社に採用された。年の近い二人は，忌憚なく互いの文学美術論を戦わせた。子規は，これによって，それまでの，かたくなな日本画崇拝をやめ，西洋画に目を開いた。子規と不折は，画俳（俳句と絵画）の交流も積極的に行っている。例えば，不折が画いた《不忍十景》に，子規が前書きと俳句を書いて「不忍十景に題す」とした。彼らは互いに表現するものを補完し合い，完結した作品世界を作り上げている。あるいはまた，同じ場所に出かけて，それぞれが得意とする表現方法，子規は俳句，不折は絵画で，自分が目にした実景を描いた成果は，『王子紀行』に記された。このとき子規は，画家が，描く対象としての風景を見る方法，すなわち，美術理論に基づいて実景をとらえることを体感し，感動している。子規が得た最も大きな収穫は，外界をとらえるための

新たな視覚の獲得であった。

不折は，西洋絵画を画塾不同舎で学んだ。不折の師小山正太郎，浅井忠は，1876（明治9）年に，お雇外国人として来日したイタリア人画家アントニオ・フォンタネージ Antonio Fontanesi に教えを受けている。

明治政府は，富国強兵策の一環として西洋美術の導入を行った。西洋美術は，芸術ではなく，軍事や工業振興のための実用の道具とみなされていたため，美術学校は工部省の管轄であった。しかし，フォンタネージは，工部美術学校で，アカデミックな体系にもとづく西洋美術教育を行った。フォンタネージが伝えた美術理論は，ルネサンス以来のヨーロッパの美術理論を継承し，西洋美術は，芸術としての側面を失うことなく，日本に伝えられている。

5. 写生とスケッチ

「写生」という語と「スケッチ」という語は，現在の日本語では，一般的には必ずしも厳密に区別せずに使われている。しかし，美術用語としての写生とスケッチには，明確な違いがある。スケッチは，習作，あるいは，すばやく描く小品，つまり未完成作品である。

子規は，写生の語を用いるにあたって，美術用語と同様の違いを意識していた。写生は，スケッチを含むが，決してスケッチと同義ではない。写生は，スケッチ・レベルの初歩の写生から，理想的な完成作品を創り上げるための理念としての写生まで，段階を踏んで上達していくべきものとして考えていたのである。子規の写生における階梯意識は，スペンサーの進化論的哲学の影響である。

6. 写生文への道のり―俳句から短歌，叙事文へ―

子規は，フォンタネージが伝えた美術理論から，文学における写生の要点として，次の5点を得た。

① 写生する材料は，身近なところで，いくらでも発見できる。
② 描写するものを取捨選択し，不要なものを削除する。
③ 取捨選択した材料を効果的に組み合わせて作品に仕上げる。
④ 作品の中心となるものに焦点を合わせ，作者の主意を表現する。

⑤ 描写対象の形，色彩，明暗の具合，遠近の位置関係を正確に表現する。

これらの，写生の要点は，子規の俳論で，次のように要約されている。

> 実景なる者は俳句の材料として製造せられたる者にあらねば，其中には到底俳句にならぬ者もあるべく，俳句に詠みたりとも面白からぬ者もあるべく，又材料多くして十七八字の中に容れ兼ぬるもあるべし，美醜錯綜し玉石混淆したる森羅万象の中より美を選り出だし玉を拾ひ分くるは文学者の役目なり，無秩序に排列せられたる美を秩序的に排列し不規則に配合せられたる玉を規則的に配合するは俳人の手柄なり，故に実景を詠する場合にも醜なる処を捨て，美なる処のみを取らざるべからず，又時によりては少しづゝ実景実物の位置を変じ或は主観的に外物を取り来りて実景を修飾することさへあり　　　　　　　　　　　（「俳諧反故籠」）

現実に存在する景色は，文学作品を作るために存在しているわけではない。写生の材料は無限に発見できるが，すべてを，定型のなかに詰め込めるわけではない。材料の良し悪しを判断し，適切に取捨選択し，ときには，現場に存在しないものも加えて，作者の感動を現すべく，効果的に構成すること（結構布置）が写生の要諦である。

この子規の俳論が，フォンタネージ以来の美術理論を継承したものであることは，「俳人」「文学者」を「画家」と置き換えても，違和感を感じさせないものであることからわかる。子規は，文学と美術に共通する要素を見抜いて，写生論に活かしたのである。文学も美術も，美を表現する技である。外界から材料を選び，自分が得た感動を表現することは作者と画家に，その感動を追体験するのは読者と鑑賞者に通底することである。

このような理論の普遍性に力を得た子規は，俳論を，歌論，文章論へと応用していった。表現の短さを肯定する価値観に基づいて俳句から着手した日本文学の近代化革新を，次の段階に進めたのである。

子規は，最初，俳句と短歌を同一視し，俳句の写生論を，そのまま適用しようとした。短歌でも，写生の基本は，やはり，実景を見て，材料を取捨選択し，印象明瞭に，巧みに構成して詠むことである。しかし，1898（明治31）年に，

子規は，俳句と短歌の差異を認めた。短歌は，客観的に景色を詠むことも可能であるが，俳句より詩型が大きいために，俳句ほど印象明瞭の効果が得られにくい。その代わり，俳句では詠み込むことが難しかった作者の主観や時間の経過を表現することができるという結論に至った。

　こうした俳句，短歌の革新を経て子規は，1900（明治33）年に写生文論として『叙事文』を発表した。子規は，「世の中に現れ来たる事物（天然界にても人間界にても）を写して面白き文章を作る法」（『叙事文』）と，明確に定義している。子規が意図した写生文は，「或る景色又は人事を見て面白しと思ひし時に，そを文章に直して読者をして己と同様に面白く感ぜしめんとする」（『叙事文』）ものであった。そのためには，まず写生の基本に立ち返り，作者が見たことを，主観的感想を加えずに記述することを勧め，作者の実見を読者が追体験できる表現効果を求めている。

　そして，スペンサーの『文体論』と西洋の美術理論から得た写生の骨法を活かし，この文章論においても，次のように展開している。

> 写生といひ写実といふは実際有のまゝに写すに相違なけれども固より多少の取捨選択を要す。取捨選択とは面白い処を取りてつまらぬ処を捨つる事にして，必ずしも大を取りて小を捨て，長を取りて短を捨つる事にあらず。　　　　　　　　　　　　　　　　　　　　（『叙事文』）

材料の取捨選択を重視し，小さいもの，短いものの価値を認め，次のようにも述べている。

> 或る景色又は或る人事を叙するに最も美なる処又は極めて感じたる処を中心として描けば其景其事自ら活動す可し。しかも其最美極感の処は必ずしも常に大なる処著き処必要なる処にあらずして往々物陰に半面を現はすが如き隠微の間にある者なり。　　　　　　　　（『叙事文』）

　そして，作者が感動した物事を細叙（細かく描写すること）するよりも，全体の結びに決めの一文を置いて，画竜点睛の効果を狙うことを勧めている。加えて，「文体は言文一致か又はそれに近き文体が写実に適し居るなり。」「写実に言葉の美を弄すれば写実の趣味を失ふ者と知るべし。」（『叙事文』）と，時代

の動きに応じた言及をした。

7. 言文一致―読者のための日本語文体―

　明治時代には，近代日本にふさわしい文体が模索された。当時，書き言葉と話し言葉には乖離が見られ，日本国民のすべてが共通の言語表現を獲得しているわけではなかった。近代国家としての富国強兵策の一環として，既存の文体の折衷や調和，あるいは言文一致による標準語の制定が必要であった。そして，西洋諸国が，言文一致の言語によって文明を発達させ，国力を得たことに倣い，近代に生きる人間の思想や感情を，不自由なく十分に表現できる新しい文体が求められた。

　子規は，早くから，友人の夏目漱石や同郷の高浜虚子など，近しい人に宛てた書簡では，文語体を使っていても，その中の一部分，会話を採録した部分に口語体を使っていた。子規は，このときには，言文一致体の模索を明確には意図していなかったと思われるが，結果的には，口語体に近い言文一致体を探る場の一つとなったと考えられる。

　そして，「読売新聞」で言文一致活動が行われていたとき，子規は，「ホトトギス」誌上で，文体を模索しつつ小品文（写生文）を試みていた。子規は，平易な言文一致体を写生文に適した文体と考え，そこに難解な漢語を使うことを戒めている。江戸時代には，漢語は武士階級のものであり，学問のための書き言葉であったが，明治になると，書き言葉だけでなく，日常の話し言葉でも使うことが流行し，教養があることを示す手段の一つともなった。漢語の利点は，和語だけでは不足する語彙を補い，必要に応じて新しい用語を作り出せる点にあったが，言文一致が進展するとともに，難解な漢語は排除された。やがて，言文一致体は，小説，評論の文体として定着していった。

8. 写生文（募集文，小品文）

　1898（明治31）年10月号の「ホトトギス」には，「俳諧の方面に力を尽すは言ふ迄も無く和歌新体詩其外諸種の文学の上にも著作と批評とを試み可申候」という社告とともに，子規の『小園の記』，『土達磨を毀つ辞』，虚子の『浅草寺のくさぐさ』が掲載された。これらの作品は，後に写生文の端緒となったも

のと評されている。以後,「ホトトギス」では,題を提示して,読者から短文を募集し,掲載した。子規自身も,この募集文と同じ題で短文を書き,読者の文章と並べて載せている。子規の文章は,募集文の見本となる位置にある。1898(明治31)年12月の募集文「夢」で,子規は次のような,言文一致の文章を書いた。

> ○先日徹夜をして翌晩は近頃にない安眠をした。其夜の夢にある岡の上に枝垂桜が一面に咲いてゐて其枝が動くと赤い花びらが粉雪の様に細かくなつて降つて来る。其下で美人と袖ふれ合ふた夢を見た。病人の柄にもない艶な夢を見たものだ。　　　　　　　　　　　　　　　（「夢」）

子規が見た夢のなかの景色が,色彩と動きのある描写によって,読者に提示され,視覚的再現性が豊かである。そして最後に,作者の感想が加えられている。

1899(明治32)年2月の募集文「燈」では,愛用のランプについて語っている。

> 今使用し居るは五分心の普通の置ランプなり。此ランプは明治廿四年の暮に駒込に家を借りて只一人住みし時,近所の古道具屋の店先にありしを僅か八銭にて買ひ来りし者にて,初めは掘り出し物なりと思ひしが,油壷の下がもげて居て仮に附けある事後に知れぬ。しかし品は舶来とおぼしく台の金属の装飾は簡単なれども両側に小き人の顔などありて能く釣りあひ居れり。之をせめてもの取餌にして熱き夜も寒き夜も之に対して多少の愉快を感ず。　　　　　　　　　　　　　　　　　　　　　（「燈」）

子規は,ランプを凝視しながら,それにまつわる過去と現在に思いを馳せ,ランプの描写とともに,感慨を記した。このときの子規は,言文一致から遠ざかる文体を選択している。

その後,8月号の募集題「庭」では,言文一致体で,次のように書かれた。

> 余が羽州行脚の時,ある田舎へ這入つて,そこへ腰掛けた儘で昼飯の出来るのを待つて居ると,其横の方に一坪許りの庭がある事に気がついた。其

> 庭には三尺程の高さの築山があつて，其上に三尺程の松が植ゑてあつて，其横に五尺程の百合が一本，松より高う伸んで大きな赤い花が一つ咲て居る。其外には何も無い。こんな不調子な庭は生れて始めて見た。（「庭」）

　作者の目に入った，わずか一坪の庭に視界を限定し，築山と松と百合に焦点を定めて描写した最後に感想を加える。これが，「ホトトギス」募集文として出来上がってきた形の一つである。
　募集文とは別に，子規は，長文での写生を実践している。1898（明治31）年11月号の「車上所見」は子規が人力車に乗り，秋晴れの郊外を見て回ったものである。

> 村に入る。山茶花の垣，花多くつきていとうつくし。「やきいも」といふ行灯懸けて店には青蜜柑少し並べたる家につき当りて，左に折れ，地蔵にあらぬ仏の五つ六つ立てる処を右に曲りて，紺屋の横を過ぎ，くねりて復野に出づ。（「車上所見」）

　車上から眺めた景色が刻々と変化していく様子と，その印象が書き留められ，動きと流れのある筆運びに，子規の心浮き立つ様子が現れている。
　虚子もまた，子規のように郊外を散策して，「半日あるき」を書き，1899（明治32）年2月号に掲載された。俳句と文章が合体した作品は，子規の「小園の記」にもつながる。

> 五軒町から僕の向へ側に坐つた一人の老人がある。其の白い毛の交つた眉毛から鼻の横の皺からがどこか見たことのあるやうな，殊に其の色のあせた大黒頭巾は僕の国の永野のおいさんといふ人のに其の儘であるので頻りに興が動いて来た。（「半日あるき」）

　虚子も，自分が目にした対象を説明し，感想を加え，写生を実践しているが，子規の写生とは異なる方向性を持つ萌芽も感じられる。
　子規が，『叙事文』で写生文論を展開するに至るまでには，「ホトトギス」誌上での，様々な写生文の試みがあった。その集大成ともいえるのが，1899（明治32）年10月号に掲載された子規の「飯待つ間」である。子規が，虚子とと

もに開拓した写生文の特質が，まとまって現れている。

　子規は，この作品では，野分のなごりの曇り空，庭の鶏頭の真っ赤な頭や雁来紅の葉の色，これに覆い被さるように立つ大毛蓼を描き，続けて，庭で子猫を追い回す子供たちを話題にした会話を示した。それから，飛んで来た黄蝶や昼食を作っている台所の音，鶉の様子，そして，再び垣根の外に戻って来て，猫をいじめている子供のことを描き，子供の母親が，それを叱るところで筆を止めている。

　　小い黄な蝶はひらひらと飛んで来て干し衣の裾を廻つたが直ぐまた飛んで
　　往て遠くにあるおしろいの花を一寸吸ふて終に萩のうしろに隠れた。
　　籠の鶉もまだ昼飯を貰はないのでひもじいと見えて頻りにがさがさと籠を
　　掻いて居る。台所では皿徳利などの物に触れる音が盛んにしてゐる。
　　　　　　　　　　　　　　　　　　　　　　　　（「飯待つ間」）

　　例の三人の子供は復我垣の外迄帰つて来た。今度はごみため箱の中へ猫を
　　入れて苦しめて喜んでゐる様子だ。やがて向ひの家の妻君，即ち高ちヤン
　　といふ子のおツかさんが出て来て「高ちヤン，猫をいぢめるもぢヤありま
　　せん，いぢめると夜化けて出ますよ，早く逃がしておやりなさい」と叱つ
　　た。すると高ちヤンといふ子は少し泣き声になつて「猫をつかまへて来た
　　のはあたいぢヤ無い年ちヤンだよ」といひわけして居る。
　　　　　　　　　　　　　　　　　　　　　　　　（「飯待つ間」）

　子規が見た情景が，読者の目に浮かんで来る描写がなされており，子規の理論を具現している。そして，子規は，この作品を，「くワツと畳の上に日がさした。飯が来た。」と結んだ。これが，子規の言う「画竜点睛」の一文である。昼食を待ち兼ねていた子規の気持ちが強く伝わってくる。

　『叙事文』発表後，子規は，「車上の春光」を書いた。この文章は，1900（明治33）年4月29日に歌人伊藤左千夫を訪ねたときのことを書いたもので，「ホトトギス」の7月号に掲載された。すでに病臥していた子規は，外出する喜びを次のように記している。

今年になつて始めての外出だから嬉しくてたまらない。右左をきよろきよろ見まはして、見える程のものは一々見逃すまいといふ覚期である。併しそれがために却て何も彼も見るあとから忘れてしまふ。
　　　　　　　　　　　　　　　　　　　　　　　　　（「車上の春光」）

　意図的であろうと思われるほど「た」で終わることを避けた心情表現には、快いリズムが感じられ、子規の心弾む様子が伺われる。
　そして、外に出た子規が目にしたものについては、次のように描写している。

　仲道の庭桜は若し咲いて居るかも知れぬと期して居たが何処にもそんな花は見えぬ。却て其ほとりの大木に栗の花のやうな花の咲いて居たのがはや夏めいて居た。車屋に沿ふて曲つて、美術床屋に沿ふて曲ると、菓子屋、おもちや屋、八百屋、鰻屋、古道具屋、皆変りは無い。去年穴のあいた机をこしらえさせた下手な指物師の店もある。例の爺さんは今しも削りあげた木を老眼にあてゝ覚束ない見やうをして居る。　（「車上の春光」）

　事物の描写であつても、「た」と、それ以外の表現を組み合わせて、文章の流れに変化を持たせている。
　さらに、左千夫の家での様子と帰宅後のことを書いたところでも、同じ表現が連続することを避けようとする意識は働いており、文末表現に気を遣つている。

　　容斎の芳野、暁斎の鴉、其外いろいろな絵を見せられた。それに就いて絵の論が始まつた。
　　庭にはよろよろとした松が四五本あつて下に木賊が植ゑてある。塵一つ落ちて居ない。
　　夕飯もてなされて後、灯下の談柄は歌の事で持ちきつた。四つの額は互に向きあふて居る。
　　段々発熱の気味を覚えるから、布団の上に横たはりながら「日本」募集の桜の歌に就いて論じた。

歌界の前途には光明が輝いで(ママ)居る、と我も人もいふ。

　本をひろげて冕の図や日蔭のかづらの編んである図などを見た。それに就いて又簡単な趣味と複雑な趣味との議論が起つた。
　夜が更けて熱がさめたので暇乞して帰途に就いた。空には星が輝いて居る。
　夜は見るものが無いので途が非常に遠いやうに思ふた。根岸迄帰つて来たのは丁度夜半であつたらう。ある雑誌へ歌を送らねばならぬ約束があるので、それからまだ一時間程起きて居て歌の原稿を作つた。
　翌日も熱があつたがくたびれ紛れに寝てしまふた。
　其又翌日即ち五月一日には熱が四十度に上つた。　　（「車上の春光」）

　この「車上の春光」全体の末尾で，これまでより，「た」が，やや多く使われているのは，同じ表現の繰り返しによって生じる単調さ，停滞感を活かして，外出の疲れと，病身ゆえに熱が出てつらい状態であることを表出しようと意図した結果であろう。
　『叙事文』を書いた年の10月に，子規は，「ホトトギス」での，募集文をはじめとする写生の試みの成果を「写実的の小品文」と名づけ，「空間的の景色でも時間的の動作でも其文を読むや否や其有様が直に眼前に現れて，実物を見，実事に接するが如く感ぜしむるやうに，しかも其文が冗長に流れ読者を飽かしめぬやうに書くのに苦辛したので，其効果は漸く現れんとしつゝあるやうに見える。」（「ホトトギス第四巻第一号のはじめに」）と，自己評価した。
　そして12月には，文体について，「文体は近来の流行につれて日記にも言文一致体を用ゐる人多く候へども中には言文一致体を濫用したるも不少候。ある事を精細に叙するには言文一致体に限り候へども多くの事を簡単に書くには言文一致体ならぬ方宜しきかと存候。」（「消息」）と，安易に，無自覚に，言文一致体を使うことを戒めている。
　加えて，子規は，よい文章に仕上げるための具体的な方法として，文末を工夫することを勧めている。子規が，「文章の時間（テンス）は過去に書く人多けれど日記にては現在に書くも善きかと存候。貰つた，往つた，来た，立つた，と「た」ばかり続く代りに，貰ふ，往く，来る，立つ，とすれば語尾も変り且

つ簡単に相成申候。」(「消息」) と述べるのは,「車上の春光」で,自ら手本を示したことを土台としているのである。

9. 夏目漱石と志賀直哉

夏目漱石は,1901 (明治34) 年,留学先のロンドンで,子規のために,『倫敦消息』を書いた。漱石は,自分の目に映るものを描写しながら,自己の内面に密着し,心のうちに湧き起こってくる様々な思いを丹念に綴っている。時間の流れとともに心理描写が展開されているのが特徴である。

視覚的描写のなかに主観を交えた描写,内省的な描写がなされているのは,志賀直哉の『大津順吉』『和解』にも見出せる特徴である。志賀は,「ホトトギス」や,子規が様々に写生文を試みた成果を集めた『子規小品文集』を愛読し,作家としての習作期に,子規や虚子の写生文を意識した作品を試みた。1908 (明治41) 年に,材料を取捨選択した『非小説,祖母』(『或る朝』の原型) で,書く要領を会得したと確信した。そして,作家として自立した後も,「暗夜行路」を始めとする多くの作品で,写生文を活かしている。

10. むすび

子規の功績は,西洋美術から日本文学へ,ジャンルを超えた西洋受容を敢行したことにある。そして,子規が意図した文学における写生は,日本の近代文学のなかに,確たる根を下ろすに至った。

子規は,文語体と口語体の間で写生文にふさわしい文体を探り,作者が見たものを描写するなかに,作者の思い,内面描写を挿入する写生文のスタイルを作り上げた。近代日本の文体確立にも少なからず寄与している。

子規の文学革新は,特定の小さな分野にこだわらないこと,そして,普遍性のある理論を見出したことによって,大きな成功を得たのである。

■ 発展問題

(1) 自分の好きな文学作品から写生的表現を抜き出し,挿絵を描いてみよう。

(2) 日常生活の中から探した材料をもとに,写生 (取捨選択・構成・主意) によ

って，俳句，短歌，散文を創作し，それぞれの表現特性を実感しよう。

(3) 次のような手順で，写生文の視覚的再現性を実験してみよう。
　　①二人一組になり，一人は，写真または絵を写生文で描写する。
　　②もう一人は，その写生文をもとに絵を描く。
　　③できあがった絵と，もとの写真，絵を比べる。

(4) 映画やドラマから，一人は，写生文を創作し，もう一人は，紙芝居を作って，それぞれの表現がもたらす効果，例えば，連続した変化と断続的な変化が作り出す表現効果の違いについて考えてみよう。

(5) 文学作品で写生描写がなされた部分をもとに脚本を創作し，寸劇を上演してみよう。

(6) 「話すように書ける？」—現代の言文一致文体（口語体）に現れている特徴を分析し，自分が使っている文体について考えてみよう。

■ 参考文献

1) 近代語学会編『近代語研究　第二集』（武蔵野書院，1968）
2) 岩波講座『日本語10　文体』（岩波書店，1977）
3) 山田有策「文体＜改良＞の意味—戯作・翻訳・政治小説をめぐって—」（「国文学　解釈と鑑賞」至文堂，1980）
4) 近代語学会編『近代語研究　第六集』（武蔵野書院，1980）
5) 根岸正純編『表現学大系　各論篇　第9巻　近代小説の表現一　—明治の文章—』（教育出版センター，1988）
6) 寺本喜徳，松浦　武『表現学大系　各論篇　第11巻　近代小説の表現三』（教育出版センター，1989）
7) 松井貴子『写生の変容—フォンタネージから子規，そして直哉へ』（明治書院，2002）
8) 松井貴子「子規の西洋受容—スペンサーの進化論と階梯意識—」（「日本文藝學」39号，日本文芸学会，2003）
9) ジャン＝ジャック・オリガス『物と眼—明治文学論集』（岩波書店，2003）
　　—「寫す」ということ—近代文学の成立と小説論—
　　—写生の味—子規と日本美術の伝統意識—
　　—遠いものと近いものと—正岡子規の現実意識—
10) 松井貴子「子規と写生画と中村不折」（「国文学　解釈と教材の研究」學燈社，2004）
11) 石原千秋『漱石と三人の読者』（講談社現代新書，講談社，2004）

第14章　鏡花文学はどのように「国宝的」なのか？

【演劇的文体】

キーワード：日本的，転調，語りの構造，定型，序破急，夢幻能，古典引用，能狂言，歌舞伎，浄瑠璃，やつし，演劇，現代演劇

　泉鏡花は，「国宝的」（川端康成）と評されるほどに，近代作家中，最も「日本的」で「郷土的な」（谷崎潤一郎）な小説家として高く評価されてきた。その表現の特質について，『外科室』『高野聖』『歌行燈』等の代表作を例にとりつつ，語りの転調・転位，夢幻能との類似，序破急の構成，古典引用の多用などの諸点から，私見を提示した。鏡花作品は，冒頭の，難解で迂回的な語り手の語りから，主役的な人物が心情をラディカルに吐露する表現へと転じる傾向をもっている。それは常識から非常識，人の言語から神の言語の支配する世界への転位であり，能のワキとシテの関係にも当てはまる。混沌とした鏡花世界は，じつは端正な「序破急」の構成をもち，その定型性がダイナミックな作品の枠組みとして機能しているのである。鏡花作品を特徴づけるもう一つの特質として，古典文芸の引用があげられる。たとえば，『歌行燈』には，〈海人〉を主とする能・狂言からの微細な引用が主旋律を奏でている。さらに，歌舞伎の場面引用は，イメージを拡散増幅させるとともに，結末のカタルシスにむけて物語を収斂させる作用も果たしている。こういう特質をもつ鏡花文学が，今日読み継がれ，映画化され，現代演劇の原作として再生産され，国際的評価を受けていることは，伝統の継承と国際化が相対立するものではないことを示唆しているのではあるまいか。

1.「純粋に日本的」な「余りに日本的」な「国宝的」作家という評価

　泉鏡花（明治6年〜昭和14年）は，多くの近代作家から，「天才」と崇めら

れた小説家である。先輩格の漱石すらが,「確かに天才だ」「若しこの人が解脱したなら,恐らく天下一品だらう」（談話筆記「批評家の立場」明治38年）と期待を寄せている。大正14年,鏡花57歳の折には,春陽堂から『鏡花全集』全15巻が刊行された。これを記念して「天才泉鏡花」と題する『新小説』（大正14年5月）の特集号が組まれ,多くの作家が熱烈なオマージュを寄せている。

　たとえば,芥川龍之介は,「鏡花先生は古今に独歩する文宋なり」と述べ,メリメやバルザックに比肩する文豪と讃えた。川端康成もまた,「鏡花全集の刊行は,『美しい日本の記念碑』を建てることだ」「余りに美し過ぎると同時に,鏡花氏の作品は余りに日本的過ぎる」と述べている。川端は,5年後にも,鏡花の大作『由縁の女』を評して,「泉鏡花氏は日本語の可能性の,最高の一つを示してくれた作家として,国宝的存在であると,私はかねがねから尊敬している」（「泉鏡花氏の作品」昭和5）とまで言った。

　谷崎潤一郎も負けてはいない。鏡花没後の追悼特集で,次のように熱く語っている。

> 先生こそは,われわれの国土が生んだ,最もすぐれた,最も郷土的な,わが日本からでなければ出る筈のない特色をもつた作家として,世界に向つて誇つてもよいのではあるまいか。
> 　　　　　　　　　　　　「純粋に『日本的』な『鏡花世界』」（昭和14年）

　ところで,鏡花の文学的価値が云々される時,付きまとう評価に「異端」「独得」と「日本的」「郷土的」という,一見相反する二つの評価がある。たとえば,谷崎潤一郎は,先の文章で,

> 先生ほど,はつきりと他と区別される世界を創造した作家は文学史上稀であると云つてよい。たとへば漱石,鷗外,紅葉等の諸作家は,それぞれ互いに区別される独得な境地を保つてはゐるが,それらの作家の相互の違ひ方よりも,鏡花とそれらの作家との違ひの方が大きい。（中略）兎に角,外国の文学を見渡しても,鏡花は誰にも最も似るところの少ない作家のひとりである。　　　　　「純粋に『日本的』な『鏡花世界』」（昭和14年）

と述べる。同趣の発言は川端にもある。

> 同じ郷里，同じ年代の，同じ紅葉門下の鏡花と秋声の両極端のやうな文章は，日本文の幅を思はせるほどだ。　　　（「新文章論」昭和27年）

川端が鏡花の対極に置く徳田秋声は，自然主義の極北といってよい作家で，いぶし銀のような文体で人生の哀歓をリアルに描写した。すなわち，社会の現実や人間の心理の描写を最優先課題とした近代リアリズムの小説史において，鏡花は「独得」であるということだ。さらに，反自然主義の立場をとった漱石・鷗外とも大きく隔たっていると谷崎はいう。しかし，古代から中世・近世へと脈々と流れる日本古典文学を視野に含めれば，「純粋に日本的」（谷崎）「余りに日本的」（川端）ということになるのではなかろうか。

鏡花文学の「日本的」要素とは，具体的にどのような点に見いだせるのだろうか。ここで結論をだすには余りに大きすぎるテーマだが，いくつかの観点を提示し，これを考察する契機としたい。

2. 難解なオープニング―「泉さんの文章は普通難解なものとされてゐる」―

さて，「そんなに評判の作家なら」と鏡花作品を手にとり，数頁で挫折してしまう人は多いと聞く。文学的教養やセンスの不足を恐れ，口に出して「くだらない」とはいわないが，内心秘かに「どこが好いのかさっぱりわからない」と思っている人は少なくない。ちなみに，「小説の神様」と称され，名文で知られる志賀直哉は，

> 泉さんの文章は普通難解なものとされてゐるが，難解なりに不思議な魅力があり，読者はそれに引き付けられる。

と書いてる。さすがに志賀らしい率直な発言だ。もちろん，志賀は，「難解」を前提として，鏡花の「不思議な魅力」を語るわけだが，戦前の読者，志賀の周囲にいるような教養人にとっても，鏡花の文章が「普通難解」であったことを証する貴重な一文であろう。たしかに鏡花は読みにくい。ことにオープニングが読みづらい。

たとえば，出世作となった『外科室』（明治28年）の冒頭の一文。

実は好奇心の故に，しかれども予は予が画師たるを利器として，ともか
　　くも口実を設けつつ，予と兄弟もただなるざる医学士高峰を強ひて，其の
　　日東京府下の一病院において，渠が刀を下すべき，貴船伯爵夫人の手術を
　　ば予をして見せしむることを余儀なくしたり。

　もってまわった，歯切れの悪い悪文である。漢文訓読調の擬古文であること
を差し引いても読みづらい。
　次は，名作の誉れ高い『高野聖』（明治33年）の冒頭の一文。

　　　参謀本部編纂の地図を又繰開いて見るでもなかろう，と思つたけれども，
　　余りの道ぢやから，手を触るさへ暑くるしい，旅の法衣の袖をかかげて，
　　表紙を付けた折本になつているのを引張り出した。

　『高野聖』は，東京から若狭に帰省する若者である語り手「私」の語りの中
に，「宗朝」という「宗門名誉の説教師」の語りが収められた入れ子構造を持
つ。作品の9割は，この「宗朝」の談話体で構成されており，漢文訓読調で綴
られた『外科室』に比べれば，ずっと読みやすい。しかし，それでも，けっし
てすっきりとした文体とは言い難い。「と思つたけれども」という，のっけか
らの逆接が，読者を戸惑わせる。鏡花小説は，語り手の戸惑いや逡巡を反映さ
せた，まわりくどい文体で始まっていくのが通常なのである。鏡花の語り手は，
卑近な日常的些事を，一種偏執狂的な丁寧さでくだくだしく述べ立てていく。
たとえば，『高野聖』の麓の茶屋でお茶を呑む経緯や，『眉隠しの霊』（大正13
年）の奈良井の宿に逗留する経緯などを思い出していただいてもよい。

3. 語りの転位・転調——「人の言葉」から「神の言葉へ」——

　しかし，難解な文体が果てしなく続くなら，いくら鏡花ファンといえども，
読み続けはしない。鏡花の文体は，あるところで，読みやすく開けてくる地平
がある。それは，状況設定が完了したのち，それまで大人しく控えていた物語
の主役というべき人物が，口を開く瞬間である。
　たとえば，『外科室』の貴船伯爵夫人の言葉。

そんなに強ひるなら仕方がない。私はね，心に一つ秘密がある。麻酔薬は譫言をいふと申すから，それが恐くつてなりません。何卒もう，眠らずにお療治ができないやうなら，もうもう快らんでも可い，よして下さい。

それまで，外科室の手術台に横たわり，人々の好奇のまなざしにさらされていた貴船伯爵夫人が，麻酔を拒否する場面である。作品を最後まで読めばわかることだが，伯爵夫人は，手術が恐いわけでも，「心の秘密」が暴露されるのが嫌なわけでもない。麻酔なしの手術を求める伯爵夫人の真の目的は，9年前，小石川植物園ですれ違い，一瞬の恋に落ち，9年間思いづけてきた男性，すなわち，今まさに，冷然と，外科手術を行おうとしている医学士高峰に対し，自らの思いを告白することにある。愛の告白でありながら，命にかけても守らねばならない秘密であるという点において，伯爵夫人の言葉はきわめて逆説的だ。論理を超えた不条理な内容が，ゆるぎのない確信的な表現で吐露されるのが，「上」の終わりである。それは物語展開のクライマックスであり，同時に，冒頭のまわりくどい文体が《転調》する場所でもあるのだ。

もう一例，典型的な作品を挙げておこう。映画評論家の淀川長治が「ああ映画にしたい」と嘆息した短篇に『革鞄の怪』（大正3年）という，あまり知られていない作品がある。映画研究者の馬場広信氏が，チャン・イーモウ監督の映画「LOVERS」を見て，鏡花の『革鞄の怪』『唄立山心中一曲』を想起したと書いており（「ダ・ビンチ」2004年），おおいに共感した。燃えるような紅葉から白銀の雪景色へと転じる壮大な自然を背景に，制度や観念を捨象した男女の「恋」の究極が描かれるのが，『革鞄の怪』とその後日談の『唄立山心中一曲』（大正9年）である。

舞台は上野から信州に向かう上越線の車内，語り手の前に「死灰」のごとく座っていた男は，大きな蝦蟇口の旅行鞄を携えていた。作品は，この旅行鞄にまつわる語り手のくだくだしい回想から始められる。しかし，やがて事件は起こる。この大きな蝦蟇口の旅行鞄に，高崎から新たに乗った花嫁道中の女性の片袖が，ふとした拍子に挟み込まれるのだ。

鞄の男は，信州の郵便局に赴任する途中の電信技士なのだが，鞄の鍵を閉め，電車の窓から投げ捨てる。自分は花嫁に恋してしまったから，鞄は開けない。

花嫁の新郎の前に引き出され，たとえ殺されても，片袖は返さないと主張するのである。男は，花嫁の袖を挟んだ瞬間を次のように語る。

> つい知らず我を忘れて，カチリと錠を下しました。乳房に五寸釘を打たれるやうに，この御縁女は驚きなかすつたろうと思います。優雅，温柔でおいでなさる，心弱い女性は，然やうな狼藉にも，人中の身を恥ぢて，端たなく声をお立てに成らないのだと存じました。（中略）お身体の一個所にも紅い点も着かなかつた事を，実際，錠をおろした途端には，髪一筋の根にも血をおだしなすつたろうと思ひました。

「乳房」「髪一筋の根」と女性の身体を想像させる言葉，「狼藉」「恥ぢて」「紅い点」「血」と性的暴行を連想させる言葉を並べ，隣に座った花嫁の着物の片袖を，自分の旅行鞄に挟みこんだという，たったそれだけのハプニングを，あたかも花嫁の処女性を損なう不始末をしでかしたかのごとく過剰に意味づけていくのが男の言葉だ。まさに狂気の言語だといってよい。

しかし，『革鞄の怪』の男の言葉は，自らの思いを動かしがたい心の真実として伝えようとするその切実さにおいて，『外科室』の伯爵夫人の言葉と似通っている。両者とも身体的な比喩表現が巧みなことも共通している。

伯爵武人の言葉に撃たれた高峰は伯爵夫人に殉じて死ぬし，鞄の男の言葉に撃たれた花嫁は片袖を切り裂いて男に授け，新郎とは夫婦の交わりを避けて過ごし，3年のちに鞄の男を巻き込んで心中する。

結論を急げば，鏡花世界とは，狂気の言葉が常識の言葉を凌駕していく劇的時空なのだ。めりはりのない平凡な日常に裂け目をいれて，神話的な現実が立ち現れる瞬間を構築することが，鏡花文学においてはめざされている。神話的現実とは，普段は隠蔽されている人間の普遍的な本質がリアルに立ち現れる場所である。鏡花作品の冒頭や中盤にみられる，難解で迂回的な文体は，その前提ではあるまいか。そこに，極度に抽象化された，きわめてラディカルな狂気の言葉が入り込んでくる。私はこれを「人の言葉」から「神の言葉」への転調・転位と呼んでみたい。そして，この「語りの転位」「文体の転調」こそ，鏡花文学の魅力の秘密が潜んでいるように思われる。

4. 鏡花文学の定型性—『高野聖』と夢幻能の類似—

ところで，三島由紀夫は，『高野聖』の成功の理由を次のように述べている。

> 私は『高野聖』の成功の一つの理由を，能のワキ僧を思はせる旅僧の物語といふ，枠組のせゐではないかと考へてゐるが，こうした伝統的な話法によつて，現実との間に額縁がきちんとはめられると，鏡花の幻想世界は人々の容易な共感を呼ぶものとなつた。

「伝統的な話法」とは何であろうか。おそらく，語り物の口承文芸，説教僧の講談あたりを指すのであろうが，「能のワキ僧を思はせる旅僧」という形容から，三島においては，中世芸能の「能」の世界，「夢幻能」との類似が意識されているように思われる。

『高野聖』の旅僧が能のワキ僧なら，ヒロインである孤家の女は怨霊の「シテ」である。人間界を代表する「ワキ」が，あの世からよみがえった「シテ」の言葉を聞く。前節で，「人の言葉」から「神の言葉」への転位・転調が，鏡花の基本構造だと述べたが，それは，能楽にたとえるなら，ワキからシテへの交替にほかならないのである。

『高野聖』の能楽的構造は，作品プロットや文体の構成にも及んでいる。『高野聖』全26節は，見事なまでに端正な「序破急」の三段リズムに構成されている。謡の一音の発声，舞の一打の足拍子，一曲の構成，一日または数日の演能の次第までをも支配する能の根本原理とされている「序破急」は，連歌，書道，香道，花道，武道，浄瑠璃，歌舞伎，地唄，長唄をはじめとして，日本の伝統芸能や武道の理論化に幅広く用いられた根本原理であり，伝統芸能など無縁な現代人の身体にも，「序破急」のリズムが染み込んでいる可能性は高い。

先に，鏡花小説は，「難解なオープニング」を持つと述べたが，じつはこれは能の「序」の役目を果たしているのではあるまいか。能舞台を見て，その退屈さに熟睡する人も多いように，「序」は緩やかにのんびりと進むものとされている。冒頭から旅僧が蛇の道や蛭の林をくぐり抜けて孤家にたどり着く9節までは，まさしく「序」である。「ヒヒーン」という馬のいななきともに，10節が始まり，孤家の女が登場するところからが展開部の「破」，そして「孤家の女」の秘密が「親仁」によって明かされる26節が，終結部の「急」となる。

三島は,「伝統的な話法」の「枠組」が読者の「容易な共感」を可能にしたと述べたが,その「枠組」とは,本作の構成の定型性を指してはいないだろうか。「序破急」の三段構成のリズム,作品の展開のリズムに身を委ねることで,読者は異次元の物語時空に参入し,戻ってくることも出来る。そこにある種のカタルシスを体験することも可能となるのである。

それは,「五七五」「五七五・七七」という定型の音律に支えられて,世界を読み込む和歌や俳句の手法にも相通じるようにも思われる。その意味で,鏡花の小説は,韻文芸術であるといってよい。鏡花文学は,和歌文学の伝統の上に成立しているという仮説を立てることもできるように思われる。

5. 鏡花文学の引用性―引用にはじまり,引用におわる『歌行燈』―

さてここまで,能との類似に着目して,鏡花文学の日本的特質を探ってきたが,もう一つの特質として,鏡花作品の引用性について考えてみたい。

先行文芸の引用は,和歌の「本歌取り」,物語の「引歌」,能の「本説」をあげるまでもなく,日本古典文学の伝統的な手法であり,連歌・俳諧・狂歌・川柳・江戸戯作など,中世から近世へと,様々なバリエーションを示しつつも,日本文学に脈々と流れてきた主要な要素である。しかし,独創性(オリジナリティ)が重視された近代においては,引用は模倣,剽窃と表裏の関係にあり,古典に素材を取る場合も,その原典との差異に文学的価値が求められる傾向にあった。自己の体験を素材に,現実を凝視して赤裸々な描写をめざす近代リアリズム小説において,引用が軽視されるのは当然の成り行きだといってもよい。そんななか,鏡花は,あたかも自然主義文学の台頭に逆らうかの如く,古典文芸の引用を多用した作品を書きはじめる。

たとえば,最高傑作の誉れ高い『歌行燈』(明治43年)は,引用に始まり,引用に終わる小説である。

冒頭には,十返舎一九の『東海道中膝栗毛』「五編上」の桑名のくだりが引用され,結末は,謡曲〈海人〉の「玉之段」の引用で終わる。

『高野聖』と同じく,『歌行燈』もまた夢幻能の形式を踏んでいる。『膝栗毛』の「弥次さん」をきどる老人(＝じつは能楽の家元・恩地源三郎)が「ワキ」,その連れで「捻平さん」と呼ばれる老人(＝じつは鼓の名手の雪叟)が「ワキ

ツレ」であり、芸者のお三重（＝じつは宗山の娘・お袖）と流しの門付（＝じつは宗山の甥の恩地喜多八）が、本作の「シテ」ということになろう。

　主人公の喜多八は、叔父であり師である源三郎の芸を侮辱した宗山を退治したことが、逆に源三郎の逆鱗に触れて、勘当の身となった。しかし、彼は、「今後をいっさい謡を口にしてはならぬ」という戒めを破って、宗山の娘お袖に〈海人〉の「玉之段」を伝授する。このお袖の舞を桑名の宿で見た源三郎と雪叟が、「教えも教えた、習いも習うた」と芸を讃え、喜多八の勘当が解け、お袖が恩地の嫁に迎えられるのが、『歌行燈』のストーリーである。

　なぜ、喜多八がお三重に伝授するのは、〈海人〉の「玉之段」でなければならないのか。この疑問は、『歌行燈』に、「玉之段」以外にも、〈月見座頭〉〈松風〉〈土蜘蛛〉が引用されているのに気がつけば、その意味は自ずと明らかとなろう。上京の都人が下京の座頭を月見の場でなぶる狂言〈月見座頭〉、都の貴公子在原行平に愛された須磨の海人姉妹が再会を待ちわびて狂気に至る悲恋の謡曲〈松風〉、源頼光の鬼退治の謡曲〈土蜘蛛〉、これらの、きわめて微細な形で引用される能・狂言には、中央と地方、都と田舎、正統と異端、強者と弱者の対立のコードが見いだせる。これに対し、最後の〈海人〉は、時の大臣藤原不比等に愛された一子を授かった讃岐の海人が、我が子を世継の位につけることを条件に、海神に奪われた宝の奪回に挑み、命と引き換えにそれを成し遂げる結末である。まさに異端な田舎の弱者が、その芸によって、正統の中枢に転じていく物語なのだ。

　命を賭して玉取を決行する海人の姿は、宗山・お三重・喜多八、三者の姿に重なる。そして、玉取の成功と海人の壮絶な最期は、お三重が恩地家の「嫁」として迎えられ、喜多八に死の影が迫っていることに呼応しているといってよい。鏡花作品においては、古典の引用が、作者の衒学的な知識のひけらかしとしてではなく、物語の重要な伏線として機能している。引用が作品の主旋律（メインテーマ）を奏でだしていくのである。

6. 俗から聖への転位―やつしの美学―

　『歌行燈』には、さらに多くの微細な引用が散りばめられている。ことに歌舞伎・浄瑠璃からの引用は夥しい。これについては、久保田淳氏の論文や拙論

を参照されたいが，2, 3の例を挙げておこう。

　たとえば，喜多八の登場する饂飩屋の場面（三章）は，河竹黙阿弥の通称『直侍』（「天衣粉上野初花」の後半部「雪暮夜入谷畦道」）の「入谷村蕎麦屋の場」が踏まえられている。元御家人の江戸っ子で，今お尋ね者となっている粋な悪党の直次郎（直侍）が「頬被り」姿で蕎麦屋に現れ，そこで恋人の噂を聞くうちに，たまらなくなって遊女屋にかけつけ，お縄になる場面である。桑名の饂飩屋に「頬被り」姿で登場した『歌行燈』の喜多八が，最後に湊屋に駆けつける展開と酷似している。ちなみに，『歌行燈』の発表前後，十五代市村羽左衛門の演じる『直侍』が評判を呼んでいた。叔父の五代菊五郎と名コンビで演じた舞台（明治43年4月）は，歴史的名舞台として記録されているほどだ。すなわち，読者は，絶世の美男と騒がれた名優市村羽左衛門の姿を喜多八に重ねつつ，『歌行燈』を読むことになるのである。

　五章から九章にかけては，近松徳叟の通称『伊勢音頭』（『伊勢音頭恋寝刃』）が踏まえられている。主人公の貢が，主人の名刀を取り戻そうと，遊女屋に入り浸るうちに，芸者と恋仲になり，その裏切りにあって，堪忍袋の緒がきれ，「十人斬り」という大量殺人を行う歌舞伎だ。これも今日なお上演される人気狂言であるが，当時は羽左衛門の貢が評判を呼んでいた。

　『歌行燈』を読んでいて，『直侍』や『伊勢音頭』の引用に気がついた読者は，その後の筋の展開について，様々な想像を働かせる。こうした引用のもたらすイメージの広がりを，物語の強度によって，最終的に収束させるのが，『歌行燈』という作品の醍醐味である。

　久保田万太郎は『歌行燈』を「先生傑作中の傑作」と呼んで，新派の芝居に脚色した。昭和14年11月7日，鏡花の通夜の席で，里見弴が「作品の勢いが一本一気に通っている」「名作」として挙げたのも，『歌行燈』であった。ここで里見のいう「作品の勢い」とは，様々な引用が物語世界のイメージを拡散増幅させながら，それらが結末にむかって収斂し，神々しいまでに厳粛な謡の空間を現出する引用のドラマツルギーをさすのではないだろうか。そのドラマツルギーを貫く原則は，人の言葉から神の言葉への転位・転調，俗なる日常から，聖なる時空への転位だといってよい。

　尼ケ崎彬氏は『日本のレトリック』において，江戸の俳諧精神のもっとも重

要な概念は「やつし」であり，「やつし」とは，「今や単なる伝承となって時代精神から遊離しつつある《雅》の根底にあるものを，市井の生活中に対象物を見いだすことによって《俗》化し，俗化することによって新たなる生命を賦活する操作」であると述べている。『歌行燈』において，源三郎は『膝栗毛』の弥次さんに，喜多八は賤しい流しの門付けに，宗山の娘お袖は新米芸者のお三重に身をやつす。この「やつし」の手法は謡曲〈海人〉を中心とする謡曲的素材が，『膝栗毛』をはじめとする多くの近世的素材，あるいは明治末の桑名の風物によって「俗化」され，隠蔽されていることにも見いだせよう。謡曲〈海人〉は『歌行燈』の結末で，はじめて神聖な「雅」の境地を顕現させている。世阿弥によって大成された能楽は，江戸期には武家や豪農の精神修養の習事となり，維新後はその地位すら危うくなった。能楽をいったん「俗」化し，新たな生命を与えようとしたのが『歌行燈』ではなかっただろうか。

　平成の今日，鏡花の人気はますます高まり，その言語世界は不思議な光彩を放っている。鏡花の小説を映画化した寺山修司監督の『草迷宮』（昭和53年），坂東玉三郎監督の『外科室』（平成3年）は，いずれも国際的映画賞を受賞した。これを契機に海外での読者も増えている。演劇界においても，蜷川幸雄や宮城聰（劇団「ク・ナウカ」主催）等の国際的活躍をみせる現代演出家が，鏡花作品を舞台の題材に採りあげている。〈ネオ歌舞伎〉を標榜し，近年では能とのコラボレーションを始めた気鋭の演出家・加納幸和（劇団「花組芝居」主催）が，以前から何度も鏡花作品を舞台化していることも注目される。鏡花はまさに，時代を超えて，「世界に誇れる」存在となっているのだ。鏡花の日本的要素を問うことは，国際化の進む現代社会において，伝統の特質と価値を再検証する契機となるのではあるまいか。

■ 発展問題

(1) 川端康成の小説にも序破急に構成された作品が多く見いだせる。掌編小説の中から、これを探し、その表現構造を分析してみよう。

(2) 『歌行燈』に引用された先行文芸を原典で読んでみよう。

(3) 泉鏡花を原作とする映画・舞台ビデオを見て、原作と比較してみよう。

■ 参考文献

1) 尼ケ崎　彬『日本のレトリック』(筑摩書房，1988)
2) 久保田　淳「『歌行燈』における近世音曲・演劇」(「文学」2004，7　岩波書店)
3) 鈴木啓子「反転する鏡花世界―『革鞄の怪』試論」(『論集大正期の泉鏡花』おうふう，1999)
4) 鈴木啓子「引用のドラマツルギー―『歌行燈』の表現戦略―」(『文学』2004．7　岩波書店)
5) 鈴木啓子「泉鏡花と能楽」(武蔵野大学「能楽資料センター紀要」No.16，2005，3)

第15章　三島由紀夫は何に殉じたのか？—文体の悲劇—

【文章と文体】

キーワード：時代精神，ミダス王の文体，固有の文体，時代を代表する文体，凡庸な一行

　三島由紀夫（1925〜1970）は，あの劇的な自決の僅か一か月程前，昭和45年10月に，『作家論』（中央公論社）を出版している。対象とした作家は，「森鷗外・尾崎紅葉・泉　鏡花・谷崎潤一郎・内田百閒・牧野信一・稲垣足穂・川端康成・尾崎一雄・外村　繁・上林　暁・林　房雄・武田麟太郎・島木健作・円地文子」の15人で，夏目漱石は「より通俗的」として，対象とされていない。もし，三島が夏目漱石を対象とし，漱石に学ぶことをしていたなら，45歳で自決するという運命は別のものになっていた可能性がある。

　夏目漱石は，慶応3年，明治元年（1867）に生まれているので，彼の年齢は明治の年号と重なる。漱石は，いわゆる「明治ッ子」である。三島由紀夫は，大正15年，昭和元年（1925）の生まれであるから，彼の年齢は昭和の年号と一致する。三島は，いわゆる「昭和ツ子」なのである。彼らは時代を異にするものの，ともに宿命的に時代精神の影響下に人生を送ったといってよいだろう。

　夏目漱石『心』の「先生」は明治の精神に殉じて殉死している。三島由紀夫は，昭和の途中で自決しているので，彼の死を昭和の終焉と関連付けることはできない。三島由紀夫は一体，何に殉じて自決したのであろうか？

　夏目漱石は生涯，23の小説を創作している。いずれの作品も固有の文体を有している。言い換えると，漱石は作品ごとに文体を変えている。したがって，「漱石の文体」というものは存在しない。第12章で述べたように，漱石は「言葉の芸人」であり，文芸の命は表現にあると悟っていたが，漱石固有の文体を，

決して持とうとはしなかった。

　一方，三島由紀夫は，典雅な文体の完成に命を懸けた。彼の多くの作品は磨き上げられた三島の文体で書かれている。彼の作品集は三島由紀夫色，一色で染め上げられている。

　時代精神の影響下のもとの人生という点で共通しながら，文体についての態度は全く異なっていたのだ。

　三島由紀夫は十六歳の時に，処女作『花ざかりの森』を完成させている。この年，日本は太平洋戦争に突入し，米国に決死の戦いを挑んでいる。

　彼は，二十歳の時に，最初の長編『盗賊』を執筆している。日本は，この年，第二次世界大戦を無条件降伏という，前代未聞の情けない負け方で締めくくっている。

　したがって，三島由紀夫こそ，ナショナリズムの影響のもと，時代をリードする文体を作り出す資格を有する作家ということになるのだが，残念ながらそのようにはなっていない。三島由紀夫の文体は彼が目指したように何人にも真似の出来ない華麗な文体ではあるが，時代を代表する文体ではなかった。昭和を代表する文体の創造は松本清張や司馬遼太郎の出現を待つことになる。

1. 文体の悲劇―ミダス王の文体―

　三島由紀夫ほど文体に拘った作家はいない。彼は，古今東西にわたる該博な文学的教養に基づく典雅な文体を示すために作品を創造し続けたといってもよい。その結果，三島由紀夫の文体が全ての作品において実現することになってしまった。

　ギリシア神話が伝えるミダス王の神話は三島と文体との関係を考える場合，有効な比喩になる。触れるもの全てが黄金になるように願ったミダス王は食べようとするものが全て黄金に化してしまい空腹に耐え兼ねるという悲劇に見舞われる。三島は完璧な文体の完成を願い，書くもの全てが三島調の格調高い典雅な文体となって立ち現れることになる。その結果，教養とは無縁なところにある人物を表現することは不可能なことになる。その不可能を押して，無理やり書き上げてしまったものが『潮騒』である。それが滑稽な作品であることは次に示すことによって明らかになるだろう。

1. 文体の悲劇—ミダス王の文体—

　『潮騒』の主人公は新制中学校を卒業して漁師になつた「新治」である。この若者は，教養とはほとんど無縁な素朴な青年である。三島は，その素朴さをしつこいほど繰り返す。

- 黒目がちな目はよく澄んでゐたが，それは海を職場とする者の海からの賜物で，決して知的な澄み方ではなかつた。彼の学校における成績はひどくわるかつたのである。　　　　　　　　　　　　　　　　（第1章）
- 若者の心には想像力が欠けてゐたので，不安にしろ，喜びにしろ，想像の力でそれを拡大し繁雑にして憂鬱な暇つぶしに役立てる術を知らなかつた。　　　　　　　　　　　　　　　　　　　　　　　　　　（第8章）
- 持ち合はせのない想像力は彼を悩まさなかつた。　　　　　（第8章）
- その話術は拙なかつた。　　　　　　　　　　　　　　　（第11章）
- 新治は考えることが上手でなかつたので……。　　　　　（第12章）
- 考えることの不得手な若者は……。　　　　　　　　　　（第12章）
- あれは馬鹿にちがひない，とあるとき機関長が船長に言つた。（第14章）

　さて，こうして，主人公「新治」の素朴さと知性のなさを繰り返し表現しておきながら，三島はこの青年に，以下のような独白や心情表現を語らせているのである。

- 若者は彼をとりまくこの豊饒な自然と，彼自身との無上の調和を感じた。彼の深く吸ふ息は，自然をつくりなす目に見えぬものの一部が，若者の体の深みにまで滲み入るやうに思はれ，彼の聴く潮騒は，海の巨きな潮の流れが，彼の体内の若々しい血潮の流れと調べを合はせてゐるやうに思はれた。　　　　　　　　　　　　　　　　　　　　　　　　　　（第6章）
- このとき女といふ存在の道徳的な核心に触れたやうな気がしたのである。　　　　　　　　　　　　　　　　　　　　　　　　　　（第8章）
- 水平線上の夕雲の前を走る一艘の白い貨物船の影を，不思議な感動を以て見送つたことを思い出した。あれは「未知」であつた。未知を遠くに見ていたあひだ，彼の心には平和があつたが，一度未知に乗組んで出帆すると，不安と絶望と混乱と悲嘆とが，相携えて押し寄せて来たのである。

(第12章)
- と新治は思つた。少なくともその白い船は，未知の影を失つた。

(第15章)
- 今にして新治は思ふのであつた。あのやうな辛苦にもかかわらず，結局一つの道徳の中でかれらは自由であり，神々の加護は一度でもかれらの身を離れたためしはなかつたことを。つまり闇に包まれてゐるこの小さな島が，かれらの幸福を守り，かれらの恋を成就させてくれたといふことを。
……

(第16章)

「新治」という青年を，これらの表現は無残なほどに裏切っている。三島ほど知的で聡明な作家が，あまりにも明白な矛盾をなぜあえて行っているのか理解に苦しむ。

『潮騒』は文体を持ってしまった作家の悲劇を端的に表した作品なのである。

2. 太宰 治『走れメロス』—人物像を裏切る文体—

文体の悲劇は三島由紀夫に限らない。

太宰 治（1909～1948）は，文学史的には三島由紀夫にバトンタッチをするようにして，入水自殺してしまった作家であるが，その作品の一つ『走れメロス』も，文体の悲劇を示す作品となっている。

「メロスには政治がわからぬ。メロスは，村の牧人である。笛を吹き，羊と遊んで暮して来た。」と太宰は書く。「メロス」は，『潮騒』の「新治」と同様に，古代的な素朴さを有する単純な野人であると作家は紹介している。こういう人物像は正直と友情を貫くために自分の命を懸けるという古代的明澄な中心モチーフを立派に支えるものとなっている。

ところが，こういう人物像と冒頭部の表現はいたく矛盾するのだ。

- メロスは激怒した。必ず，かの邪智暴虐の王を除かねばならぬと決意した。

「邪智暴虐」という四字熟語は，果たして素朴な「牧人」の言葉として相応しいものであるのだろうか。とても，そうとは思えない。太宰はのっけから文

体の悲劇に見舞われている。

- ・国王は乱心か。
- ・人の心を疑ふのは，最も恥づべき悪徳だ。
- ・おまへは，稀代の不信の人間，まさしく王の思ふ壺だぞ，と自分を叱つてみる……
- ・愛と信実の血液だけで動いてゐるこの心臓を見せてやりたい。
- ・いちどだつて，暗い疑惑の雲を，お互ひ胸に宿したことは無かつた。
- ・私は王の卑劣を憎んだ。
- ・地上で最も，不名誉の人種だ。
- ・ああ，もういつそ，悪徳者として生き伸びてやらうか。
- ・正義だの，信実だの，愛だの，考へてみれば，くだらない。
- ・それが人間の世界の定法ではなかつたか。
- ・やんぬる哉
- ・斜陽は赤い光を，樹々の葉に投じ，葉も枝も燃えるばかりに輝いてゐる。
- ・愛と誠の力を，いまこそ知らせてやるがよい。
- ・私は君と抱擁する資格さへ無いのだ。

なんということだろう。これらが，単純で素朴なメロスの言葉や内言なのだ。太宰は本気でこんなことを書いたのだろうか。これらは，メロスよりも，ハムレットの科白とした方がより相応しい。インテリのハムレットと素朴で単純な牧人の言葉とが区別出来ない太宰の文体感覚とは一体どのようなものなのか。

3. 死は予告されていた―夭折の美―

『盗賊』（昭和23年，1948）は，三島の最初の長編小説である。彼は，かなり詳しい「創作ノート」を残している。その中の一行に次のようにある。

- ・天国は夭折した人のために美しい，人がみな老人になつて死んだらいかにそこは荒涼と灰色であらうか。夭折した美しい若い男女たちが，鬼事のやうに追ひ合つて天国を美しくたのしくする。

このモチーフは『盗賊』において，次のような形で小説化されている。

・193＊年11月＊日，藤村子爵家の嗣子明秀と山内男爵の令嬢の清子とが，彼ら自身の結婚式の当夜情死した事件は，忽ちさまざまな揣摩臆測の潮に巻き込まれた。遺書もなく事情をよく知る友人もなかつた。死ぬべき理由と云つたら，彼らが幸福であり過ぎたといふことの他には見当たらなかつた。それだけで十分の理由といふべきだが，世間は「十分の理由」には信を置かないのである。　　　　　　　　　　　　　　　　　　（第6章）

　三島由紀夫の生涯は幸せに満ちている。

　高級官僚の子として，何不自由なく幸せな幼児期を過ごし，16歳の時，文才を世に表し，19で処女小説集『花ざかりの森』を出版する。その後，川端康成に認められ，以後傑作を次々と発表し，新潮文学賞，岸田演劇賞，読売文学賞，毎日芸術賞等を受賞し，40歳の時には，ノーベル文学賞の候補にまで上っている。

　『盗賊』の「藤村明秀」と同様に，三島由紀夫は俗世間的には申し分のない幸せを堪能していたのである。そして，幸せであるがゆえに，彼は夭折を願った。それは自決という衝撃的な無理やりの夭折ではあったのだが。

　結局，三島由紀夫は自己の美意識に殉じたのだ。

　　桜花(さくらばな)　時は過ぎねど　見る人の　恋(こひ)の盛りと　今し散るらむ
　　　　　　　　　　　　　　　　　　　　　　　　（万葉・10・1855）

　三島の美意識は古代の万葉人の美意識と一致する。

■ 発展問題

(1) 『盗賊』の創作ノートの一節に次のようにある。この表現と『潮騒』の文体との関係を考えてみよう。
- 作家は凡庸な一行を決して書いてはならない。凡庸と云つてわるければ常識的な一行を。彼以外の誰にも書ける一行を。さういふ一行を書く作家は必ず凡庸な百行を書く作家である。

(2) 芥川龍之介『トロツコ』，志賀直哉『清兵衛と瓢箪』の主人公は少年である。彼らの内言がどのようなものになっているか調べてみよう。そのことにより，芥川や志賀にも文体の悲劇があったのか否か，確認してみよう。

(3) 次の文章は，松本清張の『或る小倉日記伝』について，坂口安吾が書いた文章である。後の問いに答えてみよう。

> 「或る小倉日記伝」はこれまた文章甚だ老練，また正確で，静かでもある。一見平板の如くでありながら造形力逞しく底に奔放達意の自在さを秘めた文章力であって，小倉日記の追跡だからこのように静寂で感傷的だけれども，この文章は実は殺人犯をも追跡しうる自在な力があり，その時はまたこれと趣きが変りながらも同じように達意巧者に行き届いた仕上げのできる作者であると思った。　　　　　　（「文藝春秋」昭和28年4月号）

問1　「文体」の意味で使用されている「文章」がある。どれか？
問2　「自在な力」の意味することを，三島の文体と比較して，述べなさい。

■ 参考文献

1) 三島由紀夫『作家論』（中央公論社，1970）
2) 『決定版　三島由紀夫全集　1』（新潮社，2000）
3) 『日本文学研究資料叢書　三島由紀夫』（有精堂，1972）
4) 高橋睦郎・井上隆史「詩を書く少年の孤独と栄光」（「ユリイカ」2000年11月号，青土社，2000）
5) 半藤一利『清張さんと司馬さん　昭和の巨人を語る』（「人間講座」NHK，2001）

索　引

【事　項】

あ 行

秋津島（洲）　4
葦原中国　3
吾妻鏡体　99
新しい書き言葉体　144, 150
当て字　149
行脚劇　126

イエズス会　124
イエズス会巡察使　124
一代記説　47
印刷文化　124, 125, 126
隠棲期　132
隠喩　149

迂言法　158
歌枕巡礼　126
初冠本伊勢物語　36

エクリチュール　1, 6, 7
枝豆型　43, 87
枝豆型作品　36, 50, 61
枝豆型の作品　48, 102
演劇　124, 191
演劇・舞台芸術の時代　126
演劇化　124, 135

王朝の美意識　70
欧文脈　144, 148
大八洲（島）国　3
オクシモロン　158, 169, 171
音　1

男時　124, 126
男言葉　54
音の詩人　140
折句　13, 16
オリジナル性　127
音　7
音楽的散文　124, 126
音訓交用　1, 8
音声言語　148

か 行

回文対句　21
外来語　149
書き言葉としての言文一致体　92
隠し文字　13
学生期（がくしょうき）　131
格助詞「を」の出現率　13, 18
掛詞　29
掛詞含有率　36, 41
仮借　5
家住期（かじゅうき）　132
雅俗折衷　149
カタカナ漢字交り文　92, 99
カタカナ本　124
語りの構造　191
活字版　124
かな漢字交りの刊本　124
かな漢字交り文　92
歌舞伎　191
雅文体　105, 122
雅文体（擬古文体）　105
鎌倉幕府　105
神の言葉　196
唐様禅宗仏殿造り　106, 122
狩使本伊勢物語　36

漢英混淆文　158, 160
漢語和語混交体　1
漢字仮名交じり文　1
感性語（擬態語）　100
雁皮　125
漢文訓読語　43, 118
漢文訓読語彙　119
漢文訓読専用の語彙　118
漢文訓読体　105, 120, 126, 149
漢文訓読調　194
漢文訓読文体　92, 105, 122

擬古文　126, 194
擬古文体　105
擬人法　158
紀伝体　61, 98
狂気の言葉　196
虚構の時代　50
浄御原律令　3
清元風　149
キリシタン版　124
記録体日記　50
記録体日記的文体　61
記録体の日記　59
金閣寺型作品　105, 122
金銭関係　144
近代は小説の時代　126

串団子型作品　36, 43
訓　1, 7

慶長勅版　124
計量分析　78
遣隋使　4
現代演劇　191
現代は映像の時代　126

元和勅版　124
言文一致　175
言文一致運動　144
言文一致体　103, 144
言文一途　148
建武の中興　105

「こと」型章段　61
恋歌　24
構成（結構布置）　175
楮　125
国民語　150
個性尊重社会　61
古体要素　36
古典引用　191
ことばの職人　164
固有の文体　203
誤用　105, 108, 117
音（こえ）　1, 8

さ　行

材料　175
嵯峨本　124
作者複数説　78
雑纂本　48
三角関係　144
三色弁当型作品　61
三題噺　166
散文詩的文体　61, 70
三位一体の技法　169
三位一体の作品　158, 169

視覚的推敲　124, 125
視覚的文体　125
視覚的文体素　124
師木（城）島　4
四季歌　24
事実の時代　50
止住期（しじゅうき）　132
自然美　70
時代精神　203
時代を代表する文体　203
思弁癖　144, 152

写生　175
写生文　175
写生文（叙事文）　175
写生文論　181
写本　125
写本時代　125
主意　175
趣向文芸　124
取捨選択　175
出版業　124
主要表現技法（レトリック）　13, 20
主要文芸ジャンル　124
主要レトリック　166, 169
承久の乱　101
常識の言葉　196
省筆　130
省筆の技法　81
省筆の技法（黙説法）　78
商品としての作品　144
小品文　175
浄瑠璃　191
昭和ツ子　203
書記言語　148
書記体系　1
序詞　24, 57, 149
叙事文　175
女性仮託　52
女性独白体　24
序破急　191
自立的文章　13
尻抜け型の文章　81
尻抜け型文章　78
進化論的哲学　179
壬申の乱　3
新体要素　36
心理小説　144, 153

推敲　126
推敲過程　124
随想的章段　61, 69, 71
随筆　61
スケッチ　175

駿河版　124

政教社　144
成句　149
正装の文体　24
整版本　124
西洋　175
全国共通語　150

雑歌　24, 28
総合的歴史書　68
総合文化誌　61
総合歴史書　61
曽我物　124

た　行

第9次遣唐使　2
第一次世界大戦　127
対義結合　158, 169, 171
タイトル　165, 169
第二次世界大戦　127
対比の技法　78
大宝律令　3
台湾出兵　127
だらだら文　126
短歌　175
男性語　118

血筋社会　61, 62
長恨歌　86

対句　13, 21, 149

定家仮名遣い　95, 101
定型　191
転調　191

伝統的な話法　197
伝統的美意識　65
同一表記異義語　36
同音異義語　30, 36
道成寺物　124
同表記異義語　30

豊葦原千五百秋瑞穂国　4
豊葦原之千秋長五百秋之水穂国　3

な 行

ナショナリズム　1, 7, 125, 144, 145
業平自筆本伊勢物語　36

日露戦争　127, 144
日記　50
日記体物語　50
日記体和文　98
日記的章段　61, 71
日清戦争　127
日本　1, 2
日本的　191
日本海海戦　144
日本文芸思潮　126

能狂言　191

は 行

「は」型章段　61
「春」の部の景物　63
俳句　175
配列順序　24
跋文　61, 68
パロディー　124, 138, 139
板本　125
版本　125
版本時代　125

美意識宣言　65
美術と文学　175
非自立的文章　81
人の言葉　196
表音主義言文一致体　92
屏風歌　57
ひらがな漢字交りの和文体　98
ひらがな漢字交り文　105
ひらがな漢字交り文の和文体　99

複数「訓」　1, 9
伏線　78
伏見版　124
舞台芸術　124
普段着の文体　24
文学　158
文芸思潮　124
文体　1
文体指標　105
文体模写（パスティーシュ）　105
文の芸人　165

平安時代風の寝殿造り　122
平安朝風寝殿造り　106
平治の乱　100
編纂本　48
変体漢文の日記体　99

保元の乱　100
募集文　175
本歌取　124
凡庸な一行　203

ま 行

枕詞　24, 144
枕詞含有率　36, 41
まだら文体　124

未完の完　133
ミダス王の神話　204
ミダス王の文体　203
道行文　149
三睡（みつまた）　125
耳の歌　24, 29

夢幻能　191, 197
武者の世　92
武者ノ世　100
無文字社会　29
紫式部単独執筆説　78, 81
室町幕府　105

明治ッ子　203
女時　124, 126, 137
目の歌　24, 29, 36

「もの」型章段　61
木版　124
模写の文章　36
モダリティー　120
モチーフ　166, 169
物語　50
物語の時代　126
物名　13, 15
文句取　124, 139
門人　125

や 行

やつし　191
山会　70

遊行期（ゆぎょうき）　132

謡曲の詞章　136
四字熟語　149
訓（よみ）　1, 8

ら 行

楽市政策　125
落柿舎　125

六義　17
六書　5
律令国家　3

類聚的章段　61
黙説法（レティサンス）　130
連衆　125
連体形の終止形同化　118

六歌仙論　17

わ 行

倭　1, 2

索　引

和英混淆文　158, 160
和歌の時代　126
和漢混淆　150
和漢混淆体　105
和漢混淆文体　122
和語語彙　118
和風仏殿造り　106, 122
和文　13
和文体　92, 105

欧　文

Idea　158, 172
Rhetoric　158, 172
U検定法　79

【人　名】

あ　行

青木和夫　12
青木稔弥　157
青木伶子　103
赤染衛門　98
赤松俊秀　104
秋山　虔　35, 49, 60, 91
秋山虔　53
阿久澤　忠　60
足利尊氏　105
足利義満　122
麻生磯次　143
敦康親王　67
阿仏尼　133
阿部秋生　35, 49, 91
尼ケ崎　彬　200, 202
網野善彦　12
新井栄蔵　23
在原業平　37
アレッサンドロ＝ヴァリニャーノ　124
安藤文人　157
アントニオ・フォンタネージ　175
アントニオ・フォンタネージ

Antonio Fontanesi　179

飯田晴巳　157
家永三郎　12
池田亀鑑　49, 60, 76
石井文夫　60
石原昭平　60
石原千秋　190
石母田正　12
泉　鏡花　191, 203
和泉式部　58
伊藤博之　142
稲垣足穂　203
犬養廉　60
井上円了　144
井上隆史　209
井上光貞　12
井原西鶴　138
今井源衛　35
伊牟田経久　60
入沢康夫　103

上田秋成　53
上野　理　76
上野洋三　143
臼井吉見　109, 123
内田百閒　203
内海文三　146, 152, 158, 170
右衛門府生壬生忠岑　14

円地文子　203

大朝雄二　91
大海人皇子　3
大岡　信　173
凡河内躬恒　63
大曾根章介　103
大津有一　49
大中臣能宣　51
大野　晋　12
太安万侶　1
大宅世継　98
大淀三千風　138

尾形　仂　60, 143
岡見正雄　104
荻野清　143
桶谷秀昭　157
刑部親王　3
尾崎一雄　203
尾崎紅葉　203
小沢正夫　23, 35
小田切秀雄　146, 156
織田信長　125
小野妹子　4

か　行

貝塚茂樹　77
柿本人麿　15
柿本人麻呂　21
柏木素龍　131
片桐洋一　23, 35, 49
金原　理　103
亀井　孝　9, 12
亀井俊介　173
鴨長明　75, 92, 94, 133
柄谷行人　12
柄谷行人　12, 173
河合曽良　127, 136
川勝義雄　77
川端康成　191, 203
神田秀夫　95, 103
ガンチヤロフ　151
上林　暁　203

岸上慎二　76
貴志正造　110, 123
北村季吟　53
木藤才蔵　110, 123
紀貫之　13, 133
紀時文　51
紀友則　64
紀淑望　13, 24
木村正中　60
清原元輔　51, 64

国木田独歩　70

212　索引

久保田　淳　110, 123, 202
久保田万太郎　200
クレオパトラ　166
桑原博史　110, 123

契冲　52
慶保胤　95
元明天皇　5

小池清治　12, 23, 35, 60, 91, 104, 157, 173
皇女恬子内親王　44
神野志隆光　49
小嶋菜温子　91
御書所預紀貫之　14
後醍醐天皇　105
小竹武夫　77
小竹文夫　77
後藤昭雄　103
小林秀雄　106
小林芳規　12
小松英雄　23, 60, 110, 123
小森　潔　77
小森陽一　173

さ　行

西行　132
佐伯有清　12
嵯峨天皇　37
坂上望城　51
坂本太郎　12
前甲斐少目凡河内躬恒　14
櫻井武次郎　143

シェイクスピア　163
慈円　92
志賀重昂　144
志賀直哉　175, 193
十返舎一九　198
司馬遷　61, 68
島木健作　203
島崎藤村　70
島田修二　35

ジャン=ジャック・オリガス　189
修子内親王　67
寿岳文章　143
鄭　譚毅　157
少将道綱の母　58
聖徳太子　4
白石悌三　143

菅原孝標の娘　58
菅原道真　98
杉浦重剛　144
杉浦正一郎　143
杉山杉風　130
鈴木一雄　60
鈴木啓子　202
鈴木日出男　35, 49, 91

清少納言　61
関　良一　145, 156

宗祇　132
則天武后　2

た　行

醍醐天皇　14, 24
大内記紀友則　14
高橋　亨　91
高橋睦郎　209
高浜虚子　175, 182
武田宗俊　91
竹田野坡　133
武田麟太郎　203
竹盛天雄　157
太宰　治　206
田中大秀　37
田中喜美春　35
田中重太郎　76
ダニエル=デフォー　163
谷崎潤一郎　191, 203
谷木因　132
谷山茂　60
玉上琢弥　70, 77, 91

陳寿　2
津田由雄　169, 170
坪内逍遥　145
坪内雄蔵　145
坪内祐三　156

低耳　128
寺本喜徳　189
天智天皇　3
天武天皇　3

藤七郎　131
桃青　137
十川信介　156, 157
時枝誠記　123
徳川家康　124
徳田秋声　193
ドストエフスキー　151
外村　繁　203
杜甫　132
冨倉徳次郎　109, 110, 123
豊臣秀吉　124
豊臣秀頼　22

な　行

苗村千里　132
永井和子　76
中川濁子　130
中嶋　隆　142
中田祝夫　12
永積安明　110, 123
長友千代治　142
中野幸一　60
中村不折　175, 178
中村光夫　156, 157
夏目漱石　70, 84, 144, 158, 175, 182, 203
夏山繁樹　98
難升米　2
南波浩　52

西尾　實　109, 123
新田義貞　105

索　引

根岸正純　189

は 行

ハーバート・スペンサー　175, 176
芳賀　徹　173
萩谷　朴　53, 76
萩原恭男　143
泊船堂　132
白楽天　87
橋本　治　108, 123
芭蕉　132
長谷川泉　156
長谷川辰之助　148
畑　有三　156
服部幸雄　143
林　房雄　203
原安適　130
春のや主人おぼろ　146
班固　2
半藤一利　209
范曄　2

稗田阿礼　4
久富哲雄　143
久松潜一　60
弘文天皇　3

福井貞助　35
藤井貞和　49
藤岡作太郎　53
藤岡忠美　60
藤本宗利　76
藤原為世　115
藤原定家　101
藤原俊成　81
藤原不比等　3
藤原道隆　67
藤原道長　59, 66, 98
二葉亭四迷　144, 158

木挽社　103
堀　信夫　142

堀切　実　143
本阿弥光悦　124

ま 行

牧野信一　203
正岡子規　26, 70, 158, 175, 176
益田繁夫　76
松井貴子　189
松浦　武　189
松尾　聰　76
松尾金作　131
松尾桃青　131
松尾芭蕉　125
松田成穂　23, 35
松村誠一　60
松村博司　123
丸谷才一　30, 35
マン・ウイットニー　79

三浦周行　102
三木紀人　103
三島由紀夫　197, 209
水村美苗　169, 171, 173
源順　51
源為善　63, 64
三宅雪嶺　144
宮沢章夫　156
宮澤賢治　92
宮本三郎　143
彌吉光長　142

向井去来　125, 131
村上征勝　79, 91
紫式部　37, 66

目崎徳衛　142

本居宣長　9
森　鷗外　203

や 行

安本美典　79, 91
安良岡康作　123

山極圭司　123
山口素堂　130
山口仲美　60
山口佳紀　49
山下一海　143
山田有策　189
山上憶良　2
山辺赤人　15, 21
山本　和　142

与謝野晶子　165
慶滋保胤　95
吉田　孝　12
吉田兼好　75, 105, 126, 144
ヨハンネス＝バプティスタ＝ペケ　124

ら 行

李白　132, 137
劉昫　2
劉邦　166

蓮胤　102

わ 行

和田繁二郎　156
渡辺　実　35, 38, 49, 76
渡辺泰宏　49
和辻哲郎　91

【書　名】

あ 行

吾妻鏡　99
東日記　141
東　下り　30
雨ニモマケズ　92
十六夜日記　133
泉鏡花と能楽　202
和泉式部日記　60
伊勢物語　13, 24, 35
伊勢物語に就きての研究　校

213

本・研究篇 49
伊勢物語に就きての研究　補遺篇・索引篇・図録篇 49
今鏡 98
いろはうた 23
岩波講座『日本語10　文体』189
引用のドラマツルギー―『歌行燈』の表現戦略― 202

『浮雲』考 156
『浮雲』と啓蒙的小説観 156
『浮雲』の成立 156
『浮雲』の発想―二葉亭論への批判― 156
『歌行燈』における近世音曲・演劇 202
宇治十帖 78
宇治十帖の作者－文章心理学による作者推定 91
歌行燈 191, 198
唄立山心中一曲 195
歌の配列 35
歌よみに与ふる書 26
初冠本（定家本） 43

栄花物語 98
江戸時代の出版と人 142
江戸時代の書物と読書 142

「おくのほそ道」解釈事典―諸説一覧― 143
笈の小文 131, 133, 141
王朝女流日記論考 60
大鏡 98
おくのほそ道 124
おくのほそ道　全訳注 143
おくのほそ道―永遠の文学空間― 143
おくのほそ道評釈 60, 143

か 行

蜻蛉日記 60

鹿島紀行 131
鹿島詣 131
甲子吟行 131
仮名序 13, 17
かみ 143
紙の話 142
狩使本（小式部内侍本） 43
革鞄の怪 195
勧学文 124
漢書 2

『近代文学鑑賞講座』第一巻 156
魏志倭人伝 2
基礎古典文法 23
旧辞 4
去来抄 139
銀河鉄道の夜 92
錦繡段 124
近世の読書 142
近代語学会編『近代語研究　第二集』189
近代語学会編『近代語研究　第六集』189

『虞美人草』をよむ 173
愚管抄 92, 104
愚管抄の研究 102
旧唐書 2
虞美人草 84, 154, 165

『源氏物語』の計量分析 79, 91
外科室 191, 193
源氏物語 13, 78, 125
源氏物語一 35
源氏物語音読論 70, 77
源氏物語について 91
源氏物語の最初の形態 91
源氏物語表現事典　構想と構造 91
源氏物語② 49
源氏物語① 91
幻住庵記 131

現代語訳対照　奥の細道　他四編 143

『講座日本文学の争点』5―近代編 156
校本枕草子 76
高野聖 191, 194
後漢書 2
古今和歌集 13, 23, 35
国語国文学研究史大成　平安日記　増補版 60
国文学全史・平安朝篇 53
古事記 1, 12, 49, 97
古事記大成 12
古事記伝 9
古事記は読めるか 12
後拾遺和歌集 63
後撰和歌集 51
古典の批判的処置に関する研究 60
古典和歌解読 23
古文孝経 124
古文真宝後集 138
古文真宝集 138
これで古典がよくわかる 123

さ 行

嵯峨日記 125, 131
作家苦心談 151
作家論 203, 209
雑誌「日本人」144
讃岐典侍日記 60
更科紀行 131
更級日記 60

シェークスピアは誰ですか？　計量文献学の世界 91
潮騒 205
史記 61, 68
子規と写生画と中村不折 189
子規と漱石 173
子規の西洋受容―スペンサーの進化論と階梯意識― 189

子規の短歌革新　35
自筆本本文　134
写生の変容―フォンタネージから子規，そして直哉へ　189
拾玉集　97
春夜宴桃李園序　137
常縁本　109
正徹本　109
続日本紀　98
続万葉集　14
叙事文　175, 181
女流日記文学についての序説　60
白氏集　125
真跡短冊　128
新潮日本文学アルバム　103
新勅撰和歌集　124
新聞「日本」　26
新文章論　193
新編　浮雲　144, 158, 170
新編国歌大観　第三巻私家集編・歌集　60
新編国歌大観第一巻勅撰集編・歌集　60

随行日記　128

清張さんと司馬さん　昭和の巨人を語る　209
成立論と三部構想論　91
成立論の可能性　91
世界の名著11　司馬遷　77
世界文学大系5A.B　史記　77
千載和歌集　22
戦前の思想　12

草稿本本文　134
漱石と三人の読者　190
漱石をよむ　173
そがもの　143
続　明暗　169, 171, 173
素龍本　131
それから　166

た行

大日本帝国憲法　144
大福光寺本　95
竹取物語　35
竹取物語　49

千曲川のスケッチ　70
池亭記　95
地理志　2

坪内逍遥　156
徒然草　75, 105, 106, 123
徒然草・方丈記　123
徒然草全注釈　上　123
徒然草総索引　123
徒然草の鑑賞と批評　123
徒然草抜書　解釈の原点　123
徒然草を解く　123

帝紀　4
天寿国曼荼羅繡帳銘　8

東夷伝　2
東海道中膝栗毛　198
東関紀行　133
どうじょうじもの　143
盗賊　207
土佐日記　13, 50, 60, 125, 133
土佐日記解　53
土佐日記抄　52
土佐日記抄　53
土佐日記の本質―日記文学の意義―　52
土佐日記は歌論書か　53
鳥の道　128

な行

中尾本　133
業平自筆本　43

『日本』とは何か　12
仁勢物語　137

日本書紀　12, 97
日本の誕生　12
日本語書記史原論　補訂版　60
日本語の世界4　12
日本語は悪魔の言語か？　35
日本語はいかにつくられたか？　23, 35, 60, 104, 157
日本三代実録　98
日本史の研究　102
日本書紀　3
日本の漢字　12
日本のレトリック　200, 202
日本文学研究資料叢書　坪内逍遥・二葉亭四迷　156
日本文学研究資料叢書　三島由紀夫　209
日本文学思潮　古代後編　53

野ざらし紀行　131
野坂本　128

は行

俳諧書留　128, 136
俳諧反故籠　180
俳道―芭蕉から芭蕉へ―　143
泊船集　128
芭蕉おくのほそ道　付曽良旅日記　奥細道菅菰抄　143
芭蕉七部集　143
芭蕉自筆　奥の細道　143
芭蕉文集　143
走れメロス　206
春と修羅　92
春の日　141
反転する鏡花世界―『革鞄の怪』試論　202

東と西の語る日本の歴史　12
日本論の視座　12
ヒューモアとしての唯物論　12
表現学大系　各論篇　第11巻　近代小説の表現三　189
表現学大系　各論篇　第9巻

近代小説の表現———明治
 の文章— 189
広本・略本方丈記総索引 103

諷誦 京わらんべ 145
再び歌よみに与ふる書 26
二葉亭四迷『浮雲』の構想 156
二葉亭四迷伝 157
二葉亭四迷と明治日本 157
二葉亭四迷—日本近代文学の成
 立— 146
二葉亭四迷—日本近代文学の成
 立— 156
二葉亭四迷論 156
風土記 5
文学論 162
文芸の哲学的基礎 163
文章読本 35
文体<改良>の意味—戯作・翻
 訳・政治小説をめぐって—
 189
文体論 176

平安朝日記Ⅰ・Ⅱ 60
平安朝文章史 35, 38, 49
平安文学の文体の研究 60
別冊国文学 王朝女流日記必携
 60
ヘンリー四世 163

方丈記 75, 92, 103
方丈記 徒然草 123
坊つちやん 170
ホトトギス 175
本朝一人一首 125
本朝文粋 95

ま 行

枕草子 13, 61, 76
枕草子総索引 123
増鏡 98
松葉集 125
真名序 13, 17, 24
眉隠しの霊 194
万葉集 10

水鏡 98
道草 154
光弘本 109
宮沢賢治 103
宮沢賢治「銀河鉄道の夜」の原
 稿のすべて 103

武蔵曲 141
武蔵野 70

紫式部日記 60

『明治の文学』第4巻 156
明暗 84, 154, 166, 169, 170
明治文学全集 17 二葉亭四
 迷・嵯峨の屋おむろ集
 156
明治を生きる群像—近代日本語
 の成立— 157

尤草紙 137
物と眼—明治文学論集 189
門 166

や 行

やまとうた 23
由縁の女 192
陽明文庫本 109
余が言文一致の由来 150
予が半生の懺悔 151
世継物語 125

わ 行

吾輩は猫である 144, 157
倭国日本伝 2
私の個人主義 162

著者略歴

小池清治(こいけせいじ)
1941年　東京都に生まれる
1971年　東京教育大学大学院博士課程
　　　　単位取得退学
1971年　フェリス女学院大学専任講師
1976年　宇都宮大学教育学部助教授
1993年　宇都宮大学教育学部教授
現　在　宇都宮大学国際学部教授

鈴木啓子(すずきけいこ)
1961年　香川に生まれる
1988年　お茶ノ水女子大学大学院人文科学
　　　　研究科修士課程修了
1993年　宇都宮大学教育学部専任講師
現　在　同助教授

松井貴子(まついたかこ)
1963年　岐阜に生まれる
1999年　東京大学大学院総合文化研究科
　　　　博士課程修了
1999年　熊本大学教育学部専任講師
現　在　宇都宮大学国際学部助教授

シリーズ〈日本語探究法〉6
文 体 探 究 法　　　　定価はカバーに表示

2005年10月20日　初版第1刷

著　者　小　池　清　治
　　　　鈴　木　啓　子
　　　　松　井　貴　子
発行者　朝　倉　邦　造
発行所　株式会社 朝 倉 書 店
　　　　東京都新宿区新小川町6-29
　　　　郵便番号　162-8707
　　　　電　話　03(3260)0141
　　　　FAX　03(3260)0180
　　　　http://www.asakura.co.jp

〈検印省略〉

© 2005〈無断複写・転載を禁ず〉

教文堂・渡辺製本
Printed in Japan

ISBN 4-254-51506-5　C 3381

シリーズ〈日本語探究法〉

宇都宮大学 小池清治 編集
A5判 全10巻

基礎から卒業論文作成までをわかりやすく解説した国語学・日本語学の新しい教科書シリーズ。日本語に関する基礎および最新の知識を提供するとともに，その探究方法についての指針を具体的事例研究を通して提示した。

第1巻 **現代日本語探究法** 160頁 本体2800円
宇都宮大学 小池清治 著

第2巻 **文法探究法** 168頁 本体2800円
宇都宮大学 小池清治・赤羽根義章 著

第3巻 **音声・音韻探究法** 176頁 本体2800円
筑波大学 湯沢質幸・広島大学 松﨑寛 著

第4巻 **語彙探究法** 192頁 本体2800円
宇都宮大学 小池清治・島根県立島根女子短期大学 河原修一 著

第5巻 **文字・表記探究法** 164頁 本体2800円
愛知県立大学 犬飼隆 著

第6巻 **文体探究法** 244頁
宇都宮大学 小池清治・鈴木啓子・松井貴子 著

第7巻 **レトリック探究法** 168頁 本体2800円
広島大学 柳澤浩哉・群馬大学 中村敦雄・宇都宮大学 香西秀信 著

第8巻 **日本語史探究法** 162頁 本体2800円
東京都立大学 小林賢次・相模女子大学 梅林博人 著

第9巻 **方言探究法** 144頁 本体2800円
前鳥取大学 森下喜一・岩手大学 大野眞男 著

第10巻 **日本語教育探究法**
山口大学 氏家洋子・恵泉女子大学 秋元美晴 著

上記価格（税別）は2005年9月現在